第二届全国绿色公路发展技术交流会论文集

中 国 公 路 学 会
吉林省交通科学研究所 主编

人民交通出版社股份有限公司
China Communications Press Co.,Ltd.

内 容 提 要

本论文集作为第二届全国绿色公路发展暨鹤大高速公路科技示范工程技术交流会的会议材料，其中包括绿色公路规划、绿色公路设计、全寿命周期、节能减排、循环低碳、环境评价与监测、绿色服务区等七个部分内容，收录共计26篇论文，反映了目前我国绿色公路建设发展的水平，体现了广大绿色公路发展建设科技工作者的能力和智慧，具有较高的学术价值和实践意义。

本论文及可供绿色公路建设、管理人员参考和借鉴。

图书在版编目(CIP)数据

第二届全国绿色公路发展技术交流会论文集 / 中国公路学会，吉林省交通科学研究所主编. — 北京 ：人民交通出版社股份有限公司，2016.8

ISBN 978-7-114-13231-5

Ⅰ. ①第… Ⅱ. ①中… ②吉… Ⅲ. ①道路工程—学术会议—文集 Ⅳ. ①U4-53

中国版本图书馆 CIP 数据核字(2016)第 172190 号

DierJie Quanguo Lüse Gonglu Fazhan Jishu Jiaoliuhui Lunwenji

书　　名：**第二届全国绿色公路发展技术交流会论文集**
著 作 者：中国公路学会　吉林省交通科学研究所
责任编辑：赵瑞琴
出版发行：人民交通出版社股份有限公司
地　　址：(100011)北京市朝阳区安定门外外馆斜街3号
网　　址：http://www.ccpress.com.cn
销售电话：(010)59757973
总 经 销：人民交通出版社股份有限公司发行部
经　　销：各地新华书店
印　　刷：北京鑫正大印刷有限公司
开　　本：787×1092　1/16
印　　张：10.75
字　　数：269千
版　　次：2016年8月　第1版
印　　次：2016年8月　第1次印刷
书　　号：ISBN 978-7-114-13231-5
定　　价：60.00元
(有印刷、装订质量问题的图书由本公司负责调换)

目　录

第一篇　绿色公路规划

第二篇　绿色公路设计

第三篇　全寿命周期

第四篇　节 能 减 排

第五篇　循环低碳

第六篇　环境评价与监测

第七篇　绿色服务区

我国绿色公路发展思路与模式研究

杨　星　丽　萌　范瀑媚

（交通运输部规划研究院　北京）

摘　要：本文从我国绿色公路的发展背景出发，深入剖析绿色公路的发展历程及内涵特征。基于对我国绿色公路的认识以及发展阶段的判断，提出未来一段时期内绿色公路发展的基本思路、主要内容及发展模式，为今后绿色公路发展指明了方向，提出了具体路径与相关保障措施。

关键词：绿色公路　建设　思路　模式

0　引言

党的十八届五中全会提出了“创新、协调、绿色、开放、共享”的五大发展理念。其中，创新是引领发展的第一动力，绿色是永续发展的必要条件和人民对美好生活追求的重要体现。运用创新的视角和思维发展绿色交通是交通运输行业转变发展方式的主攻方向，也是贯彻落实五大发展理念的重要体现。在公路行业落实绿色发展理念，是“六个坚持，六个树立”理念在新的发展阶段的拓展和延伸，也是外部刚性约束不断增强、人民群众利益诉求趋于多元背景下公路交通可持续发展的关键。绿色公路作为新时期公路建设与发展的新模式，已成为发展绿色交通的重点领域、建设美丽中国的重要标志，具有重要的战略意义和现实意义。

1　绿色公路内涵及特征

1.1　绿色公路内涵

我国关于绿色公路的研究及实践工作已开展多年，也取得了一定的成就，但目前所开展的工作多侧重于资源节约、节能降碳、污染控制及生态保护等方面，这些均属于狭义的绿色。笔者认为，此处的“绿色”并不是简单的公路绿化或“绿色化”，也不应该仅仅局限于节能、环保、低碳、循环等方面，而应拓展为广义的绿色，即在可持续和全生命周期的理念下，统筹公路发展的各阶段和内外环境实现系统最优。

绿色公路的定义是指在公路立项、可行性研究、设计、施工、运营、养护和管理的各个领域及各个环节，运用绿色技术，能够最大限度地节约及有效利用资源，最大限度地保护和改善生态环境，为社会提供安全、舒适、便捷的运输条件，与人、自然和谐共生的公路[1]。绿色公路建设坚持系统论和周期成本思想，将“节约、低碳、环保、高效”要求融入公路建设与运营的各方面和全过程，建成“安全可靠、资源节约、低碳节能、生态环保、舒适美观、智慧高效”的绿色公路，实现公路健康、可持续发展。

（1）安全可靠。绿色公路建设要求满足公路的基本功能，全面提高公路运输服务的安全性、舒适性与流畅性[2]，着力提升公路出行安全水平，提高出行安全保障。

(2)资源节约。通过通道资源共享、节约用地等措施及技术，实现资源利用的减量化；提高单位资源产出能力，降低对资源依赖程度；开展废旧材料的再生和循环利用，提高资源再利用水平。

(3)低碳节能。推广低碳节能技术，降低能源消耗；推进公路节能减排新技术、新材料、新工艺及新设备应用，探索绿色公路低碳、节能、循环、可持续发展的有效途径。

(4)生态环保。在建设、施工及营运过程中充分利用先进的绿色技术，做好环境保护，坚持最小程度的破坏、最大限度的保护、最强力度的恢复，实现公路与自然环境的充分协调与融合。在公路的整个生命周期内融入环保理念、绿色理念，从而实现工程经济效益与环境效益的双赢目标。

(5)舒适美观。从满足人民群众多元需求角度出发，坚持人性化设计，提升公路审美价值，大力推进路域环境治理，不断完善路侧服务设施，营造温馨舒适的行车环境。

(6)智慧高效。应用现代信息技术，提高公路智能化管理与服务水平，提高道路运输效率，实现道路运输高效集约发展。

1.2 绿色公路特征

绿色公路建设理念的核心是以满足人的多元需求为出发点和落脚点，坚持系统论和周期成本思想，统筹公路建设质量、资源利用、环境影响及运行效率之间的关系，统筹公路规划、建设、运营、管理全过程，多措并举，实现外部刚性约束与公路内在供给之间的均衡，促进人与自然的和谐共生。

具体包括三个层面的内涵：

(1)全过程：绿色公路发展要涵盖规划、设计、施工、运营、养护管理等各环节，强调全过程统筹考虑。

(2)全要素：是指绿色公路发展要包含各类相关要素，如资源节约、节能减排、污染控制、生态友好、顺畅高效、舒适美观。

(3)全方位：不仅绿色公路自身的建设运营维护要绿色，还要能够为绿色运输、安全运营创造必要条件；不仅要提供品质优良、低碳节能的公路实体，也要充分考虑使用者的相关需求，实现全方位发展。

2 绿色公路发展思路

未来，我国绿色公路发展将以“抓示范、明要点、转理念、重宣传、促长效”作为主要发展思路。具体如下：

(1)抓示范：为推进该项工作的顺利实施，交通运输部应分批组织开展绿色公路典型示范工程，通过组织实施示范工程，形成示范和带动效应。

(2)明要点：在目前已实施绿色公路项目的基础上，交通运输部组织相关人员进行梳理总结，并结合新要求，融入新内涵，确定后续绿色公路示范工程的建设要点与相关要求，进一步推动示范工程建设。

(3)转理念：要在全国、各省组织开展各项培训工作，转变所有参建人员、设计人员的理念和思路，使绿色公路建设理念深入人心。

(4)重宣传:在示范工程取得一定成效的基础上,总结经验,开展一定的宣传推广工作,使示范效应得以充分展现。

(5)促长效:通过示范工程的经验推广、各项培训的理念宣贯,使绿色公路建设理念深入人心,绿色公路设计思路及建管模式形成长效机制,以推动我国公路建设健康、可持续发展。

3 绿色公路发展内容

绿色公路是我国未来公路建设的总体发展方向,要在坚持可持续发展和全寿命周期的基础下,加强“四个注重、四个提升”的相关内容,加快推进绿色公路建设。

(1)注重资源节约。按照“统筹规划、合理布局、集约高效”的原则,节约集约利用通道线位资源。统筹利用综合运输通道线位资源及运输枢纽资源,鼓励公路、铁路共用通道,鼓励高速公路、普通公路共用稀缺线位,鼓励改扩建公路利用原有通道资源,安全利用原有桥隧、交通工程等设施构件。加大使用本地资源和乡土材料,集约利用地产材料。加强钢铁、水泥、木材、砂石料、旧路面材料的循环利用,推进隧道弃渣、粉煤灰、矿渣、煤矸石、建筑垃圾等废弃资源的综合利用。

(2)注重低碳节能。加快研究绿色公路“碳补偿”绿化带与绿色服务区设计,研究绿色公路水环境敏感区绿色施工技术,研究不同区域、不同土质情况下公路边坡及取弃土场生态修复技术,研究绿色公路能源开发利用及服务设施低碳节能等技术。促进太阳能、风能、空气能、地热能等清洁、可再生能源在公路服务区、收费站及公路监控系统等配套设施中的应用;切实开展路面施工机械燃料革新,全力推进沥青拌和楼“油改气”改造工作[2]。

(3)注重污染控制。加强大气污染防治,做好公路施工扬尘监管,推进绿色施工;重视水污染治理,注重施工阶段路面、桥面等处的污水收集与处理,关注运营阶段公路服务区、停车区内污水的收集与循环利用。积极探索“海绵公路”建设,改变雨水快排、直排的传统做法,增强公路排水边沟、中分带、路侧湿地等对雨水有消纳及截污作用的功能区域;积极开展噪声防治,强化公路施工期和运营期交通噪声污染治理,综合采用声屏障、敏感点隔声、绿化与环保拆迁等措施,最大限度保护噪声敏感点的声环境质量。

(4)注重环境友好。科学论证项目选线和工程建设方案,合理避绕水源地保护区、风景名胜区、自然保护区等生态敏感区,以“不破坏就是最大的保护”的原则,将原生地貌、原生植被、野生动物的保护放在优先位置。继续坚持“尊重自然、顺应自然、保护自然”的生态文明建设理念,坚持最小程度的破坏、最大限度的保护、最强力度的恢复;严格落实环境保护、水土保持措施,加强植被保护和恢复,推进绿化美化工程建设。

(5)提升科技创新力度。充分利用信息化技术和智能制造技术,促进公路建设技术升级,加强对国内外前沿技术成果的引进,大力开展绿色公路关键技术科技研发,加快绿色公路节能减排技术研究。研究绿色公路“碳补偿”绿化带与绿色服务区设计,研究绿色公路水环境敏感区绿色施工技术,研究不同区域、不同土质情况下公路边坡及取弃土场生态修复技术,研究绿色公路能源开发利用及服务设施低碳节能等新技术。

(6)提升路网运行效率。推进管理信息化和智能化建设。基于“互联网+”理念和物联网技术,加快云计算、大数据等现代信息技术的集成创新与应用,建设绿色公路运行监测系统,逐步实现路网管理的“可视、可测、可控”,有效提升路网管理安全性、运行效率和智能化水平。

积极发展车路协同技术,为路网运行精细化管理及出行高品质服务提供保障。同时,还要加快环境监测网络建设,为公路行业污染排放监管提供依据。

(7)提升出行服务水平。适应公众出行需求新变化,创新公路服务方式,增加服务载体,丰富服务内涵,扩大服务范围,增加群众出行服务体验的多样性,做强"过路经济"。探索多元化服务设施,合理规划观景台、服务区、停车场等公路服务设施的间距和规模,扩展公路服务设施旅游服务、物流接驳等结构功能,提高公路服务设施的服务质量。丰富公路综合服务手段,秉持"以人为本"的发展理念,利用短信平台、门户网站、微信、微博等新媒体手段,为道路使用者提供全方位、个性化的出行服务,构建公益服务与个性化定制服务相结合的公路出行信息服务体系。

(8)提升环境监管能力。各级交通运输主管部门、公路行政管理部门应强化绿色公路设计、建设、运营等各个环节的监管,制订年度监督检查计划,稳步推进能耗和环境在线监测及数据库平台建设,及时掌握公路施工和运营对环境的影响情况并采取防治措施,将绿色循环低碳的要求落实到公路建设和运营的全过程。同时,要严格按照绿色公路的理念和要求开展初步设计和施工图设计,确保源头上减少对环境的影响,并开展绿色公路设计专项技术咨询;施工阶段要严格按照国家环境保护相关法律法规要求,落实施工期环境监测和环境监理工作,否则不予以竣工验收;运营阶段要针对可能受影响的环境敏感目标和污染防治设施运行情况,开展运营期环境监测,并逐步试点开展绿色公路运营后评价工作。

4 绿色公路发展模式

未来绿色公路建设要坚持"部省联动、行业协同、内外合力、全民动员"的发展模式。

(1)部省联动。交通运输部作为行业主管部门,要做好绿色公路的科学决策与顶层设计。修订并完善与绿色公路建设相关的标准规范,编制工程建设标准图集和技术导则等,突出绿色公路建设的关键性内容和技术性要求,全面指导绿色公路建设。省级交通运输主管部门要积极组织推进省域内绿色公路典型示范项目,结合各省实际情况,研究制定适合各省的绿色公路建设发展激励约束机制,颁布绿色公路建设激励评价办法,构建绿色公路建设可控、可量化、可考核的制度体系。

(2)行业协同。逐步转变传统观念中交通行业单部门行动行为,在充分发挥"交通 +"效应的同时,积极加强与其他相关部门的沟通与协调,如环保、林业、旅游、国土等,建立"多方联动、协同共享、有效管理"机制,形成合力,最终实现多方共赢。

(3)内外合力。充分借助行业外力量,加大对绿色公路发展领域的资金支持与投入,探索建立政府引导、企业为主和社会参与的资金投入机制。积极拓宽绿色公路融资渠道,引进金融机构特别是政策性银行加大对绿色公路科研和建设项目的信贷支持,提供优惠贷款。建立和完善激励机制,积极争取不同渠道尤其是节能减排领域的财政资金,同时积极争取各级地方政府加大支持力度,争取税收优惠扶持和财政补贴政策,增强政策叠加效应[3]。

(4)全民动员。开展"绿色公路"系列宣传活动,加大绿色公路建设理念的宣传力度。广泛、深入、持久地开展形式多样的绿色低碳宣传,营造良好发展氛围,增强全行业绿色低碳意识。组织开展经常性的绿色公路培训教育、技术和经验交流工作,抓好基础教育、职业教育、专业教育、继续教育和岗位培训,普及绿色公路科学知识,全面提升全行业从业人员的绿色低碳理念、技能与素质。

5　结语

绿色公路事关公路交通可持续发展大业，是公路行业贯彻落实五大发展理念，落实党中央生态文明战略的重要举措。公路行业将肩负历史重任，加快转变公路发展方式，着力提高能源资源利用效率，保护和改善生态环境，努力提高公路运行效率，全面提升公路出行服务水平，促进公路与自然和谐发展，以公路的绿色化推动和促进交通运输的绿色发展，为全面建成小康社会提供有力的支撑保障，为促进生态文明建设和建设美丽中国做出应有的贡献。

参考文献

[1] 欧阳斌，李忠奎. 绿色公路发展的战略思考[J]. 交通建设与管理，2014，11（399）：128-132.
[2] 郝培文，蒋小茜，石载. 绿色公路理念及评价体系[J]. 交通运输部管理干部学院学报，2011，21（1）：17-23.
[3] 李祝龙，王艳华. 绿色公路的建设要点[J]. 路桥科技，2013，36：207-208.

基于绿色发展理念的公路交通规划研究

王静晖[1]　班　刚[2]

(1. 天津市公路工程设计研究院　天津;
2. 天津第一市政公路工程有限公司　天津)

摘　要:将绿色发展和生态保护理念引入并贯穿于交通规划过程,已成为近年来交通规划的主要内容与研究方向。本文在深入理解绿色公路内涵的基础上,提出绿色公路交通规划的原则,并以天津市公路交通规划为例,从发展规模与资源承载力的适应性以及选线布局与生态环境的协调性两个方面研究了绿色公路的规划理念和方法,探讨绿色思维和理念在公路交通规划领域的具体表达和落实。

关键词:绿色公路　交通规划　资源承载力　生态环境

0　引言

城市的交通体系犹如人体的血脉,城市的现有地位及未来发展都依赖于交通体系的健康运转。随着人口膨胀、交通拥堵、资源短缺、空气污染等城市问题的日益突出,转变交通发展模式,发展绿色交通,促进交通减排,建设生态文明已经成为我国众多城市的发展共识[1]。

公路以其良好的网络通达性和机动便捷性,在交通运输体系中具有基础性和骨干性地位和作用[2]。绿色公路作为公路建设与发展的全新理念和模式,是发展绿色交通的重点领域和关键部分,具有重要的战略意义和现实意义。

绿色公路应涵盖全生命周期的建设与发展,包括规划、勘察、设计、施工、运营与养护、报废处理等所有阶段[3]。在规划阶段,要从公路长远发展需要出发,对公路发展战略和合理架构进行顶层设计。本文在理解绿色公路内涵的基础上,提出绿色公路交通规划的原则,并以天津公路交通规划为例,探讨绿色思维和理念在公路交通规划领域的具体表达和落实,寻求公路交通与城市资源和环境协调发展的途径。

1　绿色公路内涵

综合分析国内外研究机构和学者关于绿色公路的相关概念、理论、关键技术的观点与成果,本文认为绿色公路可以从以下 3 个维度进行理解。

1.1　绿色公路是一种全新理念

“十三五”规划建议中,绿色发展首次作为五大发展理念之一被纳入并系统化。绿色发展是将生态文明建设融入经济、政治、文化、社会建设各方面和全过程的全新发展理念。绿色公路是基于可持续发展、循环经济等理论,融合了低碳公路、生态公路等概念的全新理念,深层次的含义是和谐公路,包括公路与环境和谐(生态的、心理的),公路与社会和谐(安全、以人为本)，公路与资源、能源和谐(以最小的代价或消耗维持交通需求)，公路与未来和谐(适应未来的发展)。

1.2 绿色公路是一个实践目标

在当前经济发展新常态下，土地、资源、环境的刚性约束进一步增强，交通运输可持续发展面临严峻挑战。绿色发展是现代交通运输业的必要手段和重要特征。绿色公路是以科学发展观为指导，以实现“三低三高(低消耗、低排放、低污染、高效能、高效率、高效益)”、永续发展为目标追求，倡导绿色建设、低碳运营、智慧管理，达到基础设施畅通成网、配套衔接，技术装备先进适用、节能环保，运营管理集约高效、经济便捷，管理服务快捷便民、公平优质[4]。

1.3 绿色公路是一种发展模式

从资源利用和环境影响视角来看，公路还是能源资源密集型、生态环境影响较大的行业。面对日益严峻的土地、能源等资源约束和不断加大的生态环境压力，公路发展不可能单纯依靠大规模建设、粗放式扩能的方式。绿色公路是以节能减排、资源节约与循环利用和生态环境保护为核心价值理念，积极研究探索新能源、新材料、新设备和新工艺，大力推广应用先进技术和产品，实现公路在全寿命周期的能源消耗和碳排放显著降低、环境效益明显改善的发展模式，达到经济效益和环境效益的可持续发展。

2 绿色公路交通规划原则

公路交通规划是从公路长远发展需要出发，对公路网的合理架构进行顶层设计。将绿色发展和生态保护理念引入并贯穿于公路交通规划过程，旨在从宏观战略谋划角度，提升交通生态环境保护品质，促进资源集约节约循环高效利用，实现公路交通与经济社会和自然环境的协调发展。开展绿色公路交通规划应遵循以下原则。

2.1 发展规模与资源承载力相适应

资源承载力是指人们所生存的环境，当人类的活动在一定的范围内时，其可以通过自我调节和完善以不断满足人的需求。但当超过一定的限度时，其整个系统就会出现崩溃，这个最大限度就是资源承载力。

公路的建设要消耗大量的各种各样的环境资源，包括再生的和不可再生的资源，如土地资源、水资源、能源、林木资源、矿产资源等。资源环境是保持国民经济持续快速健康发展、提高经济增长的质量和效益的根本保证，是不断提高人民的生活质量的根本保证。因此，公路规划的规模必须考虑资源环境的承载能力，特别要考虑土地资源等环境支撑能力，确保规划顺利实施。

2.2 规划布局与生态环境相协调

生态环境是指人类和生物生存的空间，对于人类来说，生态环境是可以直接和间接影响人类生存、生活和发展的空间以及各种自然因素和社会因素的总体。

公路建设开展的同时，消耗着人类的资源市场和生态环境空间，同时会对生态环境造成不良的影响，因而采取有效的生态环境保护措施，对公共社会的协调稳定发展有着积极向上的主动意义。因此，公路规划的选线布局必须考虑尽量减少对生态环境的影响，规划选线布局方案是否合理，是关系到生态环境保护的关键。

3 天津市绿色公路交通规划实践

本文以天津市省级公路网规划实践为例,探讨绿色公路的规划理念和实施途径。

3.1 发展规模与资源承载力的适应性

1)集约节约用地措施

(1)全面提高路网技术等级

由于不同等级公路在基本功能上的可替代性,公路网技术等级的提高,意味着承担相同的交通周转量所需的公路总里程就较少,公路所占土地面积就越少。一般来说,承担同样交通量,一级公路所需用地是高速公路的1.6倍,二、三级公路所需用地是高速公路的2.0~2.2倍。

建设高等级的干线公路网,意味着可以减少道路面积,通过单位道路空间通行能力的增加满足交通需求的增长,从而节省大量土地资源,符合可持续发展战略所倡导的原则。规划干线网以高速公路和一级公路为主,所占比重达到89%,平均技术等级达到0.83,高于一级公路水平。面对天津未来人口密度越来越高、土地资源越来越稀缺的形势,规划建设高等级路网具有特别重要的意义。

(2)充分利用现有公路资源

规划阶段充分利用现有公路资源是关键,能够最大限度地减少新增公路建设用地,实现土地资源可持续发展。一方面是对已经形成通道的路线向提高公路容纳能力和通行能力的方向发展;另一方面是对尚未形成通道的路线,通过优化网络、打通断头,提高与周边地区的连通性。

干线公路网规划遵循“以优化调整为主,以新辟路线为辅”的布局原则,在保留现有主体线路的基础上,通过打通节点连接、加强路网对接、线路局部优化等措施完善路网,高速公路仅在既有规划的基础上增加了津蓟高速向北延伸的津承高速;普通国省道中70%为现状国省道,19%为利用既有县乡公路提级,新增线路仅11%,主要为布设联络线、增加出口路、完善既有通道功能。

2)土地资源承载力分析

天津市省级公路网现状用地规模12 065hm^2,预计到2020年用地规模增至21 136hm^2,至2030年用地规模为25 771hm^2,2030年用地比现状增加约13 706hm^2(约合137.06km^2)。

根据国内同类工程建设统计资料,公路施工期临时占地面积可达永久占地面积的50%左右,因此估算规划实施过程未建公路的临时占地约60km^2。根据拟建公路网与土地利用的叠图,规划路网占用的土地类型大多为农用土地,其他占用的土地类型有少量村镇用地、绿地、林地、水域等。

规划实施总的永久占地面积为257.71km^2,其中现状公路占地面积120.65km^2,至规划期末增加占地面积137.06km^2,路网整体占地面积约为天津市总体土地面积的2%,新增占地约为天津市总体土地面积的1%。按照天津市大力推进示范小城镇建设的进程,大量农村居民将由平房搬迁至集中建设楼房区域,示范小城镇建设同时实施复垦工程以确保农田尤其是基本农田的数量不会减少、质量不会降低,这将有利于全市农村土地的集约利用及耕地的改良,也增加了建设用地供应数量。另外,在线路选取规划阶段及后续建设阶段,将会严格执行天津市关于农田保护的相关规定,最大限度减少对农田的占用,必须占用农田的情况下也会履行相关手续及必要的措施做到占补平衡,不会对天津市农业用地造成显著影响。公路网规划布局与土地利用叠图如图 1 所示。

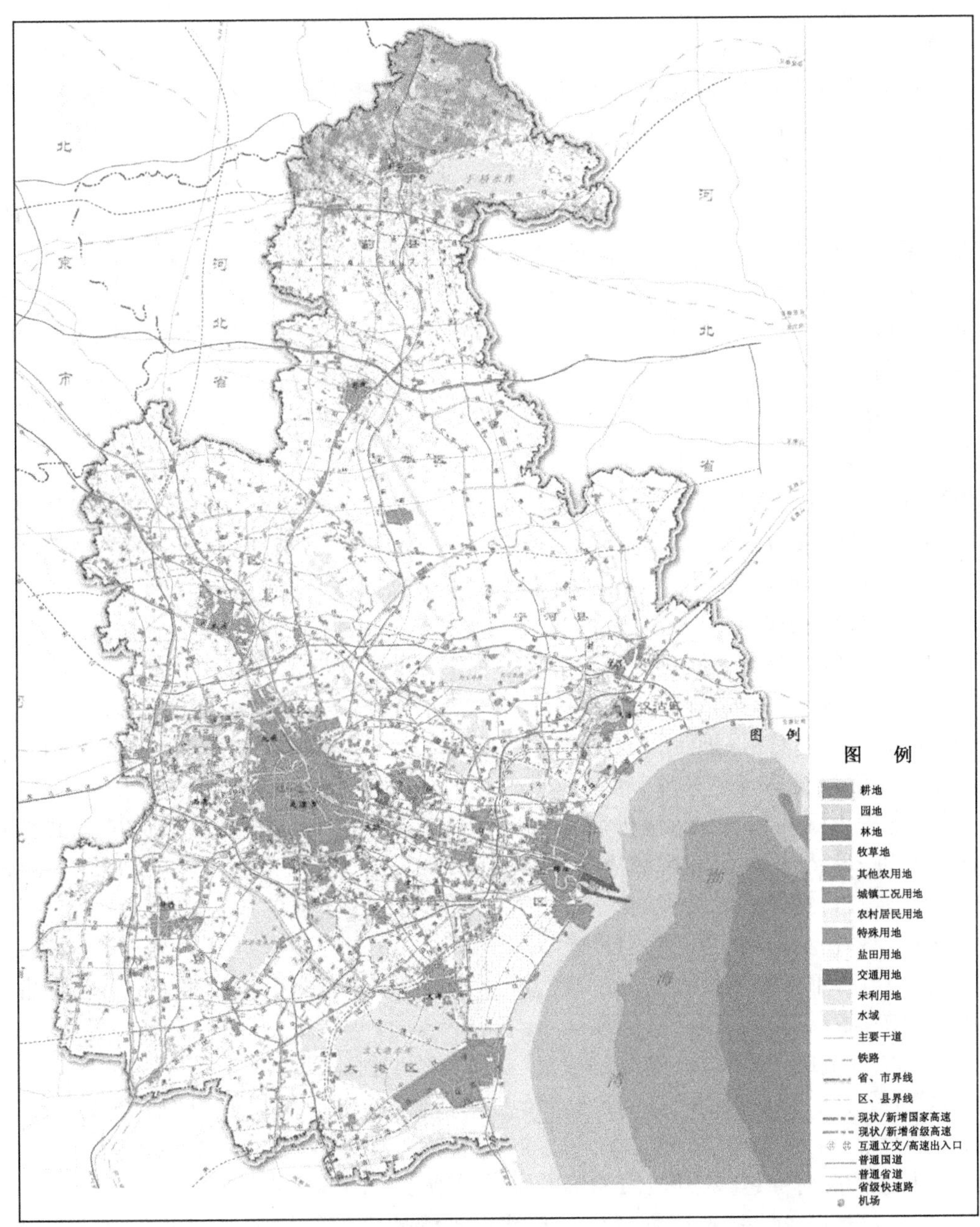

图 1　公路网规划布局与土地利用叠图

3) 土方资源承载力分析

在高等级公路的修建过程中，要用到大量的土方来修筑路基，按每公里高速公路需土方量 15 万 m^3、每公里普通省道填方量 3 万 m^3 计算，规划公路网未建线路的实施共需要土方量约 8 400 万 m^3。

目前天津市未利用地面积达 873.07 km^2，且其中多为难以从事农业生产的盐碱荒地，具有较为丰富的土方资源，因此在施工时取弃土场应充分利用这部分土地资源，避免过多占用农业生产用地；工程取土后形成的取土坑可因地制宜地加以改正利用，例如改造成鱼塘。对于农田内取土则必须采取耕作层保留措施，条件允许的情况下（例如地势较高区域）可采取"宽挖浅取"的方式，扩大取土范围、减少取土深度，将耕作层以下土方用于公路填方，耕作层土方回填继续用于农业生产。这样既为公路建设提供了土方，也使得原本高低不平的农田区变得更加平整而利于灌溉、农作。

同时，天津市存在大量非常规土方源，例如建筑垃圾、燃煤废弃物等。天津市建筑垃圾产生量近年来逐年增加，预计在2020年左右将年产建筑垃圾300多万 m^3；天津市燃煤产生的粉煤灰在2010年也达到589.26万t。以这些废弃物作为填方既可以减少对常规土方的使用而保护生态环境，又能减少废弃物堆存、处置带来的生态问题，因此公路网规划实施过程可以强化常规土方替代方案。

可见，规划实施过程虽然对土方利用量较大，但是通过合理取土、利用建筑垃圾等给予解决。

3.2 选线布局与生态环境的协调性

规划选线过程中，首先考虑对既有线位的利用，新辟线位尽量避让风景名胜、自然保护区、文物古迹等重要人文景观，保护沿线生态环境，尽量减少扰动植被，防止水土流失，满足河流的行洪、泄洪要求，与沿线城镇规划相协调，尽量避免和减少对既有城镇的干扰与分割。

1）采用叠图法初步核定

将规划初步线位与生态敏感区进行叠图，核定规划线位与生态敏感区的位置关系。利用叠图法进行初步判断后得出，规划线位中，13条线路穿越6处自然保护区核心区、缓冲区，其余36条线路则穿越自然保护区实验区。部分穿越路线与自然保护区叠图如图2所示。

2）保护生态环境措施

根据《中华人民共和国自然保护区条例》等要求，禁止任何人进入自然保护区的核心区，缓冲区只准进入从事科学研究观测活动；在自然保护区的核心区和缓冲区内，不得建设任何生产设施。凡涉及自然保护区的规划线路，不得安排在自然保护区的核心区、缓冲区内。

因此对规划初步路网中凡涉及自然保护区核心区、缓冲区等禁止建设区的路段应优化路由方案进行避让，不得穿越核心区、缓冲区；涉及自然保护区实验区的线路也应优先考虑避让，因特殊原因确需穿越实验区时，必须在线路前期研究阶段进行可行性专题论证，若工程的实施将对自然保护区造成显著影响，则线路方案不可行，若工程建设确实不会对保护区造成显著影响的前提下，线路方案取得保护区主管部门同意后才能实施建设，并做好相关防护工作及生态补偿工作，同时做好临时占地的规划工作，禁止将取弃土场、搅拌站、施工营地等设置在保护区内。

针对上述情况对穿越核心区、缓冲区的路线采取以下调整措施。

（1）津石高速及南港高速规划线位穿越北大港湿地自然保护区核心区及缓冲区，进一步优化路由，避让保护区。

（2）津港公路南延段穿越北大港湿地自然保护区核心区，进一步优化路由，调出保护区。

（3）大东线、唐廊线、唐廊高速穿越大黄堡湿地保护区核心区，进一步优化路由，调出保护区。

（4）林大线穿越青龙湾固沙林自然保护区核心区，进一步优化路由，调出保护区。

（5）津榆复线及海清线穿越天津古海岸与湿地国家级保护区的缓冲区，进一步优化路由，避让保护区。

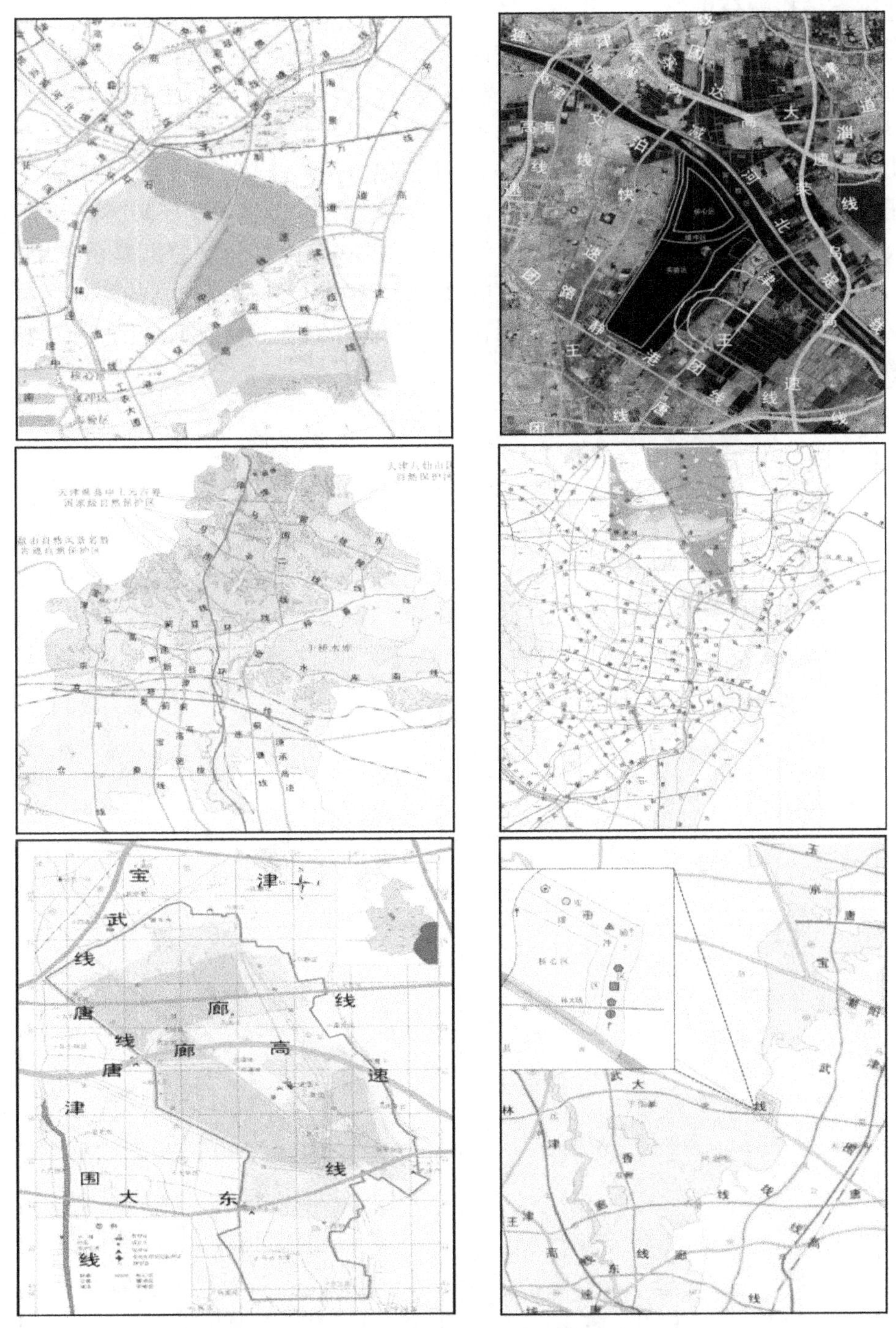

图2　部分穿越路线与自然保护区叠图

(6)津围二线、津围线、马营公路、马平公路穿越中、上元古界国家级自然保护区。津围二线进一步优化路由,穿越保护区路段调出;现状津围线、马营公路、马平公路近期可维持现状,但不得在穿越保护区路段实施任何改造工程;远期考虑调出穿越保护区路段。

3）生态环境影响分析

按照以上措施，对初步规划路由采取避让或者调出生态敏感区域的措施，可以避免对自然保护区等生态敏感区的显著影响。基于环境和社会经济影响最小化提出最终方案。

最终方案中，规划路线所经区域主要为平原地区，仅在蓟县北部设计少量山区。涉及的土地利用类型有耕地、林地、村镇用地、水域、未利用土地等用地类型。规划选线的布局最大限度的避免了线路沿途的城镇，以减轻对当地居民的影响。另外，穿越自然保护区或者水源保护区的现状公路大多在保护区设立之前建成通车。虽然现状路由穿越敏感区是由历史原因造成的，但是其对保护区的环境影响是客观存在的，因此对这类公路应以规划的实施为契机，通过优化路网布局方案而调出保护区范围，从而在根本上消除对保护区的环境影响。公路网规划与生态敏感区叠图如图3所示。

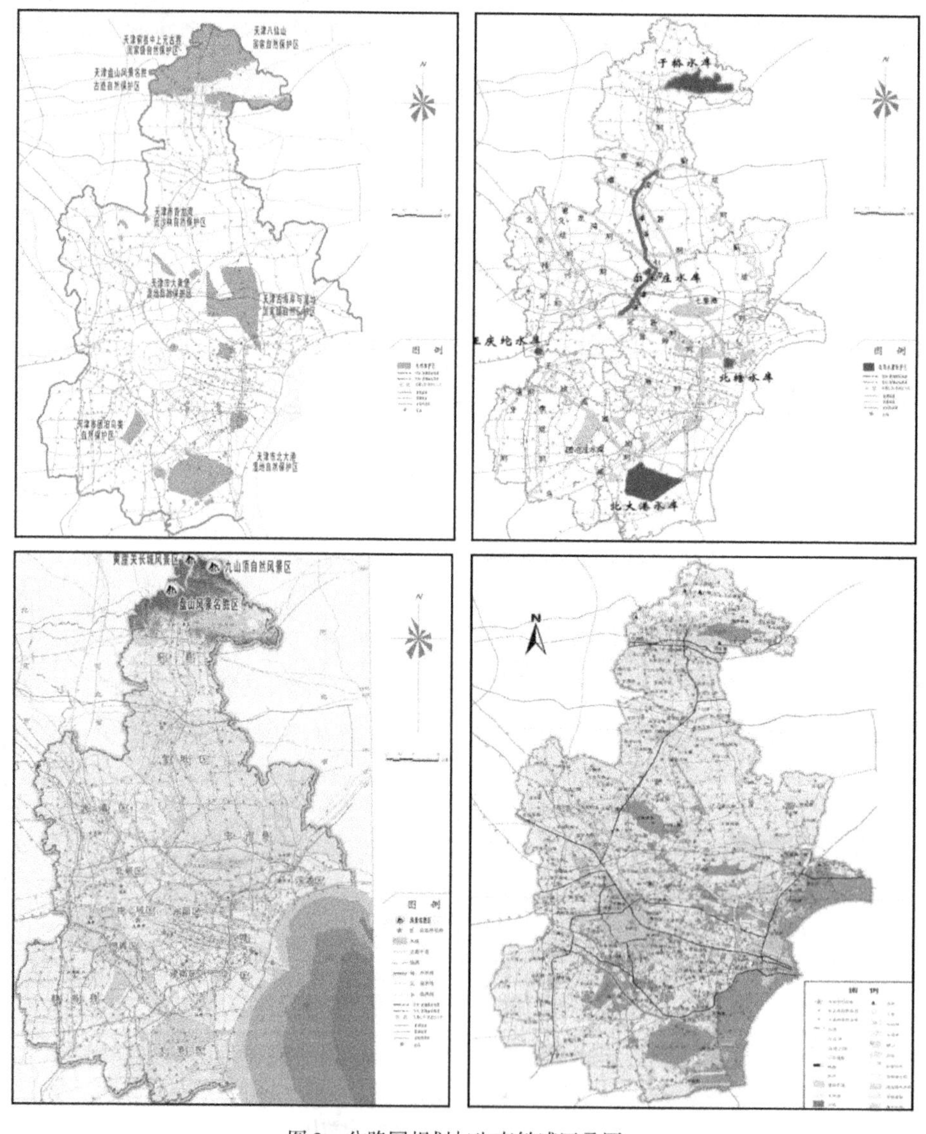

图3　公路网规划与生态敏感区叠图

4　结语

以人为本、全面协调、可持续发展是中国社会发展的必然之路，也是绿色交通所倡导的理念与要求。将绿色发展和生态保护理念引入并贯穿于交通规划过程，已成为近年来交通规划的主要内容与研究方向。本文以天津市公路交通规划为例，在深入理解绿色公路内涵的基础上，从发展规模与资源承载力的适应性以及选线布局与生态环境的协调性两个方面研究了绿色公路的规划理念和方法，以期为类似实践项目提供借鉴，也为绿色公路交通规划理论研究提供参考。

参考文献

[1] 崔晓天，梁对对，谭泽芳. 城市规划视角的绿色交通实现——深圳探索与实践[C]. 2013中国城市规划年会论文集，2013.

[2] 欧阳斌，李忠奎. 绿色公路发展的战略思考[J]. 交通建设与管理，2014，22：128-132，136.

[3] 刘杰，徐洪磊，傅毅明. 绿色公路内涵解析与评价指标体系[J]. 科技成果管理与研究，2013(4)36-40.

[4] 交通运输部. 2013年绿色循环低碳交通运输发展年度报告[M]. 北京：人民交通出版社，2014.

基于“畅安舒美”理念下旅游公路景观设计应用与工程实践

仝晓辉[1,2]　张　博[1,2]　郗　磊[1]

(1. 中交第一公路勘察设计研究院有限公司　西安；
2. 西安中交环境工程有限公司　西安)

摘　要：本项目以九江 S306 红修线“畅安舒美”示范路为例，在实施过程中，以创建交通运输部“畅安舒美”示范公路为契机，始终将“更好地为公众服务”的核心价值理念贯穿项目全过程中。全线共设景观节点 17 处，道班改造提升 7 处，既提升道路服务水平，又提升了路域综合环境，同时将公路文化元素与乡土元素和地方特色有机融合，对省级道路改造提升进行了有机更新，同时对示范路管养建设也是一次有益的探索。

关键词：畅安舒美　公路文化　改造提升

0　引言

公路的设计理念，是其建设的灵魂。通常情况下，景区旅游公路是以旅游车辆和游客为主要服务对象，因而在服务功能和设计理念上应具有其有别于营运性公路的独特性。景区旅游公路设计，应该贯彻“畅安舒美”的设计理念，以保障车辆行驶和游客游览的通畅、安全、舒适和沿线环境的协调美观为设计宗旨，通过借景、借势的手法与运用，来最大限度地实现景区旅游公路的服务功能。

畅安舒美策略先行创建畅安舒美路的指导思想包含“一个中心、三个推进、五个提高。”其中，“一个中心”指的是创建“畅安舒美”的公路交通环境；“三个推进”指的是“推进科学决策化、推进技术进步、推进养护管理规范化”；“五个提高”指的是“提高通行能力、提高路况水平、提高安全水平、提高便民和出行服务水平、提高路域环境综合水平”。

1　工程项目概况

九江 S306 红修线示范公路是江西省创建交通运输部“畅安舒美”示范路之一，如图 1 所示。该项目位于永修、庐山西海、武宁、修水县境内，途经 8 个乡镇，全长 135.85km，本改造示范工程全长 143.85km(包括 G105 连接线部分 8.0km)，沿途山水秀美、文化底蕴深厚、特色农业丰富，是九江市东西方向的交通要道和旅游线路。

1.1　总体理念

本项目结合沿线的自然环境条件，充分挖掘路域文化，采用“红”、“绿”、“古”本土文化元素及符号，以“绿色永修、生态西海、山水武宁、红色修水”为主题，采用“珠链式”设计理念，通过 S306 将公路沿线的景观节点和旅游景点串联起来,重点突出公路文化,并融入地方特色文化,更好的完善道路服务综合功能,提高路况服务水平。结合地形地貌地质情况,充分维护公路沿线的自然景观,打造公路与自然和谐共融的绿色景观公路,充分展示公路文化和地方特色,着力打造绿色通道、生态走廊,融入绿色,打造风景如画的公路风景线。

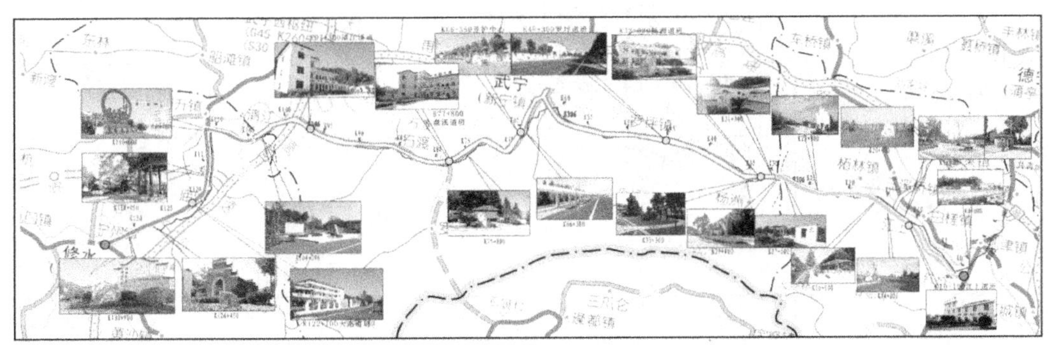

图 1　九江市 S306 红修线示范路创建项目路线平面图

1.2　工程概况

工程概论(见表 1)。

工程规模一览表　　表 1

类别名称	工程规模	面积(m^2)	乔木(株)	灌木(株)	铺草皮(m^2)
景观节点	17 处	26 215	706	154 225	4 211
道班改造	7 处	14 654	252	34 992	1 627
中分带	2.5km	6 250	325	110 250	3 062.5
公里桩	130km				

1.3　工程特点

本项目被列为 2015 年江西省“十二五迎国检”重点项目,属于在原有省道基础上改造提升工程。项目设计周期短,工期紧、任务重,质量要求高,且路线长、村镇路段密集、施工节点分散,涉及景观工程、建筑工程、园林绿化等。同时,现场存在交叉施工作业,涉及村镇征地,施工组织难度大。

结合项目特点,为加强公路项目总体管控,提高设计和施工质量和品质,积极探索公路项目管理模式,九江市公路管理局创新思路、积极探索、大胆实践,在景观工程实施前期率先采用了设计施工总承包模式,该模式的采用在全省公路系统尚属首次。

2　工程设计内容

2.1　景观节点

景观节点见表 2。

景观节点工程规模一览表 表2

主题	工程节点	规模
绿色永修	K0 +000 起点 K11 +300 土巴屋 K14 +020 高速连接线 K16 +500 易家河水果售卖点 K27 +600 司马水果售卖点	5处
生态西海	K20 +400 西海观景台 K23 +700 七星岛观景台	2处
山水武宁	K29 +400 武宁县界 K31 +300 二十九度 K33 +300 杨洲桥头 K66 +380 养护中心 K73 +800 柳山水果售卖点	5处
红色修水	K104 +396 修水县界 K110 +600 太阳升 K118 +500 舒美亭 K126 +500 风雨廊桥 K130 +900 终点	5处

1)主题之一:绿色永修

永修境内设置景观节点5处。沿途山水人文资源丰富,乡村旅游较为发达,依托云居山、柘林湖风景区,306省道沿途形成一定规模的乡村旅游经济带,以柘林、易家河的"采桔节",易家河"温泉游"为主打,展现永修旅游的地方特色。

2)主题之二:生态西海

K20 +400 西海观景台,距庐山西海司马码头游客中心2.5km,是S306红修线路上远眺庐山西海胜景的最佳位置之一。

该处依山傍水,因地制宜,巧借山势,修建木栈道"观海台",巧妙地连接停车区和观景区,既满足观景功能,又丰富路域景观,为沿线驾乘人员和摄影爱好者提供了安全舒适的停车驻足、远眺西海的"观海"景观点。该节点为本项目重点打造的景观亮点。实施前、后照片分别如图2和图3所示。

a)

b)

图2 实施前照片

a)

b)

图 3　实施后照片

K23 +700 七星岛观景台,该节点本着以人为本和以车为本理念,采用亭、台、广场、张拉膜作为景观建筑小品,旨在打造一个融入公路文化与自然和谐共融的休闲停车港湾。在规划设计上遵循“法治、和谐”的理念,在不改变原有自然景观的前提下,注入依法治路文化元素,通过大型景石、青铜大鼎、富有美感的帆船等,设置了“一言九鼎活动广场”、景观亭、公路宣传栏,让驾乘人员和旅游人员在停靠休憩的同时,潜移默化地接受了路域文化感染,使其更加贴近市民生活,同时将公路文化、法治文化、旅游文化三者有机相融。该节点为重点打造的景观亮点。实施前、后照片分别如图 4 和图 5 所示。

a)

b)

图 4　实施前照片

a)

b)

图 5　实施后照片

3）主题之三：山水武宁

K29 +400 武宁县界，该节点为武宁与永修县界，重点从完善功能和服务特色考虑，突出山水武宁地域特色文化，打造成为门户景观和公路驿站。该节点为本项目县界门户景观节点。实施前、后照片分别如图 6 和图 7 所示。

a)

b)

图 6　实施前照片

a)

b)

图 7　实施后照片

K33 +300 杨洲桥头，该节点为 S306 连接杨洲乡武陵岩风景区和神雾山森林公园路口，重点考虑凸显地方旅游业态，完善路域服务功能，打造成为旅游宣传景观。该节点为本项目特色景观节点。实施前、后照片分别如图 8 和图 9 所示。

a)

b)

图 8　实施前照片

a)

b)

图9　实施后照片

K66 +380 养护中心,该节点临近武宁县城,以“更好地为公众出行服务”的理念,改造升级为半开放式公路服务驿站,设置了便民服务站,驿站集加水、洗手间、临时休息和简易购物于一体,提供补给服务,还有急救设施,方便沿途驾乘人员应急需求,更加提升了公路综合服务水平。实施前、后照片分别如图10 和图11 所示。

a)

b)

图10　实施前照片

a)

b)

图11　实施后照片

K73 +800 柳山水果售卖点,该节点结合当地地方特色,改造原有简易水果棚,新增水果售卖亭,完善相关设施,改善周围环境,重点完善水果售卖服务功能,对于原有边坡首次尝试采用“垂直绿化”进行坡面景观处理,同时兼顾短途旅游停留和当地候车功能。实施前、后照片分别如图 12 和图 13 所示。

a)

b)

图 12　实施前照片

a)

b)

图 13　实施后照片

4) 主题之四:红色修水

K104 +396 修水县界,该节点为修水与武宁县界,重点从完善功能和服务特色考虑,突出红色修水和文化修水。1927 年 9 月 9 日,在毛泽东亲自领导下,秋收起义爆发了,工农革命军第一军第一师师部和第一、四团在修水吹响了革命的号角。该节点采用军旗和浮雕景观手法,凸显旅游业态元素,打造成为公路驿站。该节点为本项目县界门户景观节点。实施前、后照片分别如图 14 和图 15 所示。

a)

b)

图 14　实施前照片

a)

b)

图15　实施后照片

K110 +600 太阳升,该节点为S306 连接太阳升镇路口,解放初名为黎明合作社,1958 年更名为太阳升人民公社,太阳升人民公社是修水乃至整个江南地区成立的第一个人民公社,因此被誉为“江南第一社”。为更好地提高该镇的知名度,重点考虑凸显地方乡土文化,完善路域服务功能,打造成为旅游宣传景观。该节点为本项目特色景观节点。实施前、后照片分别如图16 和图17 所示。

a)

b)

图16　实施前照片

a)

b)

图17　实施后照片

K118 +500 舒美亭,结合新农村建设及候车功能,因地制宜,完善功能,将原有简易候车厅改建成六角亭。为弘扬修水文化特色,景墙选取黄庭坚《修水浓青,满庭芳》诗词为文化题材,同时在六角亭上书写“百里红修通衢畅,一路乡情车行安”,取名“舒美亭”,“舒美亭”的修建,进一步提升了公路服务水平和路域环境综合水平,既体现了乡土文化,又突出了地方特色。实施前、后照片分别如图18和图19所示。

a)

b)

图18　实施前照片

a)

b)

图19　实施后照片

K126+500风雨廊桥,以创建交通运输部"畅安舒美"示范公路为契机,贯彻落实公路养护管理"更好地为公众服务"行业价值观,结合新农村建设及候车功能,因地制宜,完善功能,将原有简易候车厅改建成风雨廊桥。

为弘扬修水文化特色,风雨廊桥按清代新湾廊桥原貌设计建造。风雨廊桥的修建,进一步提升了公路服务水平和路域环境综合水平,同时凸显了地方特色。现已成为S306红修线"畅安舒美"示范公路重要景观节点之一。实施前、后照片分别如图20和图21所示。

a)

b)

图20　实施前照片

a)

b)

图 21　实施后照片

K130 +900 终点，该节点充分利用现有场地和地形条件，重点考虑满足行车安全视距，采用园林式景观绿化，高低错落，主要景观采用钢构文化景墙，书写“畅安舒美，路通人和”，反映公路主题；并点缀景石，题刻“修路修身，上善若水”，更好地体现公路文化，凸显地方特色。实施前、后照片分别如图 22 和图 23 所示。

a)

b)

图 22　实施前照片

a)

b)

图 23　实施后照片

2.2　道班改造

本项目全线改造提升道班 7 处，主要改造项目包括统一标识系统提升，办公楼外风貌改造提升(屋顶改造、建筑墙面改造、墙裙改造),大门及围墙改造、附属建筑改造提升。道班改造工程一览表如表3所示。

道班改造工程规模一览表 表3

管养单位	道班节点	规模
永修分局	K10+100 江上道班	1处
武宁分局	K33+030 杨洲道班 K45+300 罗坪道班 K66+380 养护中心 K77+800 盘溪道班 K97+300 清江道班	5处
修水分局	K122+100 大路道班	1处

K66+380 养护中心，该养护中心作为本项目集养护、应急、服务三位一体综合功能养护中心。从功能和景观角度综合提升,院内设置了篮球场和休闲廊架,丰富了养路工体育活动。院外围墙采用景墙形式,题刻"修路修身、养路养心",院内设置景石题刻"敬业"二字,使江西公路行业精神深入到每个职工心中,激发职工的热情和干劲,凝聚职工的精神和力量。实施前、后照片分别如图24和图25所示。

a)

b)

图24 实施前照片

a)

b)

图25 实施后照片

3　工程体会

S306示范路实施过程中，以创建交通运输部“畅安舒美”示范公路为契机，始终将“更好地为公众服务”的核心价值理念贯穿项目全过程中。全线共设景观节点17处，道班改造提升7处，既提升道路服务水平，又为提升了路域综合环境，同时将公路文化元素与乡土元素和地方特色有机融合，对省级道路改造提升进行了有机更新，同时对示范路管养建设也是一次有益的探索。总体表现在以下几个方面。

3.1　凸显公路服务功能

扩展了道路服务功能，提升了公路服务水平，改善了路域环境景观，凸显了“更好地为公众服务”的核心价值理念。

3.2　融入多种文化元素

公路文化作为一种具有丰富内涵的亚文化，是公路行业软实力的体现，它对于增强公路行业的内部凝聚力，提升公路行业的社会影响力，促进公路事业又好又快的发展，发挥着日益重要的作用。本项目采用多种形式，大力推进文化公路建设，不断融入特色文化元素，努力提升公路文化品位，以公路文化为主线，融入了乡土元素、旅游元素和法治元素。大力宣传“团结、创新、务实、奉献”的江西公路行业精神，使江西公路行业精神深入到每个职工心中，激发职工的热情和干劲，凝聚职工的精神和力量。

3.3　增强公路承载力和影响力

完善了道路综合服务水平，延伸了沿线旅游业态发展，激发了公路沿线县域旅游景点的活力，带动了公路沿线乡村旅游经济，进一步引导从旅游公路向公路旅游转变。

3.4　总结总体景观节点及道班改造设计指导理念，提出以经营理念进行后期管养模式

总体设计过程中，遵循“更好地为公众服务”核心理念，坚持动态性设计、灵活性设计、可持续设计原则，注重道路形体、尺度、色彩、动态等景观序列变化。后期管养模式探索出采用经营理念，公路沿线属地管养，谁受益，谁管养。

3.5　提升以设计为龙头的总承包作用，探索设计施工总承包管理模式

以设计为龙头的总承包优势在于，有利于设计、采购、施工紧密配合；有利于工程动态设计实时改进；有利于发挥设计院跨专业人才资源优势；有利于进一步提高工程项目整体管理水平；项目的顺利实施，为今后同类项目的推进提供了很好的借鉴和示范意义。

4　结语

通过S306设计施工总承包项目的实施，结合沿线17处景观节点和7处道班改造提升，将沿线130km分布的旅游资源串联了起来，从路况水平、服务水平、路域环境多方面综合改造提升，呈现出一条功能提升、服务完善的“畅安舒美”风景道。

S306红修线“畅安舒美”示范路创建是九江市公路养护管理现代化的必然要求，也是全国“十二五”干线公路养护管理检查的一项重要内容，同时对提升公路服务水平，改善沿线路域环境，方便百姓安全出行，实现交通的可持续发展具有十分重要的意义。

基于海绵城市理念下的南方多雨地区公路设计

王赵明　马建荣　王　丹　邵社刚

（交通运输部公路科学研究院　北京）

摘　要：快速城市化和暴雨造成许多城市内涝渍害等问题，迫使我国一些城市探索海绵城市建设。文章回顾了国内外海绵城市建设的理论与实践，以广西乐百高速公路的设计案例，分析了南方多雨地区在基于海绵城市建设的理念下对高速公路设计的问题。研究表明，基于海绵城市理论的广西乐百高速公路设计，实施道路本体透水化与道路选线分级化相结合的规划措施，显著提高生态水网完整性，道路排水系统得到大幅改善；在案例分析基础上，提出前期规划、经济调节、制度完善、公众参与的建设海绵公路建议，以期在海绵公路的建设中减弱对现有治水途径"工程性措施"的依赖，提供具有前瞻性的"规划性措施"新思路。

关键词：海绵城市　生态水网连接度

随着经济和社会的不断发展，道路的作用和地位日益突出，一方面推动着整个社会的经济发展，另一方面也对自然环境造成了影响。近年来，国家一直在加大公路建管养的投入，但由于惯性思维影响，水害引起的路基沉陷、冲刷、坍塌、浆、沥青路面剥落、龟裂、松散等病害还是很突出。尤其是出入口密集、生活垃圾多、边沟堵塞等情况频现，地表水引起的排水难题加速了路面的损害。如果能在规划设计阶段，先期引入"海绵城市"的设计理念，可以尝试解决这个问题，缓解环境整治压力。

海绵城市建设包含庭院雨水系统、道路雨水系统和景观水体系统等。技术设施主要有透水铺装、绿色屋顶、下沉式绿地、生物滞留设施、渗透塘、湿塘、雨水湿地、蓄水池、植草沟、渗管（渠）和人工土壤渗滤等。

这么先进的理念无疑能在城市建设中发挥积极作用，如果先期引入公路建设规划，如把其中的道路雨水系统通过透水铺装等方式应用到公路建设，就能在加强基础设施建设的同时，减少环境污染，合理利用好水资源，促进生态环境良性发展。

在规划建成区内最大限度地保留原有河流、湖泊、湿地、坑塘、沟渠等水生态敏感区，对实际建成区中已经受到破坏的水体和其他自然环境，运用生态手段进行恢复，用绿地、水系等自然要素构建城市"绿色海绵"，以期探索适应我国南方多雨地区的公路建设模式提供参考与借鉴。

1　海绵城市的概念及其特点

1.1　海绵城市的概念

海绵城市指的是城市可以像海绵一样，在面对各种自然灾害以及环境的变化时具有良好的“弹性”,即应对能力。当降雨时,将雨水通过吸收、储存、净化及下渗等方法储存和利用起来,起到补充地下水的作用;等到城市需要时再将储存的雨水释放,完善雨水、地表水以及地下水的循环体系,对供给、排水的各个环节起到综合调节的作用,从而使城市能更加从容地面对不断变化的环境。

1.2　基于“海绵城市”理念下的道路建设与生态系统之间的关系

海绵城市并不依靠传统的市政管道进行排水,它拥有更多的排水渠道和方式,主要通过对降水的吸收、储存,在保护自然环境的基础上,利用多种方式解决了城市面临的内涝问题。海绵城市不仅做到了对排水功能的完善和发展,也对生态环境起到了保护和修复作用,对绿化、公园、道路等基础设施进行充分利用,针对不同的问题选择不同的处理方式。海绵城市在其实施理念的指导下,对城市生态环境不断改善,充分发挥各城市海绵体的功能和作用,减少了市政管道。不仅节约了城市的财政支出,还改善了人们的日常生活环境,提高了人们生活的舒适度,人们会欣赏真实的自然之美而非训话或高强度人工维护下的自然。面对这越来越严重的问题,海绵城市的理论提出成为了解决这个问题的关键。

2　研究方法

2.1　Spatial Analyst 水文模块

ArcGIS 生成的集水流域和水流网络,成为构建地表水文分析模型的主要手段。利用 ArcGIS Spatial Analyst 模块提取研究区域径流模型的水流方向、汇流累积量、水流长度、河流网络等。通过河网分级法对研究区域内的基本水文因子的提取以及水网等级分析,DEM 栅格表面再现水流的流动过程,完成研究地区整体水文分析过程。

2.2　生态水网连接度

C 指数(生态水网连接度)所代表的含义为生态水网结构连接度评价,生态水网记作 $G=(V,E)$,其中 V 为网络图 G 的节点集,E 为 G 的边集,规划区域内各节点依靠廊道相互连通的强度,称为城市生态水网的连接度 C。公式为:

$$C=\frac{L/\zeta}{\sqrt{nA}}$$

研究区域内廊道整体长度(km)为 L,总面积(km^2)为 A,区域内连接节点总和数为 n,ξ 为城市水网的变形系数,为节点之间廊道长度与直线长度的比值。在理想状态时,廊道取直线形 $\xi=1$,所以 $C=e/n$(e 为水网边数),因此 C 约为 e/n。

3　广西乐百高速实例分析

3.1　研究区域及数据来源

广西乐百高速公路基础道路、高程矢量、水系网络数据利用 ArcGIS 软件,经中国科学院计算机网络信息中心(CNIC)下载数据,通过配准、矢量化获得。不透水区光谱信息通过 LANDSAT8 卫星 OLI 陆地成像仪影像,对 NIR、Red、Green 波段 RGB 三色合成,得到标准假彩色图像。研究区域示意图如图 1 所示。

广西乐业至百色高速公路是广西高速公路网布局中“纵 7”线天峨(黔桂界)~龙邦(国家

一级口岸)高速公路的重要组成部分。广西高速"纵7"线起于黔桂界的天峨县下老乡,终于国家一级口岸——龙邦,从北往南途径天峨、乐业、凌云、百色、德保、靖西等县市。根据广西和贵州两省区高速公路网规划。研究区域地形地貌图如图2所示。

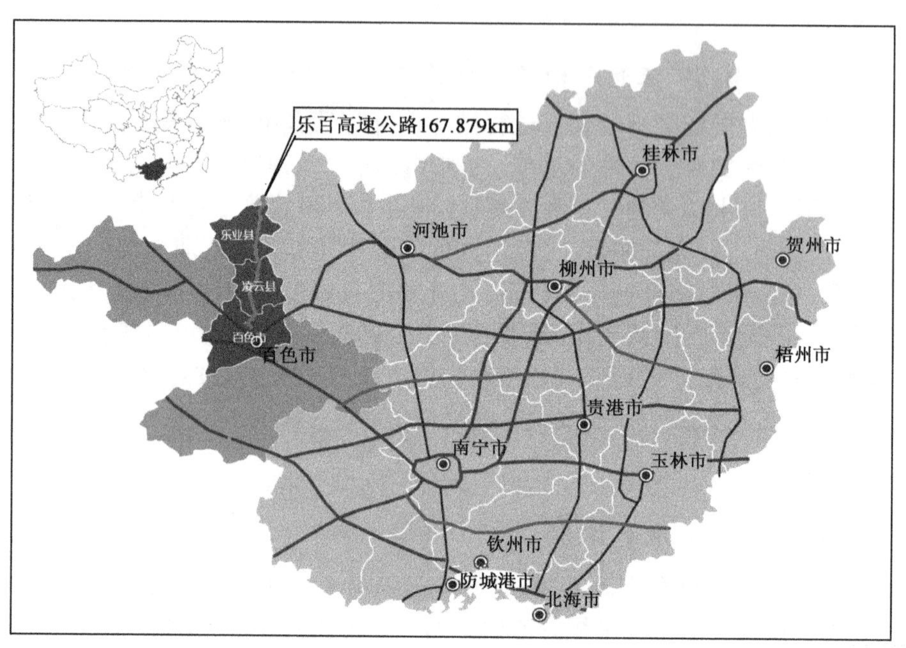

图1　研究区域示意图

图2　研究区域地形地貌图

本项目北与贵州"纵4"线惠水至罗甸高速公路的终点相接,是重庆、贵州等西部省市经广西连接东盟最便捷的公路通道。项目的实施对实现国家和广西高速公路网规划,改善区域交通的需要有着十分重要的意义。海绵城市概念流程图如图3所示。

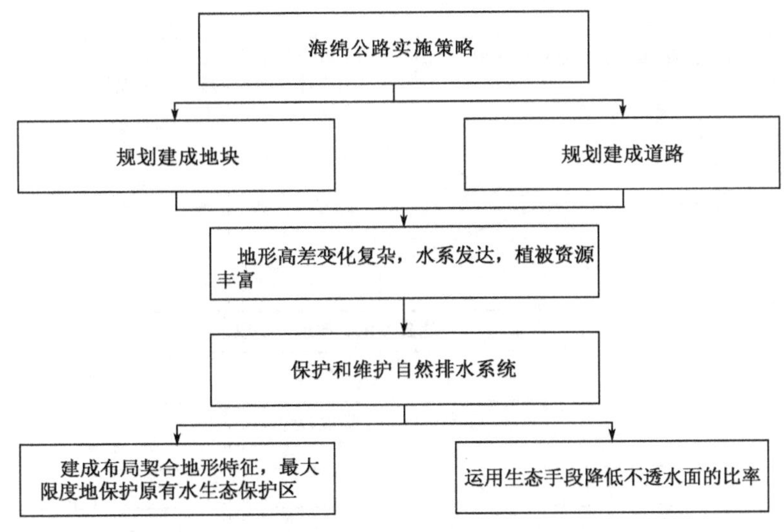

图3　海绵城市概念流程图

3.2　数据分析

首先基于现状地形图,包括公路地形图以及研究区域30m数字高程图,在ArcGIS平台下进行水文分析,提取研究区域内的河网,然后与目前已经完毕的乐百高速公路初步线路图进行叠加,分析是否对已有的或者潜在的汇水区进行了桥梁设计,结合现在的土地利用类型图,分析是否需要对现在的初步设计给出路基改桥梁的设计方案。其次,与地表水系连通问题相同,基于已有的遥感影像,包括Quick Bird、无人机航拍影像以及Landsat-TM8遥感影像对乐百高速公路周边的湿地进行提取,结合初步设计方案,分析是否高速公路的修建,会导致湿地的连通性造成了损坏。再次,基于乐百高速公路初步设计,尤其是涉水桥梁,利用危化品污染模型计算,分析危化品传输距离,结合地形,进行三维缓冲区分析,判断是否需要进行桥面径流装置的安装,对于某些敏感区域,是否需要安装自动监测的桥面径流装置。最后,结合上述的三个方面的分析,给出最后的建议。技术分析流程图如图4所示。

4　结果与建议

4.1　水系连通性

首先,依据水总是沿斜坡最陡方向流动的原理,确定DEM中每一个高程数据点的水流方向;然后根据高程数据点的水流方向数据来计算每一个高程数据点的上游给水区,再根据上游给水区高程数据,用阈值法确定属于水系的高程数据点;最后,根据水流方向数据,从水系源头开始将整个水系追索出来。

与拟建公路初步设计线路图进行叠加,利用潜在水系图与拟建公路初步设计线路图进行叠加的结果,结合实际的遥感影像,分析是否需要路基改为桥梁的必要性。如果汇水量大于一定的阈值，并且拟建公路的初步设计为路基，则建议将此段设计改为桥梁，以免造成路基队地表水系的拦截作用。研究区水系提取图如图5所示。

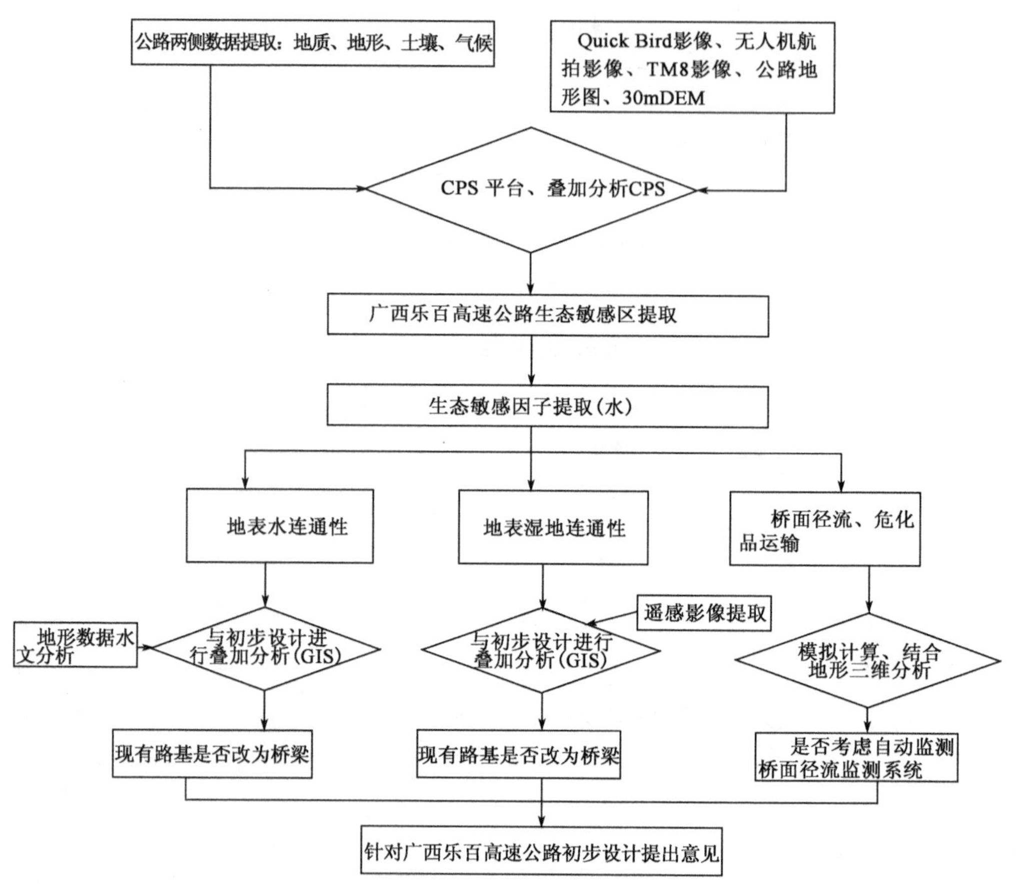

图4 技术分析流程图

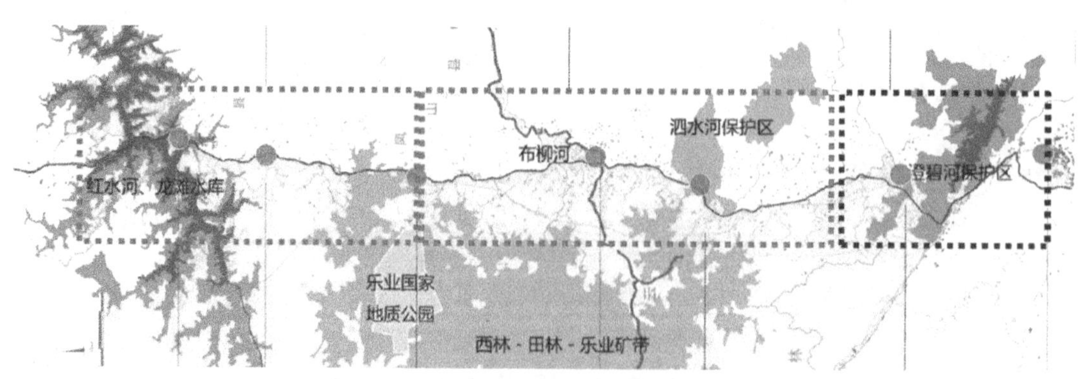

图5 研究区水系提取图

根据河网提取的结果,与现有公路设计进行叠加,分析得到的结果与实际的遥感影像进行比对,来确定现有设计是否需要进行改进。

得到以下结果,建议如表1所示。

分 析 结 果　　表1

桩　号	遥感影像	水文分析	说　明
ZK29 + 100 ~ ZK29 + 200			该处汇水面积超过 10 000m²,目前土地利用方式为农田,建议增加桥梁或者涵洞
YK68 + 100 ~ YK68 + 300			该处汇水面积超过 10 000m²,目前土地利用方式为农田,但发生大降雨时,可能发生洪水,建议增加桥梁或者涵洞
K153 + 100 ~ K153 + 350			该处汇水面积超过 20 000m²,目前土地利用方式为农田,但发生大降雨时,可能发生洪水,建议增加桥梁或者涵洞

4.2　生态边沟

为适应南方暴雨的气候气象特点,建议在乐百高速公路实施生态边沟,其设计形式采用浅碟形植草暗边沟,由植被、土沟、集水井、暗埋盖板边沟及盲沟等工程单元组成。其中,植被发挥防止土壤侵蚀、截流路面径流中的油类、吸附重金属、沉降悬浮固体等作用,集水井起泄水口功能,暗埋盖板边沟输送地表径流,盲沟则排除地下水。

生态边沟的沟顶高程低于路肩边缘20cm;沟底设置碎石(或砂砾)盲沟以排除地下水;沟身断面为矩形,边沟顶部设钢筋混凝土盖板,盖板顶部回填30cm种植土做成浅碟形后植草绿化;沟顶每隔15m距离设置弧形集水井。

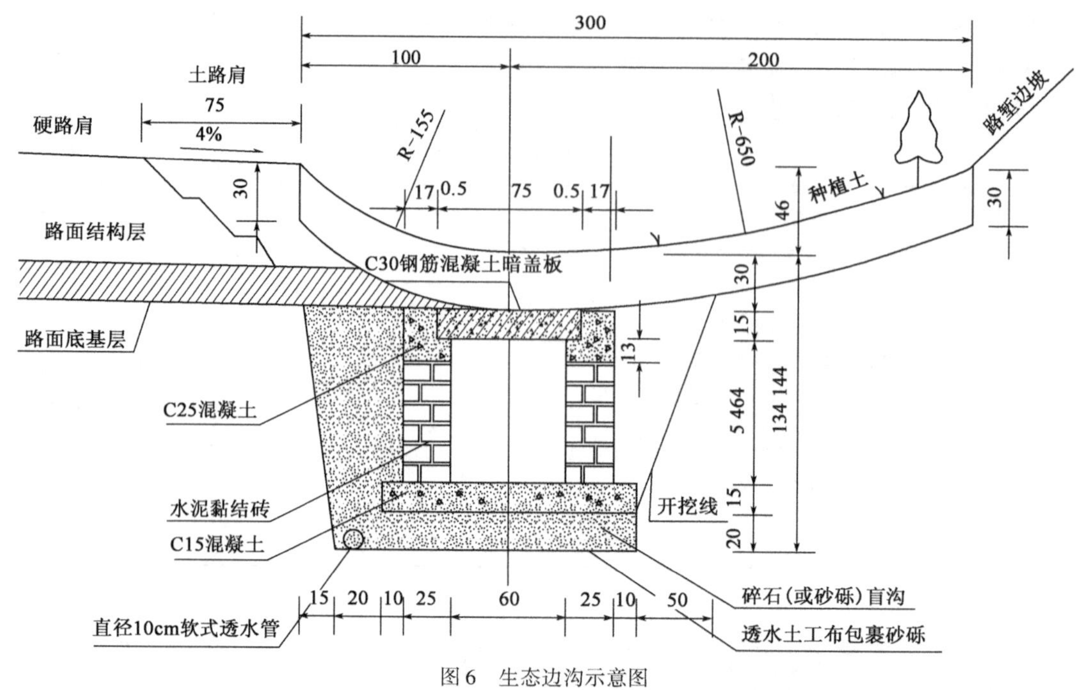

图6 生态边沟示意图

图7 沟身墙体砌筑及混凝土压顶底现场照片

参考文献

[1] Batten D F. Network cities: creative urban agglomerations for the 21st century[J]. Urban Studies,1995,32(2):313-327.

[2] 顾朝林,张勤. 新时期城镇体系规划理论与方法[J]. 城市规划汇刊,1997(2):14-26,65.

[3] 汪淳,陈璐. 基于网络城市理念的城市群布局——以苏锡常城市群为例[J]. 长江流域资源与环境,2006(6):797-801.

[4] 彭翀. 辽中城市群规划的空间格局研究[J]. 城市规划,2007 (10):44-47,62.

[5] 王珺,周均清. 从“单中心区域”到“网络城市”——武汉城市圈空间格局优化战略研究[J]. 国际城市规划,2008(5):88-91.

[6] 何韶瑶,马燕玲. 基于网络城市理念的城市群空间结构体系研究——以长株潭城市群为

例[J]. 湖南大学学报:自然科学版,2009(4):80-84.
[7] 卢明华. 荷兰兰斯塔德地区城市网络的形成与发展[J]. 国际城市规划,2010(6):53-57.
[8] 朱英明,于念文. 沪宁杭城市密集区城市流研究[J]. 城市规划汇刊,2002(1):31-33,44-79.
[9] 张虹鸥,叶玉瑶,罗晓云,等. 珠江三角洲城市群城市流强度研究[J]. 地域研究与开发,2004(6):53-56.
[10] 姜博,修春亮,陈才. 辽中南城市群城市流分析与模型阐释[J]. 经济地理,2008,28(5):853-856,861.
[11] 郑伯红,王志远. 基于网络城市的长株潭城市群构建[J]. 地域研究与开发,2011(4):61-65.
[12] 李国平,王立明,杨开忠. 深圳与珠江三角洲区域经济联系的测度及分析[J]. 经济地理,2001,21(1):33-37.

浅析生态水处理技术在高速公路互通水景观设计中的运用
——广西壮族自治区乐业至百色高速公路为例

杨　俊　罗　强　孙莺沙　熊　亚　孙　侃

（中交第二公路勘察设计研究院有限公司　武汉）

摘　要：本文以拟建的广西壮族自治区乐业至百色高速公路为依托，从水环境保护的角度解析高速公路互通水景观设计、兼具水质净化功能的湿地植物选择，探索如何将生态水处理技术与高速公路互通景观设计相结合，体现生态、环保、可持续发展的绿色公路建设理念。

关键词：高速公路　生态水处理　水景观设计　湿地植物

0　引言

近年来我国大力推进生态文明建设，“十三五”规划提出“坚持绿色发展，着力改善生态环境”，交通运输部印发《加快推进绿色循环低碳交通运输发展指导意见》(2013)323号，以节约资源、保护环境为目标，加强生态环境保护，推进绿化美化工程建设，加强绿色循环低碳交通运输技术的建设和研发。高速公路往往途径江河湖库、水塘湿地，如不采取生态措施，势必对水环境造成影响。目前常规的水处理技术只是纯粹的以治理污水为目的，缺乏与景观的结合，而景观设计师往往过分追求水景的外在表现，忽略了水景内在的水质。因此将生态水处理技术与景观设计相结合，打造“内外兼具”、生态优美的高速公路水体景观，体现生态、环保、可持续发展的绿色公路建设理念，成为高速公路水景观设计趋势。

1　拟建公路水环境影响分析

1.1　项目概况

拟建广西乐业至百色公路位于云贵高原向百色谷地的延伸过渡地带，起于峨坝附近的红水河特大桥贵州境桥头，与贵州规划的惠水至罗甸高速公路终点相接，终于百色市右江百罗高速公路(上宋互通)，全长约169km。本项目沿线以凌云县城北部的玉洪加尤一线为界，北部属红水河水系，南部属右江水系，区域内布柳河属于红水河最大支流，澄碧河属于右江最大支流。本项目新建桥梁跨越那豆水源保护区、东笋取水口饮用水源保护区以及红水河、右江、澄碧河、朝里河、蒙沙河等河流。

1.2　路面径流污染分析

水环境的污染源，按排放污染物的空间分布方式，可分为点源污染和面源污染，路面径流污染是引起面源污染的重要组成部分。路面径流污染主要指在降雨过程中,雨水及所形成的径流流经公路路面、雨水口、绿化带等的时候,冲刷、淋洗、聚集了一系列污染物,如有机物、油类、盐分、氮、磷、有毒物质及杂物等,随之排入农田、湿地、河流等受纳水体,污染附近地表水及地下水。路面径流尤其是初期雨水污染物含量较高、物种类繁多、成分复杂,主要为悬浮固体(SS)、化学需氧量(COD)、五日生化需氧量(BOD_5)、总氮(TN)、总磷(TP)、重金属以及多环芳烃(PAHs)和油等。其中SS和COD的含量较高,重金属中Pb与Zn也有较高的含量[1]。

2　高速公路常用的路面径流污染处置措施

根据国内外的研究结果,目前高速公路路面径流污染控制的工程性措施主要有植被控制、滞留池(Detention pond)、氧化塘、人工湿地、渗滤系统[2]。

2.1　绿化、植被控制

绿化、植被控制是一种广泛有效的高速公路雨水径流污染控制方法。植被控制是指利用地表密植的植物及地表土层来截流、过滤、吸附、沉淀地表径流中的污染物的一种径流控制措施。绿化、植被控制主要去除径流中的重金属、油类、SS及吸附在SS上的其他污染物。按照水的不同流态,植被控制可以分成两类,分别为地表漫流和植草渠道两种形式。

2.2　滞留池

滞留池是一种经济有效控制路面径流污染的措施,一般由沉淀湾、竖向排水管、碎石石基和安全带四个部分组成,常见形式为干式滞留池、湿式滞留池和双重滞留池。干式滞留池类似于平流沉淀池,通过滞留和沉淀去除径流中的大量悬浮类污染物;湿式滞留池是池中平时保持有一定水量的滞留池,在控制地表径流污染方面优于干式滞留池。另外,湿式滞留池中的生物作用对一些可溶性营养物质也有很好的去除效果。此外,干式滞留池在非运行状态下没有吃水量,其前期沉积的污染物会在后一场降雨径流初期被冲出,导致二次污染,所以干式滞留池的水质控制能力相对较差。

2.3　氧化塘

氧化塘又称为稳定塘或者是生物塘,是经过人工适当休整的土地,设围堤和防渗层的污水池塘,主要依靠自然生物净化功能使污水得到净化的一种污水生物处理技术。其优点是可以调节雨洪峰量,工程简单、造价低廉,雨水处理能耗较低。缺点是处理效率季节性明显,处理效果不够稳定,防渗要求较高,同时占地面积较大。

2.4　人工湿地

人工湿地是一种高效的控制地表径流污染的绿色控制措施。在国外,人工湿地广泛地应用于路面雨水径流的污染控制。它主要由湿地床和透水性基质、湿地植物、水体、好氧厌氧微生物种群和后生动物组成。依据植物的存在状态和水流状态,可分为表面流湿地和潜流湿地,其中潜流湿地可分为水平流潜流湿地和垂直流湿地。人工湿地在运行过程中,是通过土壤、植物、微生物三个相互依存的组合体,很好地去除污水中SS、有机物、氮、磷、重金属等污染物。

2.5　渗透系统

渗滤系统主要是利用过滤、颗粒吸附和离子交换等去除机理对溶解性污染物进行处治,是控制径流污染、径流洪峰量、补充地下水资源的一种有效的控制措施。渗滤系统包括敞开式渗坑、渗井、渗水渠和多孔路面以及部分出流渗渠系统等形式。渗滤系统适用于土壤或路面有很好的可渗透性,并且地下水位要低于渗滤系统最低点的至少 3m,入流的悬浮固体含量小,渗透过程中有足够的存储空间。因此,渗滤控制系统较适用于地下水位比较低的北方地区。

3 生态水处理技术在乐百高速公路景观设计中的运用分析

乐百高速跨越那豆水源保护区、东笋取水口饮用水源保护区以及多个河流,互通内的水景观是其景观设计中画龙点睛的亮点,不仅需要创造灵动、自然、宛自天成的河湖湿地,还要考虑水环境的保护,采取多种生态水处理技术对路面径流污染进行处理,避免藻类疯长、水体发绿。

3.1 互通内景观生态水综合处理技术

本文以乐百高速永乐枢纽互通为例,分析生态滞留带 + 生态净化池 + 充氧跌水溪 + 人工湿地综合生态水处理技术在互通水景观中的运用。永乐枢纽地势相对较为平缓,澄碧河直流从互通区穿过,沿河边有三个连续的水塘,现状为人工养殖鱼塘,在互通不远处的东南角与澄碧河主河道交汇。澄碧河主河道内水量较大,河水碧绿,水质较好,景色宜人。我们通过分析道路及边坡排水设计得出汇入互通内澄碧河中的水大致分为两类:一类是路面径流,另一类为绿化场区的雨水。针对两种类型的径流我们采取了不同的景观处理方式。路面径流采用了滞留带 + 生态净化池 + 充氧跌水溪 + 人工湿地综合生态水处理,而绿化场区的雨水采用植被控制 + 人工湿地处理方式。互通内景观生态水处理平面布置图如图 1 所示。

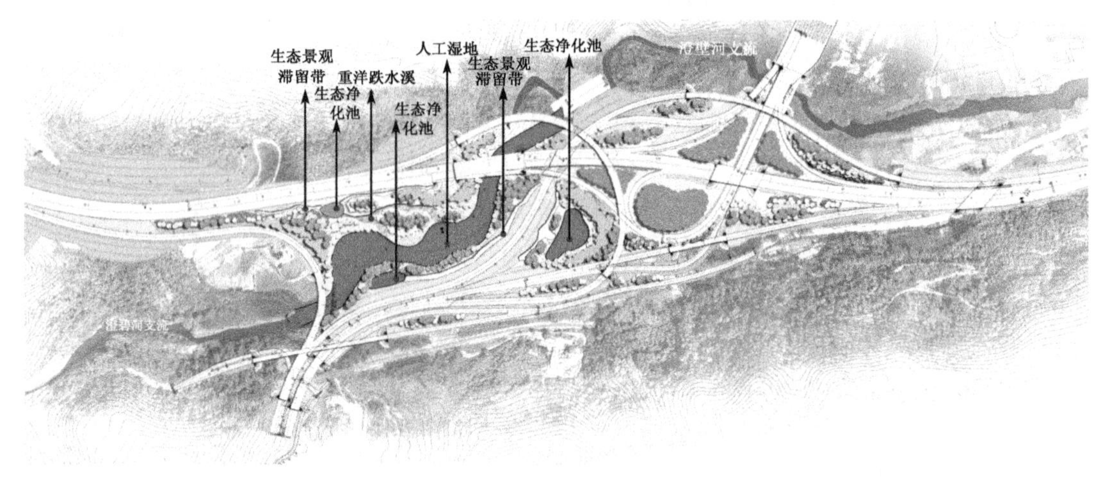

图 1　互通内景观生态水处理平面布置图

1)生态景观滞留带措施

首先将互通内的硬质排水沟进行优化调整为兼具生态滞留带作用的浅碟式生态景观边沟,设计图如图 2 所示,其表层采用土壤和填料(细沙、鹅卵石、绿豆石等)混合组成,使水在植物、沟渠的填料缝隙和沟渠表面流动,吸附、拦截、沉淀和过滤水中的悬浮物,达到初步净化水质的作用。同时蜿蜒曲直的卵石景观沟搭配绿植生动形象地再现了浅滩溪流的原生态之美,浅碟式生态景观边沟示意图如图 3 所示。

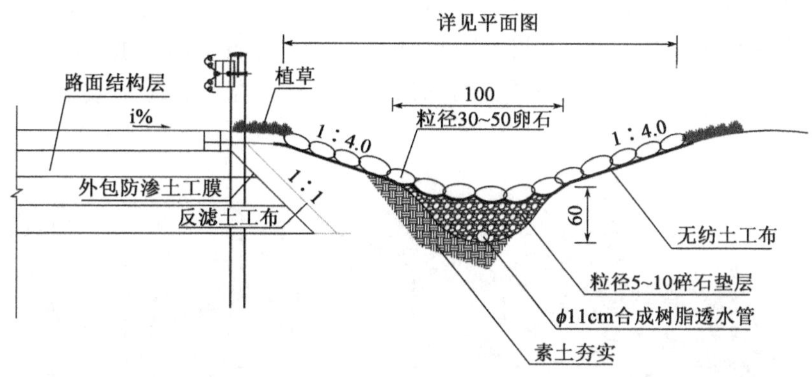

图2　浅碟式生态景观边沟设计图

2)生态净化池措施

经绿化植物、生态景观滞留带初步沉淀净化后的路面径流汇入3处水深在2～4m的生态净化池。通过厌氧、兼氧微生物的降解作用,将部分有机污染物分解成有利于植物吸收的低分子化合物,再经过水生植物对水中污染物质进行吸附及分解,并在水内养殖各类水生动物以达到水体净化,抑制水藻等相关植物的生长。

3)充氧跌水溪

生态净化池处理后的水将通过充氧跌水溪进一步充氧净化后排入互通中间的人工湿地中。充氧跌水溪是利用互通内地形的高差变化,经过疏导和开挖,同时结合溪石摆放设计生态跌水坝,营造出一个层层水台、逐级跌落、溪石流水的自然美景。同时,层层跌水对水体实施天然曝气补氧,提升水内的氧含量,让整个系统处于好的含氧率,防止水体腐坏,减少水体中有机物的污染(主要是有机物降解所产生的甲烷、硫化氢等有毒和有害气体),在外观上改善水色及透明度,去除水体中的臭味。此外,在石缝间、驳岸边种植各种各样的水生植物,形成生态自然、充满生机的清澈小溪。潺潺的溪水跳跃着、流动着,带来视觉和听觉美的感受,让人感觉到"清泉石上流"的自然美景。充氧跌水溪示意图如图4所示。

图3　浅碟式生态景观边沟示意图

图4　充氧跌水溪示意图

4)人工湿地

在互通中间最低处设置兼具人工湿地功能的景观水塘。通过植物的光合作用及茎、根的输氧作用,供给湿地床除污需要的氧气;同时由于发达的植物根系及填料表面生长的生物膜的净化作用、填料床体的截留及植物对营养物质的吸收作用,而实现对水体的净化。同时水生植物色彩缤纷的色彩为人工湿地增添了美丽的景色。永乐枢纽人工湿地效果图如图5所示。

图5　永乐枢纽人工湿地效果图

3.2　基于生态水处理理论的湿地植物选择

湿地植物是生态水处理环节中最重要的部分,其自身具有较强的营养物质吸附富集功能,大多数植物吸收的物质(包括重金属、有机物和氮、磷营养成分等)都能渗透到根细胞膜和壁。湿地植物还可以与其周围的各种微生物形成各种小环境,并在根系附件形成网络状的结构,为微生物的生长代谢提供良好的生化环境,从而形成独特的根际微生态环境,具有典型的活性生物膜的功能,具备很强的净化废水的能力,对多种污染物具有很强的吸收、分解、富集能力[3]。

同时,湿地植物也是生态水处理系统中受地域和自然条件影响最大、最难控制的因素之一。不同种类的湿地植物去污能力不同,同一类型的湿地植物在不同地区去污能力也不一定相同,不同的湿地植物组合去污效果差异也很大。因此,湿地植物的选择不仅需要考虑景观效果还需考虑了每种植物类型及其组合方式的去污能力。

1)湿地植物的类型

湿地植物按照生活方式与形态特征可分为挺水型植物、浮水型植物及沉水型植物三类[4]。

(1)挺水型植物:生长于浅水或池塘、溪流周围潮湿的土壤里,在水、陆之间起过渡及柔化作用。这类植物的根系深入水下的土壤里,可将植物固定于一个定点,植物的地上大部分都高高地挺出于水面,如芦苇、香蒲、水芋、鸢尾等。

(2)浮水型植物:分为浮叶型植物和飘浮型植物两类。浮叶型植物:这类植物的根扎于池底,叶浮于水面,如睡莲;飘浮型植物:浮水植物自由浮于水面生长,可通过竞争营养、荫蔽水面而降低水温、减少光照投射量,从而抑制藻类生长。常见的浮水植物有凤眼莲、浮萍等。

(3)沉水型植物:沉水植物生长于水面以下,由于它们在水下可以释放氧气,因而又叫“生氧植物”。它们可以消耗水中多余的养分,从而抑制藻类的生长,保持水体清洁。

目前生态水处理应用最多的是挺水植物,挺水植物一般植株高大,生物量大,去污能力较强;沉水植物一般应用于初级处理和二级处理的精处理;浮水植物主要用于氮、磷去除。

2)湿地植物的选择原则

(1)净化能力强:研究表明根系发达的植物去污效果比较好,因为发达的植物根系可以分泌较多的根分泌物,为微生物的生存创造良好的条件,提供湿地净化能力。

(2)适应性强:由于湿地植物根系要长期浸泡在水中并接触浓度较高、变化较大的污染物,因此所选用的水生植物除了耐污能力强外,对当地的气候条件、土壤条件和周围的动植物环境都要有很好的适应能力。一般应选用当地的乡土湿地植物。

(3)抗冻、热、病虫害能力强:高速公路污水处理需要全年连续进行,故要求水生植物即使在恶劣的环境下也要能基本正常生长,而对自然条件适应性差的植物将直接影响净化效果。此外,污水易滋生病虫害,抗病虫害能力直接关系到水生植物的生长,也直接影响其净化效果。

(4)易于管养:高速公路绿化一般是粗放管养,因此要求选择管理简单、方便的湿地植物。

(5)景观效果好:湿地植物不仅要考虑其净水效果还要创造自然美观的水景。

3)乐百高速公路湿地植物选择

根据净水步骤、净水能力及景观效果综合考虑,乐百项目拟采用的湿地植物:初级处理采用去污能力较强的植物美人蕉、芦苇、风车草、水葱、再力花、千屈菜;二级处理采用去污能力中等,但景观效果较好的花菖蒲、鸢尾、花叶芦竹;景观水体采用净水能将较弱但景观效果最好的湿地植物:荷花、睡莲、水仙、黄菖蒲。

4　结语

纯净的水环境给人一种享受,然而由于污水废水无序排放和水资源不合理的开发利用等,越来越多的水体受到污染。可喜的是各式各样的水处理技术层出不穷,但大部分水处理技术只是纯粹的以治理污水为目标,缺乏同景观相结合。乐百高速公路景观设计中结合了水处理技术,充分考虑水生植物、跌水和溪石等景观要素,通过水处理技术来修复改善水体,重现生动自然美丽的湿地生态环境。

参考文献

[1] 陈家星,等. 乌议高速公路路面径流雨水处理技术[J]. 道路桥梁,2013(7):156.

[2] 何金兰,等. 路面径流污染处治技术的研究进展[J]. 现代科学与技术,2010,3(12):431-433。

[3] 张绮耘,等. 植物在人工湿地污水处理系统中净化能力研究[J]. 现代科学与技术,2009,32(12):279-281.

[4] 邹益雄. 人工湿地植物的筛选及冬季去氮除磷能力与中试研究[D]. 长沙:中南林业科技大学,2008.

基于北斗系统监测的高速公路洞穴鱼类生存环境保护设计与施工

王　璐　张　立　王晓帆

（中咨华科交通建设技术有限公司　北京）

摘　要：国家高速公路网乐业至百色段项目经过凌云洞穴珍稀鱼类保护区的缓冲区，为贯彻绿色公路的理念，应用北斗系统监测高速公路设计、施工、运营期间洞穴鱼生存环境变化，论证设计、施工、运营中采取措施的合理性，以实时动态监测结合常规环保景观设计，以探索公路建设与环境和谐的新模式。

关键词：北斗系统　洞穴鱼　公路建设　动态监测

0　引言

银川至百色国家高速公路广西境乐业至百段是国家高速公路网 G69（银川至龙邦高速公路）的重要组成部分，项目经过凌云洞穴珍稀鱼类保护区的缓冲区，凌云洞穴鱼类保护区我国首个以地下鱼类为保护对象的自然保护区，保护区总面积 684 公顷，动物地理及鱼类种质资源地位十分重要。公路建设中高填深挖、取土弃土、开挖隧道等活动势必会造成水土流失、水环境污染、物种多样性破坏等。为保证洞穴鱼类的物种稳定，保证项目建设与保护区建设达到可持续发展的目的，在项目设计、建设、运营过程中采用合理的环保景观措施之外，应用北斗系统对公路设计、施工、运营期间对洞穴鱼生存环境实时监测，根据监测数据来相应调整不合理的处理方案。

1　环保景观设计

1.1　生态环境保护

生态环境保护主要指本项目路线通过区域内洞穴鱼类自然保护区等自然保护区的保护措施设计。针对路线通过保护区产生的影响因素，应分别采取设置保护动物标志牌、防抛网以及路面、桥面径流处理等措施。

（1）设置保护动物标志牌。提示人们该区域有珍稀动物物种需要保护。

（2）防抛网。防止向保护区内抛弃物品。

（3）路面、桥面径流处理系统。施工和运营期间路面、桥面径流中的污染物有 SS、COD、重金属、P、N 营养物、油脂、PAHs（多环芳香烃）等，主要源自车辆轮胎与路面不断摩擦产生的废橡胶屑、大气降尘、筑路材料废弃颗粒、车辆尾气排放、汽车燃油机油泄漏、运输化学药品车辆泄漏等。为防止路面、桥面径流直接排入洞穴鱼类保护区水域，在路面、桥头合适的位置设置径流处理系统。

环境保护设计能够一定程度上降低公路建对洞穴鱼类保护区的影响，属于静态设计，针对性较弱。

2　北斗系统监测

洞穴鱼类的物种稳定性是随着所处环境变化而改变的，影响物种鱼类物种稳定性的主要因素水质、洞穴内地下水位在公路建设中实时变化，只有实时监测到其变化才能做出合理性更强、针对性更高的保护方案或者改进方法。

将水质和水位监测传感器植入北斗卫星导航终端，与北斗卫星导航系统进行关联，利用北斗导航的定位模块和短报文传输功能，将传感器采集到的数据经北斗系统储存并传输到数据处理平台，平台上的数据信息量是巨大的，依托此大数据，分析洞穴鱼的生活习性与生存环境的关联，一方面准确掌握建设、运营过程中洞穴鱼类生存环境的实时动态变化，从而及时调整环保景观设计中不合适的措施，或改进相关措施，得达到精准保护的目的；另一方面大数据能够为公路建成后对环境影响评估提供支撑，建立完整的生态补偿机制。

具体的流程图如图1所示。

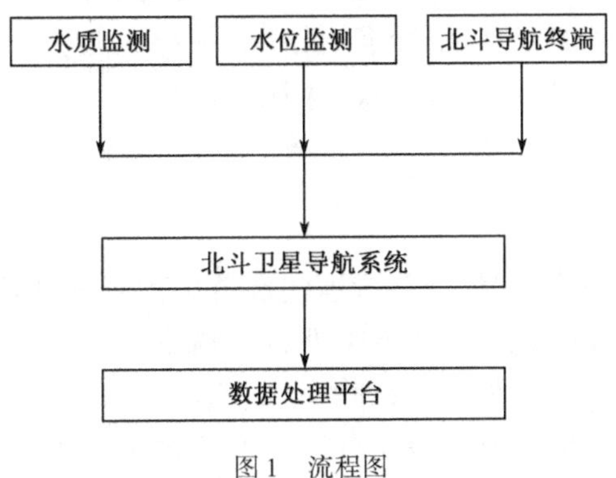

图1　流程图

3　结语

公路建设与自然环境保护要达到可持续发展的目的，需要精确地制定保护生态环境的措施，通过北斗系统能获得大量、准确、实时的数据信息，依托大数据来改善传统环保景观设计，不但对该项目洞穴鱼保护区可以有效地加以保护，这种模式能够对自然保护区生态环境的造成的不良影响降低到最低，最大地发挥公路建设项目经济效益、社会效益、环境效益的统一。

参考文献

[1] 陈雪珍. 涉及自然保护区公路建设环境问题及管理对策研究[D]. 南京：南京林业大学，2007.

[2] 宋金梦，王英志，姚俊羽，等. 基于北斗卫星导航系统的水质检测控制终端设计[J]. 科技视野，2014(15).

[3] 张艳杰，师利明. 试论公路建设中的环境问题与环境保护[J]. 西北农林科技大学学报：自然科学版，2004：133-136.

灰岩区高速公路隧道洞口环境协调性设计与研究

吴秋军　李洋溢

（广西壮族自治区交通规划勘察设计研究院　南宁）

摘　要：灰岩喀斯特地貌区隧道洞口段，常常发育有陡直的仰坡，仰坡上岩体节理裂隙发育将岩体切割成危岩体。一般采用清除危岩体＋喷混凝土＋接长明洞方案进行防护，但是由于施工不易，一些危岩体无法清除，后期极易产生细小的岩块可能掉入洞外路基段。本设计研究采用了传统方案、传统方案＋防护网方案、传统方案＋钢结构棚洞方案进行了对比分析与研究，最终综合确定选用传统方案＋钢结构棚洞方案进行设计。由于采用钢结构棚洞方案自重轻，可直接修筑在路基上，且对边仰坡开挖很小，对行车安全舒适有较大的提升，环境协调性极好，可作为灰岩区高速公路隧道洞口环境协调性设计的一种参考。

关键词：灰岩区　高速公路隧道　洞口　环境协调性

0　前言

近些年来，随着我国的高速公路、铁路隧道建设总里程越来越长，建设水平也越来越高，尤其是在一些特殊的地形地质环境下，如灰岩喀斯特地貌区、黄土区等，已经成功地建设了大量的隧道，由此积累了相当多的设计和施工经验[1]。

灰岩喀斯特地貌区，隧道洞身段岩溶发育极易产生地下岩溶通道中的涌水突泥等安全事故，对衬砌结构及施工安全造成很大的威胁。在我国的渝怀铁路圆梁山隧道[2-3]、歌乐山隧道[4]、武隆隧道[5]、京广复线大瑶山隧道[7]、合芜高速试刀山隧道[8]、宜万铁路野山关隧道[9]等国内近些年建设的著名灰岩喀斯特地区隧道建设过程都曾发生过严重的涌水突泥事故。

灰岩区隧道除了洞身段地质条件十分复杂外，洞口段设计与施工也是容易出现问题的地方[1]。灰岩喀斯特地貌区，往往形成特殊的山峰簇拥、基座相连的构造－溶蚀峰丛洼地地貌，隧道洞口附近易形成陡直的灰岩仰坡，虽然岩质坚硬，但往往风化较严重，节理裂隙较发育时，而且只能部分清除，运营期一些无法清除的岩体仍可能产生细小岩块掉入路基段，威胁行车安全。采用接长明洞方式可一定程度上降低细小岩块对行车安全的威胁，但明洞结构自重大，一般不允许建筑在填方路基段。为此，近些年的一些高速公路隧道结构设计中出现了一些防护型棚洞结构[10]，一方面棚洞自重轻，对地基要求不如明洞高，修建在填方路基段，故可以尽可能延长洞口防护段结构长度以降低洞口细小岩块对行车安全的威胁，另一方面棚洞两侧可以镂空，顶部可镶嵌玻璃，可使洞口段光线过渡更为柔顺，使行车更为舒适、顺畅和安全。

1　工程概况

广西壮族自治区乐业至百色高速公路是银川至百色国家高速公路在广西境内重要组成部

分,也是广西高速公路网布局中“纵 7 线”天峨(黔桂界)至龙邦高速公路的重要路段,项目起点北接贵州惠水至罗甸高速公路,终点通过百罗高速与在建的百色至龙邦高速公路相连。项目第 TJ-12 合同段的五指山 1、2 号隧道位于百色市凌云县泗城镇,设计为分离式隧道,近东西向穿越五指山山体。其中,五指山 1、2 号隧道之间,间距仅 150～180m,处于典型的喀斯特地貌区,五指山 1 号隧道仰坡十分陡峭,岩体节理裂隙十分发育,细小岩块众多。而且由于五指山 1、2 号隧道之间要跨越一个大冲沟,必须采用填方路基,填方路基段无法采用传统的钢筋混凝土明洞。五指山 1,2 号隧道穿越的五指山如图 1 所示。

图 1　五指山 1、2 号隧道穿越的五指山

2　洞口段方案设计与选择

根据五指山 1 号隧道出洞口的地形地质特点,提出了 3 种设计方案。

(1)传统方案:清除危岩体 + 仰坡喷混凝土防护 + 接长明洞方案,即清除洞口上方仰坡的危岩体,并对仰坡进行喷混凝土,洞口明洞尽可能长。经验证,右线明洞可做到 15m 长,但左线明洞只能做到 5m 长。左线明洞明显偏短,防护能力弱,而仰坡危岩体众多,施工不易,难以全部清除。

(2)传统方案 + 防护网方案:传统方案左线难以满足要求,故在此基础上,增加了防护网;根据五指山 1 号隧道出洞口顶部危岩体的特点,选用了被动防护网,设置在洞门墙顶部,高度 1.5m。此方案一定程度上可以防护仰坡上的危岩体,但由于防护网高度不能过高,否则刚度强度均难以满足要求,在防护网高度受限情况下,仍可能有部分未能清除的危岩体越过防护网危及行车安全。

(3)传统方案 + 钢结构棚洞方案:传统方案左线难以满足要求,故在此基础上,在五指山 1 号隧道出口至五指山 2 号隧道进口段全路基段设置钢结构棚洞,钢结构棚洞自重很轻,可直接施作在填方路基上,防护能力也比较强,尤其对于一些直径较小的碎小石块防护能力很好。

对 3 种方案的造价进行了初步估算,结果表明传统方案延米造价为 3 万～4 万元(双洞),传统方案 + 防护网延米造价增加约 0.2 万～0.3 万元(双洞),传统方案 + 钢结构棚洞延米造价增加约 1.0～1.5 万元(双洞)。显然,传统方案 + 钢结构棚洞造价最高,但考虑到五指山 1 号隧道延米单价约 10～12 万(双洞),增加量仅为 1/10 左右,处于可接受范围内,为了确保行车安全最终选用了传统方案+钢结构棚洞方案进行设计。

3　棚洞结构设计

五指山1号隧道为长隧道，五指山2号为短隧道，根据JTG D/T70—2010《公路隧道设计细则》，设计过程中按照隧道群统一进行设计，采用了相同的内轮廓形式，钢结构棚洞断面尺寸依据隧道内轮廓及路基宽度综合确定。棚洞承载结构横向拱圈顶、背及拱肋钢板构成中空封闭结构，总厚60cm，与明洞衬砌厚度一致，内外轮廓一致，便于衔接。相邻横向拱圈之间净间距1.7m，纵向通过ϕ200×6mm圆钢管连接，其环向间距3.36m，拱圈之间镶嵌茶色夹层中空钢化玻璃。为行车安全，路面层以上拱圈之间部分还设置了1.4m高的C30混凝土防撞墩。由于采用中空结构，结构自重较轻，经核算，基地压力很小，可直接在夯填路基中修筑条形基础即可满足承载力及沉降要求。五指山1,2号隧道棚洞结构如图2所示，棚洞结构拱肋的中空封闭结构如图3所示。

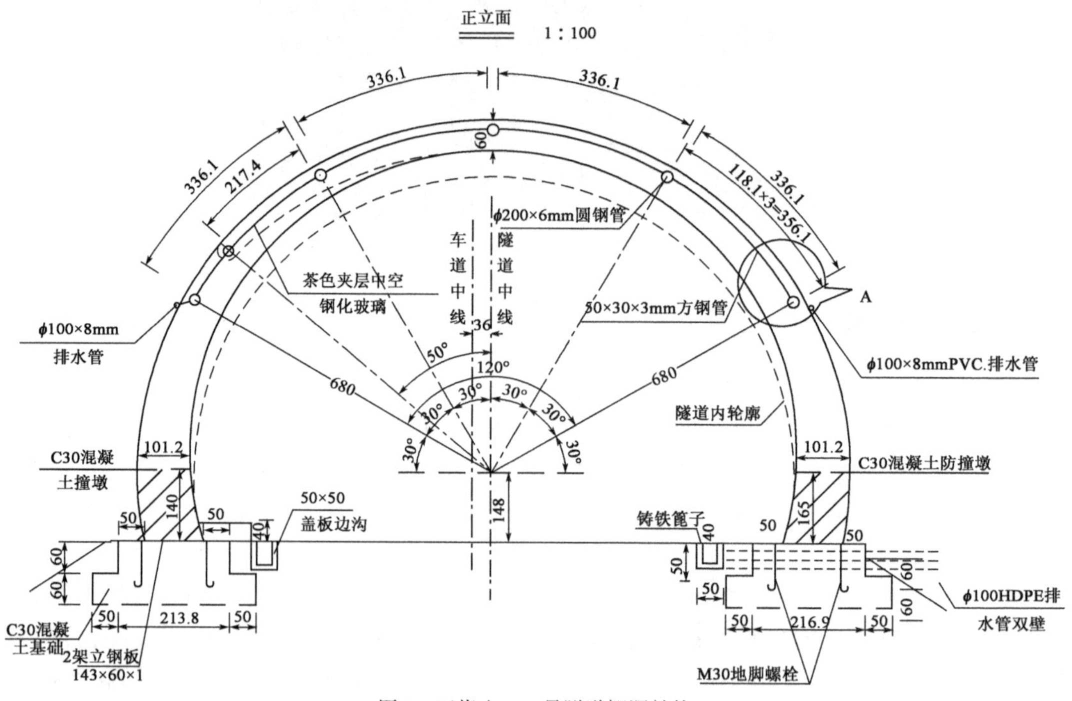

图2　五指山1、2号隧道棚洞结构

4　结语

采用棚洞结构后，五指山1号隧道出口、五指山2号隧道进口均采用直削式明洞以便于与棚洞结构衔接，并设置端墙式洞门以保证仰坡的稳定性。由于洞门附近地势较为平坦，而进暗洞处则十分陡峭，故边仰坡开挖量均很小。洞门端墙后面明洞填方顶部均采用植草防护，对自然边坡破坏很少，环境协调性极好。车辆行驶至该段落时，由于茶色玻璃有一定的透光性，但可避免强烈的日照，车辆进出五指山1、2号隧道之间光线照度变化较小，光线过渡十分柔和，可极大地降低进出隧道的“白洞”、“黑洞”效应带来的影响，对行车安全、舒适均有较大的提高。

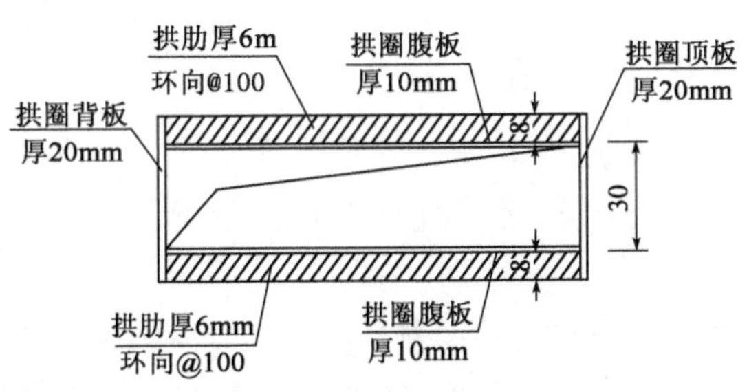

图3　棚洞结构拱肋的中空封闭结构

鉴于灰岩区很多隧道洞口段均存在仰坡陡直、地形过渡很快、危岩体较多清除不易等地形地质特点，在今后的灰岩区可推广使用清除危岩体＋接长明洞＋棚洞方案，一方面降低无法清除的细小岩块对路基段行车安全，另一方面可将洞口段设计与周围景观融为一体，并使光线过渡十分柔和，对行车安全、舒适均有较大的提高，环境协调性极好。

参考文献

[1] 吕康成. 特殊隧道工程[M]. 北京：人民交通出版社，2013.

[2] 刘招伟，何满潮，王树仁. 圆梁山隧道岩溶突水机理及防治对策研究[J]. 岩土力学，2006(2).

[3] 刘招伟. 圆梁山隧道岩溶突水机理及其防治对策[D]. 北京：中国地质大学，2004.

[4] 李小红. 歌乐山隧道突发涌水整治技术的研究[J]. 铁道标准设计，2003(S1)：70-72.

[5] 杨昌宇. 武隆隧道岩溶暗河整治方案探讨[J]. 现代隧道技术，2003，40(6).

[6] 陈成宗，牟瑞芳. 大瑶山隧道岩溶涌水系统分析[J]. 工程地质学报，1993，1(1)：36-46.

[7] 丁恒. 高速公路试刀山隧道设计与施工[C]. 中国土木工程学会隧道及地下工程分会年会，2000.

[8] 朱克法. 帷幕注浆施工技术在隧道断层破碎带的应用[J]. 河北建筑工程学院学报，2006，24(3)：49-52.

[9] 徐凡献. 高速公路隧道新型环保结构形式施工技术研究[D]. 成都：西南交通大学，2010.

[10] 张冰冰. 环保型、防护式棚洞力学行为分析及工程措施研究[D]. 重庆：重庆交通大学，2009.

高速公路工程建设能耗案例分析

王随原　曾　蔚　石小培　徐　剑　黄颂昌

(1. 交通运输部公路科学研究院　北京;
2. 道路结构与材料交通行业重点实验室(北京)　北京)

摘　要:首先采用工程量清单和施工定额相结合的方法计算分析了某高速工程施工总能耗和分部工程单位能耗。其次,分析了既定工艺工序下填方路基工程、沥青路面工程、桥梁工程和隧道工程的能耗,分析了路基工程、沥青路面工程和隧道工程的施工能耗组成情况,并对沥青路面工程的施工能耗进行了实测验证。本文案例分析表明,路基工程的施工总能耗最大,其次是桥梁工程(含交叉工程);隧道工程的单位长度总能耗最大,桥梁工程(含交叉工程)次之;沥青路面工程的单位体积能耗是填方路基工程和隧道工程的10倍左右;对填方路基工程施工能耗影响最大的是土石方运输环节,约占其施工总能耗的75%;沥青混合料拌和阶段是沥青路面施工能耗最大工艺环节,能耗占比可达90%。隧道施工能耗主要发生在正洞开挖环节,能耗占比90%以上。

关键词:公路工程　能耗　案例

0　引言

近十几年来,我国高速公路建设获得跨越式发展,对国民经济和社会发展起到巨大推进作用,截至2015年年底,全国公路网总里程逾450万km,其中高速公路通车里程超过12万km。大规模的公路工程建设必定会对环境产生影响,传统的公路环境影响评价一般是针对公路建设过程的社会环境、生态环境、声环境、水环境和空气环境进行的预评价,但我国公路工程设计仍主要是基于技术和经济方面的分析。近年来,绿色公路相关概念的兴起,对于公路建造、养护、拆除与回收利用整个过程的资源、能源消耗及环境排放的研究日益引起学者重视,国外学者普遍采用寿命周期评价(LCA)理论与方法评估公路建造方案或工艺对环境的影响[1-4],环境影响参数包括能耗、排放、有毒物质、水使用情况等。国内学者尚春静等[5]对路基土石方、排水、防护和路面工程的材料生产阶段、建造阶段、养护和维修阶段、拆除阶段的能耗进行了分析。潘美萍[6]对路面工程的材料物化阶段、建设施工阶段、运营管理阶段和拆除阶段的能耗进行了研究。王随原等[7-8]研究分析了沥青混合料、不同路面结构在材料物化阶段、建设施工阶段的能耗。刘沐宇、欧阳丹[9]、徐双[10]研究分析了桥梁工程在原材料生产、施工、运营养护以及废弃阶段的碳排放。Xinhua LI[11]通过案例进行了公路隧道工程施工机械的二氧化碳排

基金项目:国家科技支撑计划课题(2014BAC07B05),广西乐业至百色高速公路工程科研课题“山区高速公路绿色建造与使用者需求保障关键技术研究及示范”。

放。高速公路工程一般包括路基工程、路面工程、桥涵工程、隧道工程和其他附属工程，上述研究主要针对其中某一项工程进行分析，对高速公路各类工程综合能耗分析还较少。

为了解和掌握高速公路工程施工总能耗以及各主要分部工程（路基、路面、桥梁、隧道）的能耗情况，本文采取了以下两种能耗计算分析方法。

(1)选择一条典型高速公路，根据施工图设计文件中的工程量清单和工程定额计算临时工程、路基工程、路面工程、桥涵工程、交叉工程、隧道工程和交通工程施工过程中消耗的重油、汽油、柴油、煤和电，然后将这些消耗的能源转化为标准煤，以此得到施工总能耗以及各分部工程的单位长度(1km)能耗。

(2)分别测算了既定工艺工序下1km填方路基工程、沥青路面工程、桥梁工程和隧道工程的施工能耗，分析了路基工程、沥青路面工程和隧道工程的施工能耗组成情况，并对沥青路面工程的施工能耗进行了实测验证。

1 总施工能耗计算

选取华北地区某山岭区高速公路进行分析，主线全长98.9km，全线采用双向4车道高速公路标准建设，设计速度为80km/h，路基宽度为24.5m，沥青混凝土路面。按照其施工图设计文件和工程定额，计算各主要分部工程能耗情况，如表1和图1所示。

某山岭区高速公路项目施工能耗分析　　表1

序号	能源类型	单位	分部工程							合计
			临时工程	路基工程	路面工程	桥涵工程	交叉工程	隧道工程	交通工程	
1	重油	kg	—	—	4 675 901	184 656	1 016 654	84 769	74 437	6 036 417
2	汽油	kg	—	165 108	448 688	4 661	137 073	146 756	416 762	1 319 048
3	柴油	kg	1 458 010	19 151 526	3 298 981	1 146 910	6 822 826	3 971 179	130 655	35 980 087
4	煤	t	9	—	577	29	91	5	1	712
5	电	kW·h	379 008	2 914 029	3 816 841	22 240 977	8 271 231	30 100 558	1 622 025	69 344 669
分部合计	标煤	t	2 177	28 507	13 028	4 696	12 677	9 826	1 110	72 022
分项里程	km	—	78	98.9	6	11	5	98.9	98.9	

从表1和图1可以看出：

(1)该98.9km的双向4车道高速公路的施工总能耗为7.2万t标准煤，折算为单位里程能耗为728.9t标准煤。

(2)各分部工程的总能耗由高到低排序依次是路基工程、路面工程、交叉工程、隧道工程、桥涵工程、交通工程（如果将交叉工程合并进桥涵工程，则桥涵工程排在第2位）。这个排序很大程度上取决于各分部工程数量的多少。对于平原区的高速公路而言，路基工程量一般是最大的，能耗自然最多。而对于桥隧比高达50%以上的高速公路而言，情况可能就不同了。

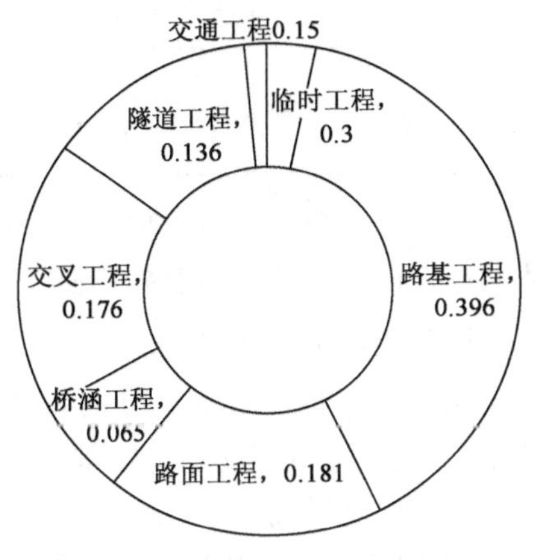

图1　某山岭区高速公路施工能耗分布情况

(3)将各分部工程换算成单位里程(1km)能耗,则各分部工程能耗从高到低依次是隧道工程、桥涵工程(含交叉工程)、路基工程、路面工程、交通工程,单位里程能耗分别为 2 007.0t标煤、1 013.2t 标煤、366.7t 标煤、131.8t 标煤、11.2t 标煤。其中,隧道工程的单位里程施工能耗最高,数倍于其他分部工程,而交通工程的施工能耗几乎可以忽略不计。

2 分部工程施工能耗测算

2.1 填方路基工程

以 1km 双向四车道高速公路填方路基为对象,假设路基宽度 26m,边坡坡度 1:1,路基高度 3m,清表厚度 15cm,运土距离 10km。考虑清表、挖掘机挖装土、运土、推土、压实等几个主要工艺环节,根据交通运输部《公路工程预算定额》(JTG/T B06-02—2007)、《公路工程机械台班费用定额》(JTG/T B06-03—2007)的有关机械台班油耗数据,计算得到 1km 路基工程的总能耗为、单位体积能耗(换算成 $1m^3$ 土石方的能耗),具体结果如表 2 所示。表 2 中计算得到的路基单位里程能耗低于 2.1 节的高速公路实例,主要是由于路基高度的不同。

填方路基施工能耗分析 表 2

序号	工 序	设 备	工程量(m^3)	总台班	单位台班能耗(kg/台班)	能耗(kg 柴油)
1	清表(厚度 15cm)	135kW 履带推土机	4 800	7.68	98.06	753.1
2	挖掘机挖装土	75kW 履带推土机	87 000	24.36	54.97	1 339.1
		$20m^3$ 履带挖掘机	87 000	112.23	92.19	10 346.5
3	运土	20t 自卸卡车(运距 10km)	87 000	1 826.13	77.11	140 812.9
4	推土	240kW 履带推土机(距离 20m)	29 000	27.26	174.57	4 758.8
5	压实	120kW 平地机	87 000	141.81	82.13	11 646.9
		6~8t 光轮压路机	87 000	134.85	19.33	2 606.7
		20t 振动压路机	87 000	153.12	105.6	16 169.5
合计柴油消耗量(kg/km):138 790;折算成标准煤(t/km):202 单位体积能耗(kg 柴油/m^3,kg 标准煤/m^3):1.6,2.3						

从表 2 及图 2 可以看出,在路基几何尺寸确定的情况下,对路基工程施工能耗影响最大的是土石方运输环节,占到路基施工总能耗的 74.7%。

2.2 沥青路面工程

按照厚度 18cm、宽度 19m(与 26m 宽度的路基对应)的 1km 长度高速公路沥青面层作为研究对象,同样按照交通运输部定额反推,计算得到 1km 沥青路面工程的总能耗和单位体积能耗,具体结果如表 3 所示。其中,沥青混合料拌和阶段是能耗最大工艺环节,能耗占比可达 90%,工序能耗分布情况如图 3 所示。

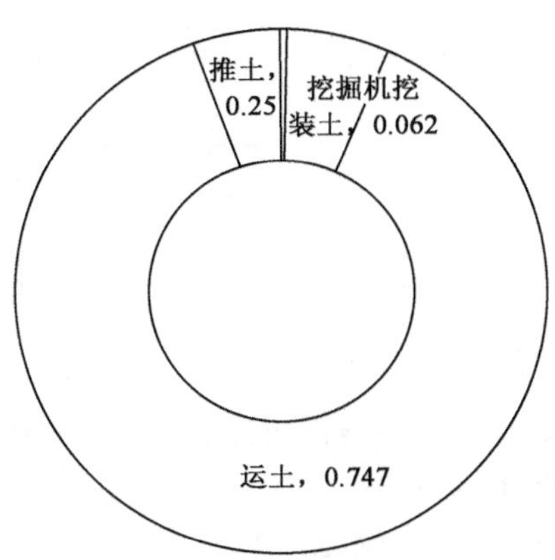

图2　填方路基施工各工序能耗分布情况

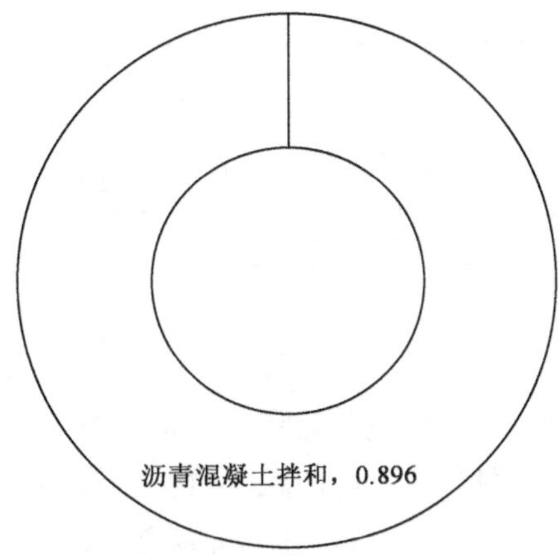

图3　沥青混合料施工各工序能耗分布情况

沥青面层工程施工能耗分析　　表3

序号	工序	设　　备	工程量(m^3)	总台班	单位台班能耗(kg 柴油/台班)	能耗(kg 柴油/台班)	柴油消耗量(kg/km)
1	沥青混合料拌和	$3m^3$ 轮胎式装载机	3 420	8.652 6	115.15	996.3	52 093
		320t/h 拌和设备	3 420	4.617	9 574.4 重油	43 320.9	
			3 420	4.617	5 917.61kW · h	7 568.1	
		5t 自卸汽车	3 420	4.993 2	41.63 汽油	207.9	
2	沥青混凝土运输	20t 自卸卡车(运距 10km)	3 420	53.078 4	77.11	4 092.9	4 092.9
3	摊铺压实	6～8t 光轮压路机	3 420	9.815 4	19.33	189.7	1 926
		12～15t 光轮压路机	3 420	14.740 2	40.46	596.4	
		12.5m 摊铺机	3 420	4.993 2	136.41	681.1	
		16～20t 轮胎压路机	3 420	2.872 8	42.29	121.5	
		20～25t 轮胎压路机	3 420	6.703 2	50.29	337.1	
合计柴油消耗量(kg/km):58 111.9;折算成标准煤(t/km)84.7 单位体积能耗(kg 柴油/m^3,kg 标准煤/m^3):17.0,24.8							

为检验上述推算能耗与沥青路面施工实际能耗是否吻合,选择某高速公路建设项目,对其连续6天的沥青混合料生产能耗进行了实测,实测结果如表4所示。从表4可以看出,工程实测的连续6天的沥青混合料生产能耗为17.4kg 柴油/m^3,略高于按照定额推算出的15.2kg 柴油/m^3的能耗,集料干湿情况、气候条件、设备新旧程度等均有可能引起施工能耗的差异。

实测的沥青混合料生产能耗情况　　表4

序号	时　　间	沥青混合料(t)	煤粉(kg)	电(kW · h)
1	第1天	4 235.76	52 947	9 080
2	第2天	2 655.22	31 863	5 660

续上表

序号	时　间	沥青混合料(t)	煤粉(kg)	电(kW·h)
3	第3天	3 851.7	45 065	8 640
4	第4天	2 373.46	33 940	5 160
5	第5天	3 471.78	47 911	7 510
6	第6天	2 608.36	35 735	5 630
换算成单位体积的柴油量,标准煤(kg/m^3):17.4,25.4				

上述是针对高速公路移动式沥青拌和站的能耗结果,为了进行对比,又对一固定式沥青拌和站的沥青混合料生产能耗年度数据进行了调研,统计结果如表5所示。

安徽某沥青混凝土生产企业的沥青生产能耗情况　　表5

统计周期		沥青混合料(t)	电(kW·h)	柴油(t)	重油(t)	设备类型
2011年度	总量	26 937.00	—	80.18	232.27	1 000型
	单位能耗(kg/t)	—	—	2.977	8.623	
	折算成单位体积的柴油量、标准煤(kg/m^3):27.4,39.9					
2012年度	总量	22 333.00	—	46.83	221.00	
	单位能耗(kg/t)	—	—	2.097	9.896	
	折算成单位体积的柴油量、标准煤(kg/m^3):28.3,41.2					
2011年度	总量	112 513.00	344 280.00	71.31	660.98	3 000型
	单位能耗(kg/t)	—	3.060	0.634	5.875	
	折算成单位体积的柴油量、标准煤(kg/m^3):17.3,25.2					
2012年度	总量	175 445.00	469 630.00	94.98	1 136.00	
	单位能耗(kg/t)	—	2.677	0.541	6.475	
	折算成单位体积的柴油量、标准煤(kg/m^3):18.2,26.5					

从表5可知,3000型设备的单位能耗与此前实测结果以及定额推算结果十分吻合,但1000型拌和设备的能耗显著高于3000型设备,这说明不同拌和设备的生产能耗差异还是很大的。

2.3 桥梁工程

选取我国北方地区某座新建桥梁工程实例,该桥梁全长600m,跨径布置为20×30m,四孔一联;桥梁结构总宽度56.6m,按四幅桥实施,四幅布置为11.8m+16.5m+16.5m+11.8m,总建设面积为33 960m^2。上部结构采用30m跨径预制简支变连续小箱梁结构,下部结构采用大悬臂式盖梁,重力式桥台,桥梁墩台桩基础采用钻孔灌注桩。全桥共钻孔灌注桩424个,承台84个,盖梁84架,后张法预应力箱梁400片,桥面铺装33 960m^2。

经计算,换算成长度1 000m、宽度26m的桥的单位里程能耗为1 545.9t标准煤/km。该数据高于2.1节的高速公路实例,反映出桥型、桥梁高度、施工难度差异等必然带来单位里程能耗的波动,此外,此案例中包括了沥青混凝土桥面铺装施工能耗。

2.4 隧道工程

以1km长、10.86m宽、8.21m高的双洞隧道为例,只考虑正洞开挖和衬砌,计算得到单洞的施工能耗和单位体积能耗，计算结果如表6所示。其中，正洞开挖环节的能耗占比最高，达到90%以上。

单洞隧道工程施工能耗分析　　表6

序号	工　序	设　备	工程量(m^3)	总台班	能耗(kW·h)	换算成柴油(kg)	小计(kg柴油)	占比(%)
1	正洞机械开挖加运输	汽腿式凿岩机	113 098	13 063	0.0	—	141 231	90.4
		$10m^3/h$ 电动空压机	113 098	498	172 613.3	14 550.9		
		$20m^3/h$ 电动空压机	113 098	2 499	1 502 778.8	126 681		
2	衬砌(初衬5cm，二衬30cm)，现浇，模板台车	$60m^3/h$ 混凝土泵	37 699	490	178 936.0	15 083.9	15 084	9.6
合计柴油消耗量(kg/km)：156 315；折算成标准煤(t/km)：228 单位体积能耗(kg柴油/m^3，kg标准煤/m^3)：1.4，2.0								

该算例中隧道没有考虑锚杆、小导管超前支护等工艺。若考虑这些工艺，隧道工程的单位体积能耗可以增至4kg柴油/m^3甚至更高，则1km隧道施工能耗可增至1 500t标准煤甚至更高。

3　总结和建议

本文首先采用工程量清单和工程定额相结合的方法计算分析某高速工程施工总能耗和分部工程单位能耗。其次，分析了既定工艺工序下1km填方路基工程、沥青路面工程、桥梁工程和隧道工程的能耗，其中对沥青路面工程的施工能耗进行了实测验证。本文主要研究结论和相关建议如下。

(1)路基工程的施工总能耗最大，其次是桥梁工程(含交叉工程)，这个排序自然因工程案例而异。隧道工程的单位长度总能耗最大，桥梁工程(含交叉工程)次之。

(2)路基工程、隧道工程的单位体积能耗基本属于一个数量级。沥青路面工程的单位体积能耗是路基工程、隧道工程的10倍左右。

(3)对于沥青路面工程而言，沥青混合料的拌和能耗占拌和、运输、摊铺压实总能耗的90%左右。因此，可使用温拌沥青混合料技术降低生产温度来降低能耗。另外，不同的沥青混合料拌和设备的生产能耗有较大差异，应尽量采用高能效的拌和设备。

(4)对于填方路基工程而言，对施工能耗影响最大的是土石方运输环节，约占其施工总能耗的75%。因此，为了降低能耗应尽可能避免路基土石方的远距离运输。

(5)隧道施工能耗主要发生在正洞开挖环节，能耗占比90%以上。

(6)以交通运输部公路工程定额以及施工图设计文件中的工程量清单为依据计算能耗与实际能耗基本吻合。

参考文献

[1] Häkkinen T, Mäkelä K. Environmental impact of concrete and asphalt pavements, in environmental adaption of concrete[R]. Technical Research Center of Finland Research Notes 1752,

1996.
[2] Horvath A, Hendrickson C. Comparison of environmental implications of asphalt and steel-reinforced concrete pavements[J]. Transportation Research Record,1998,1626:105-113.
[3] Zapata P, Gambatese J A. Energy consumption of asphalt and reinforced concrete pavement materials and construction[J]. Journal of Infrastructure Systems, 2005,11(1):9-20.
[4] Stripple, H. Life cycle assessment of road: a pilot study for inventory analysis (second revised edition)[M]. Swedish National Road Administration, 2001.
[5] 尚春静, 张智慧, 李小冬. 高速公路生命周期能耗和大气排放研究[J]. 公路交通科技, 2010,27(8):149-154.
[6] 潘美萍. 基于LCA的高速公路能耗与碳排放计算方法研究及应用[D]. 广州:华南理工大学,2011.
[7] 王随原,曾蔚,徐剑,等. 沥青混合料能耗寿命周期评价[J]. 公路交通科技,2014,31(12):274-276.
[8] 王随原,曾蔚,石小培,等. 高速公路路面能耗分析[J]. 公路,2015(12):177-181.
[9] 刘沐宇,欧阳丹. 桥梁工程生命周期碳排放计算方法[J]. 土木建筑与环境工程,2011,33(S1):125-129.
[10] 徐双. 不同结构材料的桥梁生命周期碳排放研究[D]. 武汉:武汉理工大学,2012.
[11] Li X, Liu J, Xu H, et al. Calculation of endogenous carbon dioxide emission during highway tunnel construction: a case study[C]. 2011 International Symposium on Water Resource and Environmental Protection (ISWREP), N J: IEEE, 2011:2 260-2 264.

基于全寿命周期的绿色公路建设理念与实践
——以贵州盘兴高速公路为例

曹子龙[1]　胡　涛[2]　欧阳斌[1]　陈书雪[1]

(1.交通运输部科学研究院　北京;2.贵州盘兴高速公路有限公司　贵阳)

摘　要:在深入研究绿色公路概念与内涵的基础上,提出了全寿命周期绿色公路建设理念,并以贵州盘兴高速公路为例,针对项目工程特点,全面介绍了绿色公路建设思路与实践,系统总结了盘兴高速公路基于全寿命周期的绿色公路建设模式。

关键词:全寿命周期　绿色公路　理念　实践

0　引言

发展绿色公路是我国交通运输体系建设的重要组成部分,是建设绿色循环低碳交通运输体系的重点之一。2011 年以来,交通运输部先后发布了一系列文件,部署和推动绿色交通运输建设。2015 年 4 月,贵州盘兴高速公路由交通运输部列为"创建绿色公路项目"。该公路以全寿命周期绿色公路理念为指导,探索出了一套较为系统全面的绿色公路建设模式。本文在深入研究绿色公路概念与内涵的基础上,提出了全寿命周期绿色公路建设理念,并以贵州盘兴高速公路为例,对盘兴绿色公路建设实践进行了全面总结,旨在为我国全面推进绿色公路建设提供借鉴。

1　全寿命周期绿色公路建设理念概述

1.1　绿色公路的概念

绿色公路起源于绿色交通,是绿色交通的子领域。目前,国内很多学者提出了绿色公路的概念与内涵[1-3]。其中,孙磊等人从全寿命周期角度给出了绿色公路的定义:绿色公路是指在公路的全生命周期内,最大限度地节约资源(节能、节地、节材)、保护环境和减少污染,为社会提供高效、适用的运输条件,与自然和谐共生的公路[4]。

1.2　全寿命周期绿色公路建设理念

根据绿色公路概念与内涵,在借鉴了我国绿色公路建设已有成果的基础上,总结认为,绿色公路建设应从公路规划与设计阶段、建设与施工阶段、运营与维护阶段全寿命周期统筹考虑,将绿色低碳理念贯穿于公路建设的全过程,具体建设理念如下。

1)规划与设计阶段

将全寿命周期理念贯穿于公路规划设计始终,以高标准、求真务实的规划设计统领绿色公

基金项目:贵州省交通运输厅科技项目"绿色公路节能减排技术应用与效益核算研究"(项目编号:2016-123-014)资助。

路建设的整个过程,将资源循环利用、节能减排、绿色环保、经济节约的长寿命设计落实于公路建设的各个环节。在满足公路基本功能要求的前提下,选择合理的技术指标,合理选线,充分利用线路资源,确定路线的优化方案,尽量避免因为项目衔接不合理造成资源浪费。

2)建设与施工阶段

在公路建设施工阶段贯穿低碳新理念,采用新材料、新方法、新工艺达到在资源、能源、材料的占用和使用时降低消耗数量、调整消耗结构、提高使用效率,减少生态系统破坏,尽量降低二氧化碳的排放量。

3)运营与维护阶段

在公路运营与维护阶段贯穿绿色低碳理念,包括加强公路运营节能措施,提高可再生能源利用比例;大力发展智能交通系统,保证安全畅通,降低道路使用者能耗;注重公路绿化与景观,加大生态环保措施;建立运营、养护管理机制。

2 盘兴高速公路项目概况

2.1 项目概况

贵州盘兴高速公路属于昭安高速公路的南段,为贵州省西部地区纵向交通主动脉,是贵州西部跨省通道骨架网的重要组成部分。路线位于六盘水市和黔西南州,主线起于沪昆高速盘县的海铺,终于汕昆高速的兴义东互通,主线路线全长为86.935km。该公路于2015年4月,由交通运输部列为“创建绿色公路项目”。

2.2 工程特点

盘兴高速公路路线位于贵州省高原山区,属典型的喀斯特地貌类型区,且线路穿越煤系地层,工程建设难度较大。项目工程特点可归纳为四个方面:一是路线地处高原山区,桥隧比高,且长陡纵坡多,工程施工难度较大;二是路线区域地质复杂,喀斯特地貌突出,工程安全风险较大;三是区域生态环境脆弱敏感,石漠化严重,工程环保任务较重;四是路线穿越煤带,压覆矿产资源路线较多。

2.3 建设模式

盘兴高速公路采用“BOT + EPC”建设模式,由贵州盘兴高速公路有限公司负责本项目的投资、建设和运营管理,为全寿命周期绿色公路建设提供了有利平台。

3 盘兴绿色公路建设实践

3.1 建设目标

盘兴绿色公路的建设目标为:体现贵州地域绿色公路特色,以绿色低碳为理念,全过程采用绿色低碳技术,全寿命实现绿色低碳效益,全方位进行绿色低碳管理,全面展示绿色低碳成果,通过一大批节能减排技术、设备、系统的应用,建成一条“绿色、安全、生态环保、景色优美”的绿色公路。

3.2 注重绿色低碳规划设计

本项目在规划设计阶段按照全寿命周期理论,深入贯彻绿色低碳和环保节约的理念,具体规划设计思路如下：

1)科学规划,合理选线

规划设计是绿色公路建设的基础,它制约着项目设计后期的建设、运营、管理各个阶段对资源、能源、材料的占用和使用,制约着各阶段对降低消耗数量、调整消耗结构、提高使用效率,减少生态系统破坏,降低二氧化碳排放量目标的实现。本项目从规划阶段就深入贯彻全寿命周期的理念,规划的走廊带结合区域发展情况,准确把握技术标准,合理运用技术指标,严格控制建设规模,运用先进的测设技术和方法,认真勘察,在线路选择上本着地质选线、地形选线、环保选线、低碳节约选线的原则,科学比选,精心设计。

2)注重环保设计

根据项目沿线社会环境和自然环境的具体情况,本项目采用"高度重视、全面细致、经济适用、便于养管"的环保设计思路,在实际设计过程中把环保因素放在特别突出位置加以考虑,将环保理念贯彻于主体工程设计的全过程。

3)注重节地设计

本项目在主体设计中,在满足技术标准的前提下,注重节地设计。主要通过路线方案比选优化和路基改桥梁优化进行节地设计,共实现节地 25.58hm^2。

4)注重绿色服务区规划设计

本项目在服务区规划设计上,除了全面实施节能建筑、节能照明、污水处理回用、生态景观建设等常规的绿色服务区建设项目以外,还对服务区进行了理念较为超前的规划设计,具有较强的示范意义。具体包括:对全线服务区预留加气站、充电桩等节能减排配套设施用地;对有条件的服务区进行开放式多功能生态服务区规划设计等。对将来我国高速公路服务区建设模式具有重要示范意义。

3.3　系统构建绿色低碳技术支撑项目体系

1)绿色低碳技术支撑项目体系构建思路

按照全寿命周期绿色公路建设理念,针对工程项目特点,突出绿色公路项目特色,重点从以下方面构建本项目绿色低碳技术支撑项目体系。

(1)针对西南土石山区特点,充分发挥节能减排技术潜力

本项目为山区高速公路,针对项目建设耗能大的特点,统筹考虑施工期和运营期电力供应的需要,具体包括:采用施工区集中供电方式,降低建设期能耗;隧道、附属设施房建照明全部采用 LED 灯,减少运营能耗,充分体现节能优先的项目特色。

(2)针对西南喀斯特山区气候及地质条件特点,采用安全耐久技术

本项目所在区域为西南土石山区的喀斯特典型地貌,存在岩溶、顺层、软土等多种恶劣地质情况;另外,本项目是贵州省西部地区的纵向交通主动脉,货物运输比例大,因此对工程的安全耐久性要求高。针对以上客观条件,实施耐久性路面、高性能混凝土、块片石自密实混凝土等专项工程,体现全寿命周期能耗的理念,突出安全耐久的项目特色。

(3)针对石漠化现象较为严重的地貌条件特点,注重生态环境保护、资源节约

项目线路所经区域地质条件复杂,石漠化现象较为严重,区域土壤稀薄、土地资源极其珍贵。针对以上客观条件,本项目实施表土资源收集利用,实现取弃土场的有效复垦及生态恢复。另外,结合本项目隧道弃渣量大的特点,弃渣分级筛选尽量利用,减少占用耕地,突出生态

环境保护、资源节约的项目特色。

(4)针对生态环境敏感脆弱区域生态特点,高标准实施水资源保护项目

贵州省是我国长江、珠江上游生态屏障区,本项目经过或毗邻木浪河水库水源保护区、马岭河峡谷—万峰湖风景名胜区、贵州兴义国家地质公园,生态环境敏感脆弱。针对沿线环境敏感的特点,实施全线服务区污水处理与回用;实施典型路段路面径流处理,保护饮用水源地水体安全;加强碳汇植被建设,突出绿色环保的项目特色。

(5)针对穿越煤系地层特殊地质条件,隧道施工采用节能降耗新型施工工艺

贵州是我国南方产煤大省,煤系地层分布广泛。煤系地层是隧道建设中的不良地质现象,直接关系到隧道施工及营运的安全,实际工程中除了面临防突、防瓦斯等安全问题,还面临大变形、塌方及冒顶等难题,施工风险高,难度大。针对本项目部分路段穿越煤系地层特殊地质条件,该路段隧道采用煤系地层大断面公路隧道铣挖与爆破联合施工技术等新型工艺施工,突出创新性项目特色。

2)绿色低碳技术支撑项目体系

按照上述绿色低碳技术支撑项目体系构建思路,充分体现全寿命周期绿色公路建设理念,紧紧围绕绿色公路建设的发展思路与目标,结合盘兴高速公路的工程特点与区域地质、环境特征,在分析论证本项目节能减排领域与绿色低碳潜力、技术经济性的基础上,重点针对绿色能源应用、绿色服务区、绿色施工技术应用、智慧公路、绿色环保和资源循环利用、绿色公路能力建设,以及绿色公路建设特色技术应用 7 大领域,精心遴选出 34 项技术支撑项目,通过支撑项目全面推进盘兴绿色公路建设。绿色低碳技术支撑项目体系框图如图 1 所示。

3.4 科学配套保障措施

1)组织机构

为切实保障盘兴高速公路创建绿色公路试点工作的顺利开展与组织实施,本项目由省级交通运输主管部门、项目实施主体组成两级管理机构,由专家顾问组和技术支持单位提供技术咨询。

2)监督管理

出台标准规范,落实目标责任。制定并严格落实绿色公路节能减排标准规范,对工作成效突出的实施单位给予表彰和奖励,对工作推进缓慢的及时进行督导。制定具体推进计划,将项目各项指标和重点任务逐级分解落实到年度计划,明确各有关部门的责任,由各主管部门主要领导负总责,实行严格的问责制。

3)宣传培训

深入开展宣传培训。包括注重宣传引导,广泛、深入、持久地开展形式多样的绿色公路宣传;加强教育培训,组织开展经常性的节能减排培训教育、技术和经验交流工作;加强人才队伍建设,开展形式多样、内容丰富的专项培训、技术和经验交流;深化对外合作交流,促进先进技术推广和经验交流。

3.5 预期成效

盘兴高速公路通过全寿命周期绿色公路建设将产生巨大的生态环境效益和社会效益。项目的实施预计可节能 5.02 万 t 标准煤,替代燃料量 2.95 万 t 标油,减少二氧化碳排放 10.41 万 t。

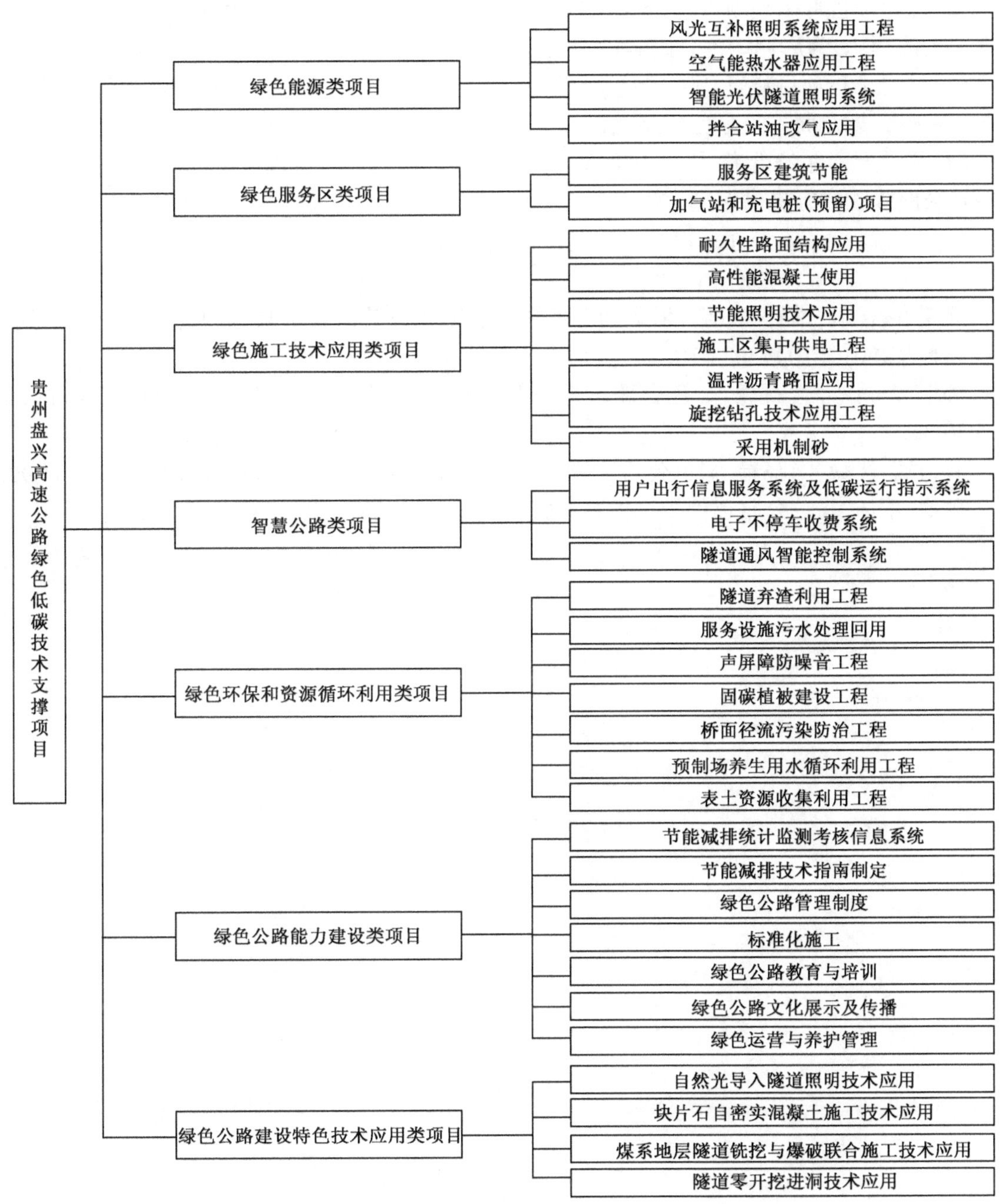

图1　盘兴高速公路绿色低碳技术支撑项目体系框架图

4　结语

贵州盘兴高速公路以“创建绿色公路项目”为契机，深入贯彻全寿命周期绿色公路建设理念，探索出了一套较为系统全面的绿色公路建设模式，主要经验和实践归纳如下：

(1)项目采用“BOT + EPC”建设模式，为全寿命周期绿色公路建设提供了有利平台。

(2)注重绿色低碳规划设计,按照全寿命周期理论,在规划设计阶段深入贯彻绿色低碳和环保节约的理念,为后期绿色公路建设与运营奠定了基础。

(3)针对工程项目特点,突出绿色公路项目特色,系统构建绿色低碳技术支撑项目体系,在建设和运营期全面推进绿色公路建设。

(4)科学配套保障措施,从组织机构、监督管理、宣传培训等方面配套保障措施,为全面落实绿色公路建设内容提供保障。

参考文献

[1] 秦晓春,沈毅,邵社刚,等. 低碳理念下绿色公路建设关键技术与应用的探讨[J]. 公路交通科技,2010(10):308-310.

[2] 郝培文,蒋小茜,石载. 绿色公路理念及评价体系[J]. 筑路机械与施工机械,2011(5):30-35.

[3] 黄裕婕,沈毅,秦晓春. 绿色公路定量研究的构思[J]. 公路交通科技,2010(10):296-299.

[4] 孙磊,蔡洁. 绿色公路评价指标体系研究[J]. 公路与管理,2012(3):491-492.

PG76 等级改性沥青在重载交通复合式路面中的应用研究

谢光宁[1,2]　吴传海[1,2]　袁　杰[2]　王端宜[3]

(1. 公路交通安全与应急保障技术及装备交通运输行业研发中心　广州;
2. 广东华路交通科技有限公司　广州;3. 华南理工大学　广州)

摘　要:通过对 PG76 等级改性沥青路面进行行驶质量、破损状况等路用性能跟踪检测评价,研究发现重载交通下通车近 10 个月的 PG76 等级改性沥青路面性能指标均能满足使用要求,PG76 等级改性沥青复合式路面相比组合式路面具有明显的优势,在整个寿命周期内 PG76 等级改性沥青路面相比普通改性沥青路面具有较好的经济效益。

关键词:高速公路　PG76 等级改性沥青　研究

0　引言

广东省常年气温较高,夏季路面温度高达 70℃,在高温重载作用下,高速公路沥青路面更是面临着严峻的考验,为了提高路面施工质量,广东省高速公路沥青路面建设中逐渐应用了 PG76 改性沥青混合料路面技术,关于 PG 技术,路畅等[1-6]对特定气候环境与路面结构下的温度场进行研究并取得了相关成果,但是基于广东省高温多雨及重载交通条件下针对 PG76 等级改性沥青路面使用性能进行的研究甚少,本文结合广东省某高速公路对 PG76 等级改性沥青路面进行行驶质量、破损状况等路用性能进行跟踪检测评价,分析 PG76 等级改性沥青路面长期应用的效果及适用性,以期为今后路面建设方式的选择提供参考。

1　工程概况

该高速公路主线新建线路长约 270km(含扩建段约 5km),连接线约 32km,合计总长 302km。其中桥梁总长 70km/226 座,隧道总长 36km/28 座,桥隧合计总长 106km,桥隧比例 35%。全线共有互通式立交 27 处,服务区 7 处,停车区 2 处,另设主线收费站 3 处,管理中心 2 处,集中居住区 2 处,养护中心 6 处。全线采用高速公路技术标准,其中扩建段设计速度 100km/h,路基宽 41m(八车道);主线起点至终点段设计速度 120km/h,路基宽 34.5m(六车道),于 2014 年底建成通车。该高速公路主线沥青路面结构如图 1 所示。

2　交通量分析

2014 年 9 月开通至 2015 年 7 月,该高速公路的交通量统计数据如表 1 所示。统计数据后可知:①该高速公路通车以来总体交通量较大,日混合交通量在 45 000 辆以上;②交通组成中对路面影响较大的4类、5类车合计所占比例约为30%；③根据2015年4月份数据统计，沿线货车中度以上超载车比例约为10%，轻度以上超载货车比例约为20%。

结构Z-28	结构G-18
4.5cm GAC-16C（PG76-22改性沥青）	4.5cm GAC-16C（PG76-22改性沥青）
5.5cm GAC-25（PG76-22改性沥青）	5.5cm GAC-25（PG76-22改性沥青）
8cm（AC-25）普通沥青混凝土	8cm（ATB-25）沥青稳定碎石
10cm（ATB-30）沥青稳定碎石	24cm厚碾压混凝土上基层
36cm水稳基层	18水稳下基层
18cm水稳底基层	18cm水稳底基层
20cm级配碎石垫层	20cm级配碎石垫层

图1　该高速沥青路面结构

该高速公路交通流量统计　　　　表1

车　　型	2014年9月27日营运开通至2015年7月车流量/车次	日均交通量/车次
一类车	7 961 310	25 848
二类车	275 621	895
三类车	1 283 678	4 168
四类车	595 333	1 933
五类车	3 896 290	12 650
其他车	113 528	369
合计	14 125 760	45 863

3　路面使用性能分析

该高速公路建成通车后，交通量迅速增加，并且重载车的比例较高，为了分析该高速公路PG76等级改性沥青路面长期应用的效果及适用性，于2015年7月底8月初对代表性路段的路面表观状况、平整度、车辙深度、抗滑性能、弯沉、渗水系数等指标进行检测与分析。

3.1　路面损坏状况

对选取的广乐高速公路典型路段双向六车道路面状况进行调查，路面状况较好，基本无病害。

3.2　路面行驶质量

采用多功能道路检测车对所选复合式（结构G-18，图2）路段和组合式（结构Z-28，图3）路段进行了平整度检测，每100m均值作为测试值进行统计，检测结果统计如表2所示。由检测结果统计可知：从不同结构类型来看，复合式（结构G-18）路段的平整度状况稍好于组合式（结构Z-28）路段，复合式（结构G-18）路段的IRI均值小于组合式（结构Z-28）路段，而且复合式

(结构 G-18)路段的 IRI 均匀性好于组合式(结构 Z-28)路段,复合式(结构 G-18)路段中间车道和慢车道的 IRI 的变异系数分别为 19.9%、22.9%,组合式(结构 Z-28)路段两个车道变异系数分别为 32.1%、33.4%。

图 2　结构 G-18 沥青路面使用状况图

图 3　结构 Z-28 沥青路面使用状况图

广乐复合式(结构 G-18)和组合式(结构 Z-28)路段路面 IRI 统计结果　　表 2

路面结构	中间车道			慢车道		
	IRI 均值(m/km)	标准差(m/km)	变异系数(%)	IRI 均值(m/km)	标准差(m/km)	变异系数(%)
结构 G-18	0.89	0.18	19.9	0.88	0.20	22.9
结构 Z-28	1.12	0.36	32.1	1.10	0.37	33.4

3.3　路面车辙深度

采用多功能道路检测车对所选复合式(结构 G-18)路段和组合式(结构 Z-28)路段的中间车道和外侧慢车道进行了车辙深度检测,每 10m 间距车辙深度值作为测试值进行统计,检测结果统计如表 3 所示。由检测结果统计可知:从不同路面结构类型来看,复合式(结构 G-18)路段的路面车辙状况好于组合式(结构 Z-28)路段,中间车道和慢车道复合式(结构 G-18)路段的车辙深度在 0~5mm 范围的比例分别为 84.5%、80.5%,而组合式(结构 Z-28)路段的比例分别为 80.1%、61.6%,复合式(结构 G-18)路段车辙小于 5mm 的比例大于组合式(结构 Z-28)路段,另外,复合式(结构 G-18)路段车辙深度的变异系数小于组合式(结构 Z-28)路段。

广乐复合式(结构 G-18)和组合式(结构 Z-28)路段路面车辙深度统计结果　　表 3

统计指标	中间车道		慢车道	
	结构 G-18	结构 Z-28	结构 G-18	结构 Z-28
RD 均值(mm)	4.2	3.9	4.1	4.8
标准差(mm)	0.86	1.33	0.97	1.27
变异系数(%)	20.4	34.2	23.6	26.6
最大值(m/km)	6.7	9.3	7.5	8.7
0~5mm 比例(%)	84.5	80.1	80.5	61.6
5~10mm 比例(%)	15.5	19.9	19.5	38.4

3.4 路面抗滑性能

采用路面横向力系数检测车对所选复合式(结构 G-18)路段和组合式(结构 Z-28)路段的中间车道和外侧慢车道进行了横向力系数检测,每 20m 间距 SFC 值作为测试值进行统计,检测结果统计如表 4 所示。由检测结果统计可知:复合式(结构 G-18)路段和组合式(结构 Z-28)路段的路面抗滑性能良好,两个车道的路基段 SFC 均值都在 45 以上,处在优良等级。从不同路面结构类型来看,复合式(结构 G-18)路段的路面横向力系数 SFC 状况好于组合式(结构 Z-28)路段,中间车道和慢车道复合式(结构 G-18)路段的横向力系数 SFC 代表值分别为 63.3、65.7,而组合式(结构 Z-28)路段的横向力系数 SFC 代表值分别为 56.0、53.6。

复合式(结构 G-18)和组合式(结构 Z-28)路段路面横向力系数 SFC 统计结果 表 4

抽检路段序号	中间车道				
	SFC 均值	标准差	代表值	测点数	路面结构类型
1	56.2	1.17	56.0	110	结构 Z-28
2	63.6	1.89	63.3	100	结构 G-18
抽检路段序号	慢车道				
	SFC 均值	标准差	代表值	测点数	路面结构类型
1	53.8	1.48	53.6	110	结构 Z-28
2	66.1	2.18	65.7	100	结构 G-18

3.5 路面结构强度

采用贝克曼梁弯沉检测仪对所选复合式(结构 G-18)路段和组合式(结构 Z-28)路段的外侧慢车道左右轮迹进行了路面弯沉检测,每 20m 间距检测 1 处,检测结果统计如表 5 所示。由检测结果可知:复合式(结构 G-18)路段和组合式(结构 Z-28)路段路面弯沉较小,代表弯沉值均小于设计弯沉,其中复合式(结构 G-18)路段路面弯沉值小于组合式(结构 Z-28)路段。

典型路段路面弯沉统计结果 表 5

序号	平均值(0.01mm)	标准差(0.01mm)	代表值(0.01mm)	路面结构类型	SSI
1	4.10	2.73	8.59	结构 Z-28	2.1
2	2.43	1.19	4.38	结构 G-18	—

注:设计弯沉为 17.9(0.01mm),SSI = l_d/l_0,其中 l_d 为设计弯沉,l_0 为代表弯沉。

3.6 路面渗水状况评价与分析

该高速 PG76 等级改性沥青路段路面的渗水系数随机选点检测,每 200m 测一处,共检测 77 处,从检测结果来看:所测路段路面渗水状况良好,渗水系数小于等于 10(基本不渗水)的测点数占 73%,渗水系数小于等于 30 的测点数占 95%,各段渗水系数均值小于 30,符合相关要求。

3.7 路面构造深度评价与分析

采用手工铺砂法对该高速 PG76 等级改性沥青路段路面的构造深度进行检测,每 200m 测定一处,共检测 77 处。从检测结果来看:各段构造深度平均值大于 0.7mm,符合相关要求。

4　经济性分析

寿命周期成本分析方法的核心，就是考虑道路工程项目在整个寿命周期（使用年限）内所发生的一切与道路有关的费用，不仅是建造费用，而是在整个分析阶段都精打细算，考虑成本。现有研究表明，对于重载交通等级高速公路，PG76 等级改性沥青复合式路面建设初期投入费用比普通改性沥青路面多 19.5 万元/km，在不考虑社会效益、客户费用等的情况下，PG76 等级改性沥青复合式路面寿命周期（30 年）内总费用比普通改性沥青路面少 116.5 万元/km，具体如表 6 所示，另外，即使路面进入维修期，PG76 等级改性沥青路面出现坑槽、龟裂等病害的概率也要低于普通改性沥青路面，如果再考虑混合料施工、废料处理对环境的污染和路面频繁破坏对社会造成的不良影响等因素，采用微表处将具有更强的技术优势和更好的经济社会效益。

该高速公路改性沥青费用对比分析表　　表 6

序　号	项　　目	价格（万元）	建设初期相比普通改性沥青每公里增加造价（万元）	寿命周期内相比普通改性沥青每公里减少费用（万元）
1	普通改性沥青	74 214.480 0	—	—
2	PG76 等级改性沥青	80 085.187 8	19.5	116.5

5　结语

（1）从通车近 10 个月的路面调查结果来看，虽然该高速公路交通量较大，货车或重型车比例高，但路面状况依然良好，路面渗水状况、路面构造深度、路面平整度、车辙状况以及抗滑性能等指标均能满足设计及规范要求。

（2）重载交通下 PG76 等级改性沥青复合式路面平整度状况、车辙状况、路面抗滑性能、代表弯沉值状况均优于组合式路面，可以发现 PG76 等级改性沥青复合式路面相比组合式路面具有明显的优势，其长期路用性能及抗疲劳性能对比则有待进一步的长期观测和研究。

（3）PG76 等级改性沥青路面初期工程造价比普通改性沥青路面工程造价要高，但是 PG76 等级改性沥青路面路用性能较优良，PG76 等级改性沥青路面在整个寿命周期内具有较好的经济效益。

参 考 文 献

[1] 路畅，黄晓明，张志祥. 沥青路面温度场的现场观测与分析[J]. 公路工程，2007，34（6）：34-37，67.

[2] 张乃计，梁乃兴，朱亚平. 影响沥青路面温度场的气象要素分析[J]. 重庆交通大学学报：自然科学版，2011，30（6）：1 327-1 330.

[3] 周岚，倪富健，赵岩荆. 环境温度及荷载对沥青路面车辙发展的影响性分析[J]. 公路交通科技，2011，28（3）：42-47，54.

[4] 单景松，郭忠印. 沥青路面温度场的预估方法[J]. 江苏大学学报：自然科学版，2013，34（5）：594-598.

PG82 等级改性沥青在高速公路中的应用研究

谢光宁[1,2]　吴传海[1,2]　袁　杰[2]　王端宜[3]

(1. 公路交通安全与应急保障技术及装备交通运输行业研发中心　广州；
2. 广东华路交通科技有限公司　广州；3. 华南理工大学　广州)

摘　要：通过对 PG82 等级改性沥青路面进行行驶质量、破损状况等路用性能跟踪检测评价，发现重载交通下通车近 2 年的 PG82 等级改性沥青路面平整度、车辙状况、抗滑性能，以及弯沉等指标均评定为优良等级，另外 PG82 等级改性沥青路面比普通改性沥青路面初期工程造价高，但是由于 PG82 等级改性沥青路面具有优良的路面性能，疲劳寿命比普通改性沥青路面有所提高，使得路面在后期运营期间大大减少了维修次数，减少了维修费用，在整个寿命周期内具有较高的经济效益。

关键词：高速公路　PG82 等级改性沥青　研究

0　引言

近几年来，为了提高路面施工质量，广东省高速公路沥青路面建设中逐渐应用了 PG82 改性沥青混合料路面技术，其中路面的温度与气温关系是 PG 技术的应用前提，严作人等[1~6]对温度进行了观测并进行了理论研究，但是基于广东省高温多雨及重载交通条件下针对 PG82 等级改性沥青路面使用性能进行的研究甚少，本文结合广东省梅大高速公路对 PG82 等级改性沥青路面进行行驶质量、破损状况等路用性能进行跟踪检测评价，分析 PG82 等级改性沥青路面长期应用的效果及适用性，以期为今后路面建设方式的选择提供参考。

1　工程概况

梅州市梅县至大埔高速公路位于广东省东北部山区，起点与梅州市西环高速公路程江至三角段对接，途径梅县的龙上、龙坑、西阳镇、丙村镇、雁洋镇三乡后进入大埔县，经银江镇昆仑、大麻镇，止于大埔县的三河镇，远期往东北延伸至省界(大埔县西河镇上黄沙村)与福建永春至永定高速公路对接，全长 61.319km。梅大高速沿线属亚热带季风气候，年均气温 21 ~ 21.2℃，日均温 11.3 ~ 11.9℃，7 月均温 28.4℃，年均降雨量 1 472 ~ 1 500mm，多集中在 4 ~ 9 月。按《公路自然区划图》本区属武夷南岭山地过湿区(Ⅳ6)。地形为山地、丘陵和谷地交错：丘陵面积约占 85%、其海拔标高一般变化在 100 ~ 500m 范围，相对高差一般在 200m 左右。地势波状起伏，山坡坡度一般为 15° ~ 25°。盆地和谷地面积约占 15%，盆地和谷地中一般发育 0.5 ~ 5m 厚的第四系砂、砾、黏土和粉砂等松散堆积物。梅大高速公路是广东省高速公路网规划“一横线”的组成部分，也是《海峡西岸经济区公路水路交通发展规划》高速公路网中的第四横线(梅县到福建莆田湄洲岛)组成部分。该项目的建设将使广东增加一条出省的快速通道，推动粤东北苏区、老区经济发展具有重大的意义。项目主线采用高速公路标准，设计速度100km/h，双向四车道，整体式路基标准宽度为21.4.5m，分离式路基标准宽度为12.5m；丙村连接线采用一级公路设计标准，设计速度80km/h，双向四车道，路基标准宽度21.5m，于2013年底建成通车。

2　路面结构

梅大高速公路主线沥青路面结构为：5cm GAC-20F（PG82-10 改性沥青）+7cm GAC-25（PG82-10 改性沥青）的沥青混凝土面层；主线沥青桥面铺装结构为：5cm GAC-16C（PG82-10 改性沥青）+5cm GAC-25（PG82-10 改性沥青）的沥青混凝土面层，基层为24cm 碾压混凝土+18cm4～5%水泥稳定级配碎石+18cm3%～4%水泥稳定级配碎石，垫层为15cm 未筛分级配碎石，总厚度为87cm。

3　交通量分析

根据工可修编报告，梅州至龙岩高速公路（粤境梅州梅江区三角镇至大埔县三河镇段）各路段区间交通量预测结果如表1和表2所示。根据未来各特征年分车型交通量预测结果，2012年大客车以及中型以上货车的全线平均交通量为1 444（辆/日×车道），依照广东省交通厅《广东省公路路面典型结构应用技术指南》（试用）对于交通等级的分类，此交通量属于重交通。

未来特征年交通量预测结果（单位：小客车/日）　　表1

路段起点	路段终点	里程(km)	2012年	2013年	2015年	2020年	2030年	2036年	2037年
三乡立交	大麻立交	16.35	8 840	9 417	12 127	17 910	35 670	44 680	46 739
大麻立交	三河立交	12.75	8 873	9 452	12 174	20 661	40 997	51 998	54 530

未来特征年各路段分车型交通量预测结果（单位：绝对数：辆/日）　　表2

路段名	年份	小货	中货	大货车	特大货	小客	中客	大客	特种车	合计
三乡立交—大麻立交	2012	921	1 767	859	56	1 923	663	497	34	6 720
	2015	1 196	2 200	1 106	76	3 049	963	738	48	9 376
	2020	1 634	3 086	1 511	109	4 984	1 483	1 149	72	14 027
	2030	2 894	5 871	2 920	191	10 669	3 061	2 407	144	28 156
	2036	3 168	7 295	3 543	223	13 989	3 883	3 114	181	35 396
大麻立交—三河立交	2012	515	2 103	1 213	122	1 596	532	168	21	6 270
	2015	641	2 800	1 610	165	2 458	751	243	30	8 698
	2020	983	4 569	2 661	272	4 635	1 307	445	51	14 923
	2030	1 692	8 601	5 186	536	10 164	2 663	948	102	29 892
	2036	2 015	10 645	6 552	672	13 409	3 428	1 243	130	38 093

从表2来看，2025年全线年平均日交通量（折算为小客车）为27 189辆/天，其中大麻互通～三河互通之间路段交通量较大。考虑10%的超载现象，根据预测交通量资料，将各级轴载换算为标准轴载100kN，计算15年内一个车道上的累计当量轴次，结果如表3所示。

设计年限内一个车道上的累计当量轴次　表3

路　段	15年内一个车道上的累计当量轴次
大麻立交～三河立交	1.9×107(属于重交通)

4　路面使用性能分析

为了分析梅大高速公路PG82等级改性沥青路面长期应用的效果及适用性，于2015年4月～2015年5月对梅大高速公路梅县大麻至三角段(S12：K33+521～K84+962)进行了路面破损、平整度、车辙、横向力系数和路面结构强度检测。

4.1　路面损坏状况指数PCI

通过现场检测和调查，梅大高速公路A车道PCI为98.5，B车道评定等级为优，PCI为97.8，评定等级为优，路面损坏状况指数PCI整体较好，分析结果如表4所示。

PG82等级改性沥青路面损坏状况指数PCI评定等级统计结果　表4

车道位置	路段范围	路面类型	单位	优	良	中	次	差	合计
A车道	大麻至三角段	沥青	m	42 147	0	0	0	0	42 147
			%	100.0	0	0	0	0	100.0
B车道	大麻至三角段	沥青	mm	42 147	0	0	0	0	42 147
			%	100.0	0	0	0	0	100.0

4.2　路面行驶质量指数RQI

采用多功能数据采集车对各路段的平整度进行检测，各路段的RQI评定情况如表5所示。检测结果可知：梅大高速公路A车道RQI为92.6，评定等级为优，B车道RQI为91.8，评定等级为优，高PG等级改性沥青路面平整度IRI主要在1～2.5m/km范围。

PG82等级改性沥青路面行驶质量指数RQI评定等级统计　表5

车道位置	路段范围	路面类型	单位	优	良	中	次	差	合计
A车道	大麻至三角段	沥青	m	40 486	1 516	145	0	0	42 147
			%	96.1	3.6	0.3	0	0	100.0
B车道	大麻至三角段	沥青	m	40 065	1 801	281	0	0	42 147
			%	95.1	4.3	0.7	0	0	100.0

4.3　路面车辙深度指数RDI

采用多功能数据采集车对各路段沥青路面的车辙深度进行检测，各路段的RDI评定情况如表6所示。由检测结果可知：梅大高速公路RQI沥青路面A车道RDI为88.6，评定等级为良；B车道RDI为89.6，评定等级为良。A、B车道百米RD均值主要在4～8mm范围，无大于10mm的路段。

PG82 等级改性沥青路面车辙深度指数 RDI 评定等级统计　　表 6

车道位置	路段范围	路面类型	单位	优	良	中	次	差	合计
A 车道	大麻至三角段	沥青	m	7 511	34 636	0	0	0	42 147
			%	17.8	82.2	0	0	0	100.0
B 车道	大麻至三角段	沥青	m	16 155	25 992	0	0	0	42 147
			%	38.3	61.7	0	0	0	100.0
A、B 车道合计			m	23 666	60 628	0	0	0	84 294
			%	28.1	71.9	0	0	0	100.0

注:计算 RDI 时采用左右轮迹的最大车辙值。

4.4　路面抗滑性能指数 SRI

采用横向力系数检测车对各路段沥青路面的抗滑性能进行检测,各路段的 SRI 评定情况如表 7 所示。从检测结果可知:梅大高速公路 A 车道 SRI 为 96.1,评定等级为优;B 车道 SRI 为 95.3,评定等级为优,沥青路面 SFC 主要在 50 ~ 65 范围,百米均值 SFC 无小于 40 的路段。

PG82 等级改性沥青路面抗滑性能指数 SRI 评定等级统计　　表 7

车道位置	路段范围	路面类型	单位	优	良	中	次	差	合计
A 车道	大麻至三角段	沥青	m	42 147	0	0	0	0	42 147
			%	100.0	0	0	0	0	100.0
B 车道	大麻至三角段	沥青	m	42 147	0	0	0	0	42 147
			%	100.0	0	0	0	0	100.0

4.5　路面结构强度指数 PSSI

采用激光自动弯沉车对委托方要求的沥青路面段进行了弯沉检测,从检测结果及图 1 和图 2 可知:抽检梅大高速公路各路段弯沉代表值主要在 9 ~ 11(0.01mm)范围,路面弯沉值主要在 2 ~ 14(0.01mm)范围,评定结果符合相关规定要求。

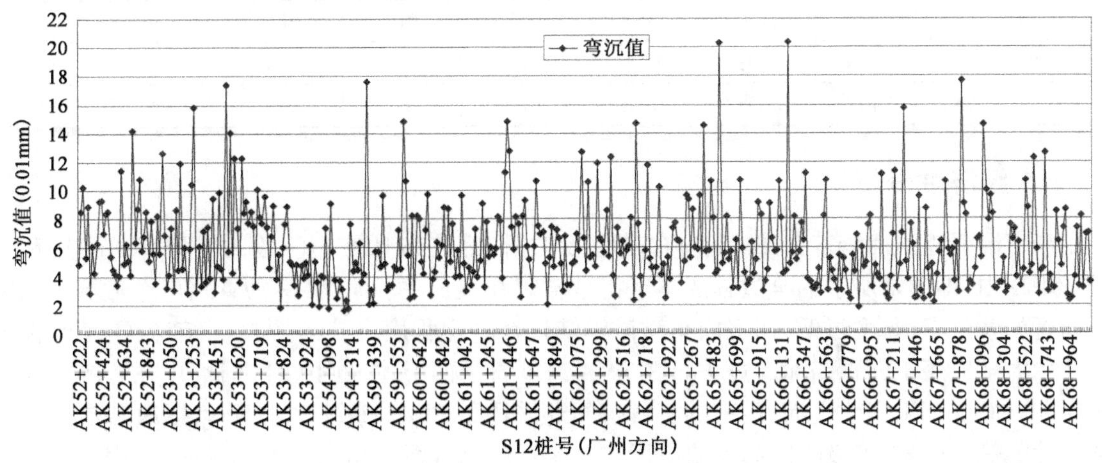

图 1　梅州方向路面弯沉代值分布情况

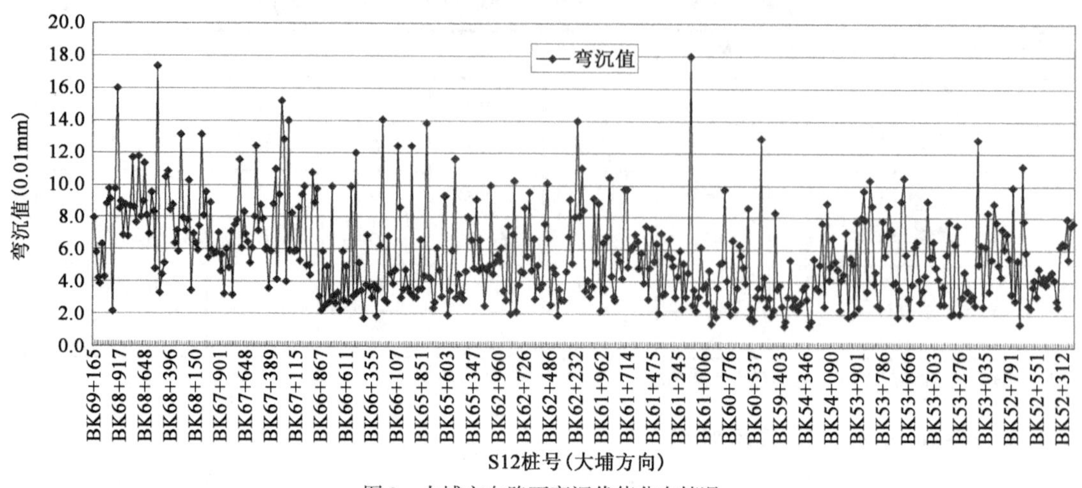

图2　大埔方向路面弯沉代值分布情况

4.6　路面使用性能指数PQI

通过平整度、车辙、横向力系数检测及破损调查,根据各路段的区间划分,各路段评定PQI的统计情况如表8和表9所示。梅大高速公路A车道PQI为94.4,评定等级为优;B车道PQI为93.9,评定等级为优,PG82等级改性沥青路面A、B车道PQI评定等级均为优,无评定为中及中以下等级的路段。

PG82等级改性沥青路面使用性能指数PQI评定等级统计　　表8

车道位置	路段范围	路面类型	单位	优	良	中	次	差	合计
A车道	大麻至三角段	沥青	m	41 947	200	0	0	0	42 147
			%	99.5	0.5	0.0	0	0	100.0
B车道	大麻至三角段	沥青	m	41 866	281	0	0	0	42 147
			%	99.3	0.7	0	0	0	100.0

PG82等级改性沥青路面使用性能指数PQI评价情况　　表9

车道位置	路段	路面类型	PCI	RQI	RDI	SRI	PQI	PQI等级
A车道	大麻至三角段	沥青	98.5	92.6	88.6	96.1	94.4	优
B车道	大麻至三角段	沥青	97.8	91.8	89.6	95.3	93.9	优

5　经济性分析

沥青混凝土路面全寿命成本除了初期投资之外,还应包括使用阶段的维修养护费用和营运费用在内,即通常所说的全过程成本经济效益。在很长一段时期内,沥青路面车辙产生归因于沥青的软化点、黏度过低,而室内车辙试验结果在一定程度上支持了这一结论,于是改性沥青开始大量应用于沥青路面。过去只在SMA或沥青上面层才采用改性沥青,现在有的工程上面层和中面层都采用改性沥青;有的工程甚至还采用了PG82等级改性沥青,以改善混合料的某些性能等。PG82等级改性沥青的应用在一定程度上减缓了路面车辙的发展,工程造价却有所增加,但是如果使用PG82等级改性沥青的费用能在防止早期破坏,减少维修养护,延长路面使用寿命方面得以回报,全过程费用会有很大的节省。现有研究表明,对于重载交通等级高速公路,PG82 等级改性沥青复合式路面建设初期投入费用比普通改性沥青路面多 29.7 万元/km,在不考虑社会效益、客户费用等的情况下,PG82 等级改性沥青复合式路面寿命周期(30 年)内总费用比普通改性沥青路面少 134.3 万元/km,另外,即使路面进入维修期,高 PG 等级改性沥青路面出现坑槽、龟裂等病害的概率也要低于普通改性沥青路面,如果再考虑混合料施工、废料处理对环境的污染和路面频繁破坏对社会造成的不良影响等因素,采用微表处将具有更强的技术优势和更好的经济社会效益。

6　结语

(1)从通车近 2 年的路面调查结果看,虽然梅大高速公路车流量较大,货车或重型车比例高,但路面状况依然良好,路面平整度、车辙状况、抗滑性能,以及弯沉等指标均评定为优良等级,表明 PG82 等级改性沥青路面的铺筑是成功的,达到了预期效果。

(2)PG82 等级改性沥青可改善路面性能,但是 PG82 等级改性沥青价格较高,有必要从经济角度考虑其适用性。通过分析可以看出:PG82 等级改性沥青路面初期工程造价较高。但是由于 PG82 等级改性沥青路面具有优良的路面性能,疲劳寿命比普通改性沥青路面有明显的提高,使得路面在后期运营期间大大减少了维修次数,减少了维修费用,表明 PG82 等级改性沥青路面在整个寿命周期内具有较高的经济效益。

参 考 文 献

[1] 黄立葵,贾璐,万剑平,等. 沥青路面温度状况的统计分析[J]. 中南公路工程,2005,30(3):8-9.

[2] 周晋辉. 沥青路面温度状况试验研究[J]. 中南公路工程,2005,3(2):185-187.

[3] 严作人. 层状路面体系的温度场分析[J]. 同济大学学报,1984,(3).

[4] 吴赣昌. 半刚性路面温度应力分析[M]. 北京:科学出版社,1995.

[5] 陈仕周,倪小军. 桥面铺装与路面温度差异研究[J]. 中国公路学报,2005,18(2):56-60.

[6] 陈佩茹. 关于沥青感温性能指标的讨论[J]. 交通运输工程学报,2003,14(1):49-66.

基于物联网技术的隧道照明节能技术研究

彭晓春　欧剑聪　黎琮莹　黄志伟　莫新强

（广西壮族自治区交通规划勘察设计研究院　南宁）

摘　要：本文首先介绍一种基于物联网技术的隧道运营管理平台，随后根据平台部署于实际运营中的隧道洞内洞外亮度数据及不同照明回路能耗数据进行长期采集分析后，为运营单位提出在满足规范要求的前提下更为精细化的隧道节能控制策略，能有效降低隧道运营成本。该项基于物联网技术的隧道运营节能技术与平台可方便迁移其他的隧道，可提供定制化隧道节能控制策略。

关键词：物联网　隧道　运营　节能

0　引言

1997 年，广西第一条高速公路——桂柳高速公路建成通车。截至 2015 年底，建成通车里程已超过 4 000km，高速公路建设的重点已转向山区高速公路，而山区高速公路不可避免地存在隧道，甚至于存在长大隧道或隧道群的情况。根据相关规范要求，公路隧道需设置相应的照明设施、通风设施、监控设施和消防设施等，以确保公路隧道的交通安全运营管理。而公路隧道运营管理的很大一部分费用支出主要用于隧道照明、通风等设施的耗电费用。本文将介绍一套基于物联网技术的分析、管控平台，对隧道照明系统控制进行大数据分析，为运营单位提出在满足规范要求的前提下更为精细化、定制化的隧道节能控制策略，以有效降低运营管理单位的运营成本，积极响应国家绿色交通、安全交通的号召。

1　基于物联网技术的隧道运营管理平台概述

基于物联网技术的隧道运营管理平台系统架构采用的是标准的物联网体系架构，如图 1 所示，分为“感”、“传”、“知”、“行”四部分。

（1）“感”：由前端的各种传感器组成物联网的感知层，其中电能感测器作为能耗采集的主体，实现对照明设备的能耗采集工作；光照度传感器主要部署在隧道的洞外、入口段、过渡段、中间段以及出口段实现对照度的实时采集，车检器用于实时监测车流量和车速等数据信息。

（2）“传”：上述所有通过物联网终端设备采集的数据将由智能网关进行统一汇总后，通过运营商的无线网络，即互联网方式传输至能耗平台。

（3）“知”：在监控中心部署能耗平台，通过收集各种感测终端的数据，进行大数据分析，建立基于隧道照明设备的能耗模型，通过对比、环比等方式形成数据分析报告。

（4）“行”：根据能耗分析报告，形成精细化、定制化的隧道节能控制策略，以便于运营管理人员

广西交通科技项目：基于物联网技术的公路隧道运营电能耗感测及节能技术的研究，南宁市科学技术局科技攻关计划项目：新型隧道节能技术的研究。

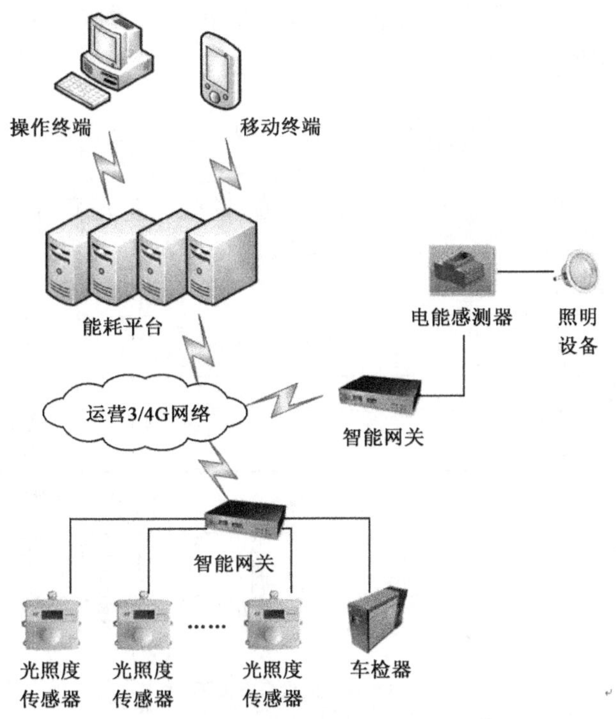

图 1　基于物联网技术的隧道运营管理平台系统图

的进行管控，并且系统也会实时监测管控后的效果，利用数据进行前后对比，最终形成节能报告。

广西河都高速横财山隧道物联网 + 绿色交通管理平台界面图如图 2 所示。管理人员能通过登录网站平台或者微信客户端对隧道运营数据进行实时的查询。

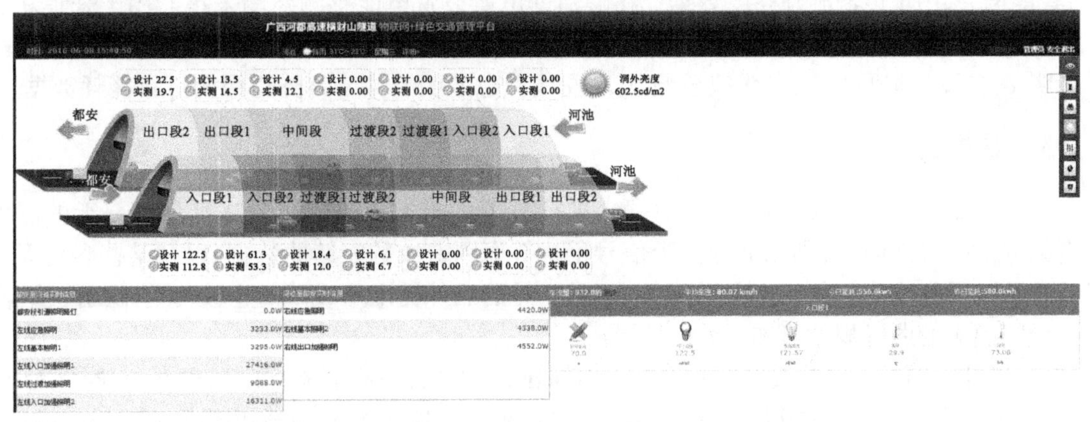

图 2　广西河都高速横财山隧道物联网 + 绿色交通管理平台界面图

2　平台具体部署实施方案

本文依托于广西河池至都安高速公路横财山隧道，横财山隧道于 2014 年建成通车，主要情况如下：隧道长 1 322m/1 267m；照明设计时速 100km/h；加强照明灯具均采用高压钠灯，基本/应急照明灯具均采用 LED 灯具；加强照明与基本照明均采用分组控制方式；主要控制装置为智能照明稳压调控装置；隧道按照交通工程等按级 B 级配置监控系统设施，按 A 级预留预埋。物联网设备布设图如图 3 所示。

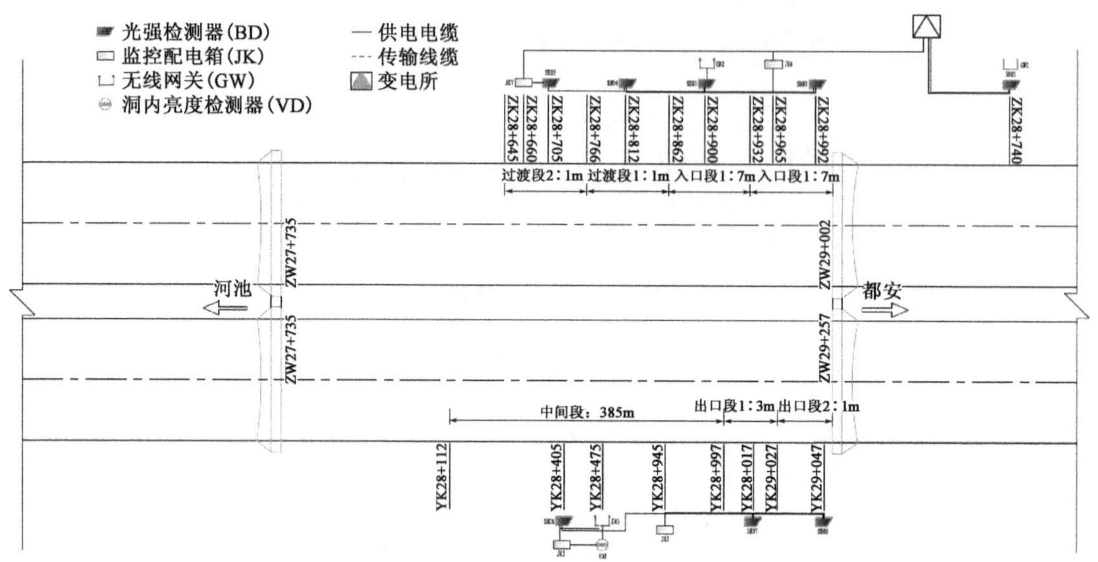

图 3　物联网设备布设图

为了实时检测隧道洞内不同段和洞外光照度数据情况，分别在左线入口段 1、入口段 2、过渡段 1、过渡段 2 和右线出口段 2、出口段 1 和中间段共 7 个交通段，每个段在居中部位选取合适地方安装枪机形式的光照度检测仪，左、右线各有 1 台智能网关，负责各自隧道洞内亮度和车流量数据的传输，智能网关单元采用主用\备用双备份模式；洞外安装 1 台光照度检测仪，同时设置 1 台智能网关，用于传输洞外亮度数据。在隧道变电所设置电能感测终端采集器用于采集左线入口段加强照明 1、左线入口段加强照明 2、左线过渡段加强照明、右线出口段加强照明、左线基本照明 1、右线基本照片 2、右线应急照片 2、左线应急照明 1 共 8 路隧道照明灯具能耗数据。

3　数据分析

本文以 2016 年 2 月的洞外亮度数据来进行分析。图 4 中的曲线为 2 月份每一天的洞外亮度数据曲线叠加而成，剔除部分由于信号干扰等原因造成的断续的数据，以及某些多变天气气候导致的天气变化起伏较大的数据等，可见 2 月的洞外亮度形成了一个较为清晰的曲线。

分析图 4 的曲线规律可知：

(1)2 月的洞外亮度最高值可以达到 3 500cd/m^2 左右，最高洞外亮度出现在 13 时左右。

(2)每天的 7:20 左右开始天亮，到 8:40 左右洞外亮度慢慢增加至 455cd/m^2(3 500cd/m^2 洞外亮度情况下的重阴天)左右。

(3)每天的 8:40 左右 ~9:50 左右，洞外亮度缓慢增加，达到 875cd/m^2(3 500cd/m^2 洞外亮度情况下的阴天)附近。

(4)每天 9:50 左右开始，洞外亮度快速提升，在 1 个小时内从 875cd/m^2 直接提升到 2 800cd/m^{2}左右，并在后续的 2 ~3h 内达到当天的洞外亮度最高值(3 500cd/m^2 洞外亮度情况下的晴天)。当天的 13 时后，洞外亮度值会缓慢下降，并在 16 时左右下降至 1 750cd/m^2

(3 500cd/m^{2}洞外亮度情况下的阴天)。

(5)每天的16:00~17:00左右,洞外亮度快速下降,一直下降至455cd/m^2(3 500cd/m^{2}洞外亮度情况下的重阴天)左右。

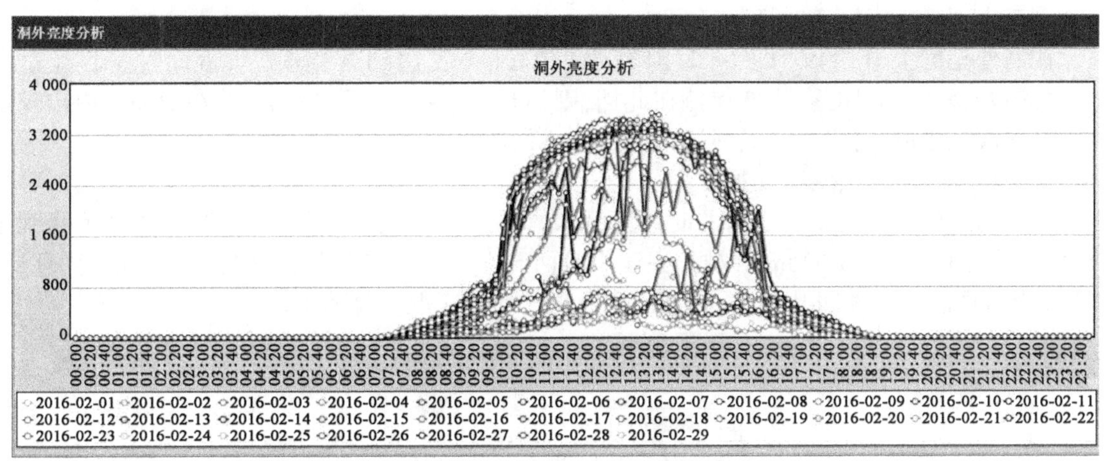

图4　2016年2月份洞外亮度曲线图

(6)每天的17:00后,亮度持续降低,到了18:30左右,洞外亮度渐渐从455cd/m^{2}降为0。

综上所述,每天的洞外亮度级别有一定规律可循:从暗到亮,再从亮到暗;变化速率有快有慢;每个月洞外亮度变化的时间段也相对固定。对于本平台的功能而言,数据收集的时间越长,每个特定时间段的洞外亮度累积曲线图像就越接近真实情况,给出的控制初始策略也就越准确。

照明灯具控制也遵循这一规律,实现从暗到亮,再由亮到暗的控制;每次策略调整都是在洞外亮度到达控制工况临界值20min以后,方进行工况的切换,避免频繁开关造成的钠灯损伤风险,对于骤变的天气情况,也有很好的过滤功能。

4　隧道照明节能控制策略

本文通过对1年间收集到的洞外亮度数据进行分析,得出了以下系统控制算法及思路。

4.1　控制算法

总体思路:通过历史数据进行分析和预测当天的控制级别,再通过采集的洞外亮度,实时调整控制工况。

4.2　控制流程

照明系统控制流程图如图5所示。

控制流程详细说明:

第一步:预测策略分级

利用安装在隧道内外中的亮度检测器获取至少一年完整的数据,作为历史参考。取现时段洞外亮度历史同期数据(去年当月)的最大值作为现时段的一个指导,决定当天的洞外亮度最高值取值(最高值即可调工况表中的“最高值”)。

第二步:峰值预测

确定最高值后,将当天照明工况分为5个挡(晴天、云天、阴天、重阴天、夜间),之后开始监测实时洞外亮度。首先有一个原则,即在每天的14时之前,洞外亮度的趋势是一直增的;而过了14时后,洞外的亮度递减。所以在14时之前,隧道路面的照度只增不减;同理,14时后隧道路面的照度只减不增。充分考虑隧道行车的安全因素,避免各类骤变天气的影响。

第三步:照明上升,实时切换工况

在洞外亮度上升阶段(即14时前),当前洞外亮度达到某挡时,开始计时。若经过了20min,洞外亮度没有回落,仍然保持在此挡,则加开相应照明;反之亦然,若在20min内出现洞外亮度回落到之前一挡的情况,隧道内照明则不做改变。

第四步:照明下降,实时切换工况

当时间达到14时,则在之后的时间里,可允许隧道内照度下降。当前洞外亮度下降到某挡时,开始计时。若经过20min,洞外亮度没有回升,则关闭相应照明回路,调整工况;同理,在20min内出现洞外亮度回升到之前挡位,则隧道的照明工况不做改变。

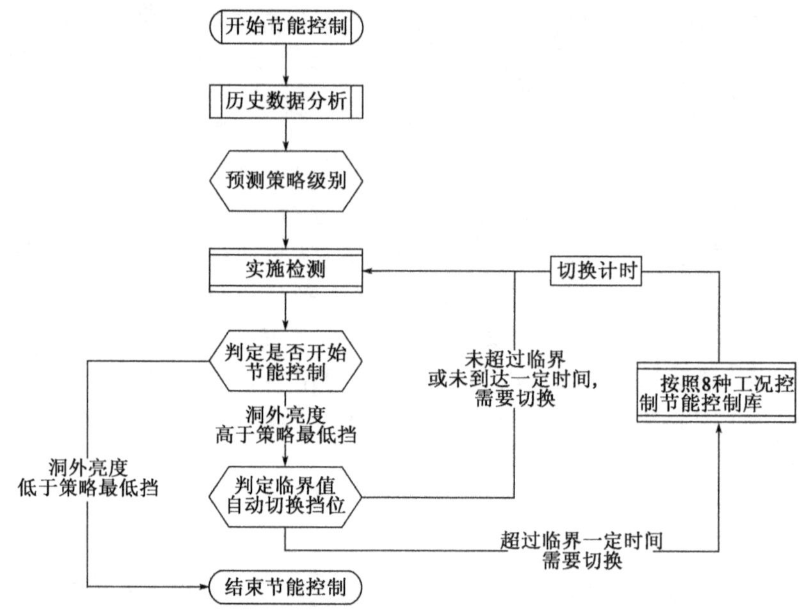

图5 照明系统控制流程图

4.3 控制策略

根据横财山隧道现有智能照明稳压调控装置和照明回路配置情况,高压钠灯分组控制可以实现4种工况的控制形式,加上设备本身的调压功能,可以对照明系统实现以下8种情况的控制工况,如表1所示。

照明系统可调工况范围表 表1

加强照明亮度(单位:cd/m²)							
	入口段1	入口段2	过渡段1	过渡段2	出口段1	出口段2	备注
可调工况1	122.50	61.50	18.40	6.10	13.50	22.50	全开
可调工况2	110.25	55.35	16.56	5.49	12.15	20.25	全开降压10%
可调工况3	91.88	46.13	13.80	4.58	10.13	16.88	开3/4
可调工况4	82.69	41.51	12.42	4.12	9.11	15.19	开3/4,降压10%
可调工况5	61.25	30.75	9.20	3.05	6.75	11.25	开1/2

续上表

加强照明亮度(单位:cd/m²)							
	入口段1	入口段2	过渡段1	过渡段2	出口段1	出口段2	备注
可调工况6	55.13	27.68	8.28	2.75	6.08	10.13	开1/2,降压10%
可调工况7	30.63	15.38	4.60	1.53	3.38	5.63	开1/4
可调工况8	27.56	13.84	4.14	1.37	3.04	5.06	开1/4,降压10%

再据洞外亮度分为:3 500、3 000、2 500、2 000 和 1 500 四种分级策略。系统对应控制工况划分成5个挡位。

4.4　控制策略

根据2016年2月的洞外亮度曲线图及以上控制策略,以最高亮度3 500为基准,确定2017年2月份某天的初始控制策略,如表2所示。

2月份初始控制策略　　表2

序　　号	时　间　段	控制挡位/亮度	采用可调工况
1	7:20~8:40	重阴天/亮度13%	可调工况8
2	8:40~9:50	阴天/亮度25%	可调工况7
3	9:50~16:00	晴天/亮度100%	可调工况1
4	16:00~17:00	云天/亮度50%	可调工况5
5	17:00~18:30	重阴天/亮度13%	可调工况8

而确定当天的控制基准策略后,同时进行实时数据采集和后台分析比对,确定是否超过调整工况的临界值,以便及时更正控制策略。

4.5　能耗对比

(1)对比一下横财山隧道原有照明系统的控制方式。原控制方式隧道照明功率曲线图如图6所示。

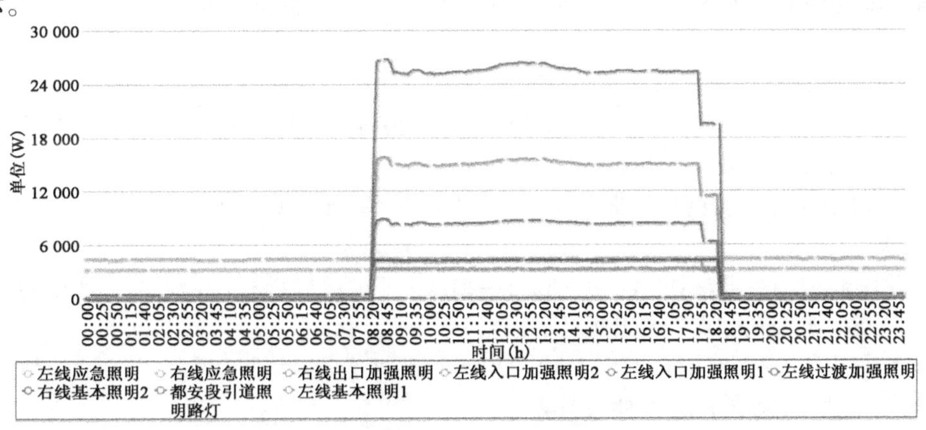

图6　原控制方式隧道照明功率曲线图

从图6可知,所有的照明灯在8:20全部打开,达到最高功率;保持最高功率运行至18:00左右,关闭所有灯具。全天加强照明灯开足约10h,全天能耗约800kW·h。

(2)按照表2控制策略执行后的情况。采取节能策略后隧道照明功率曲线图如图7所示。

分析图7可知,加强照明灯陆续打开,在9:50达到最高功率;保持最高功率运行至16:00

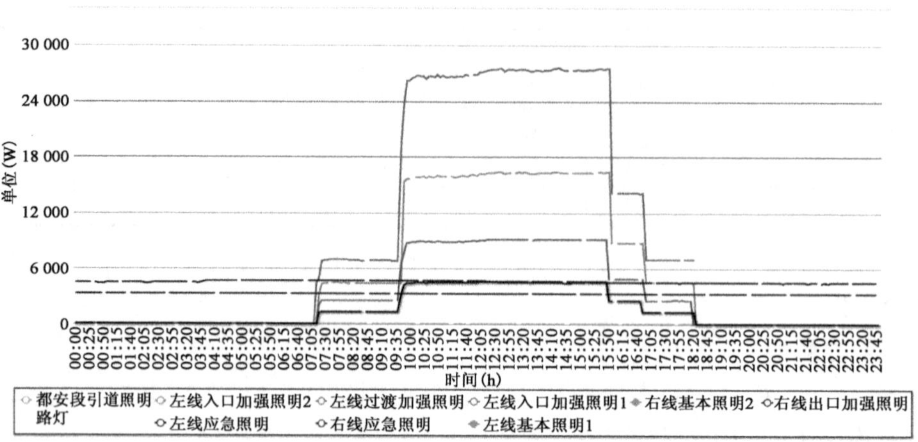

图7　采取节能策略后隧道照明功率曲线图

左右,陆续关闭灯具。全天加强照明灯开足约7.3h,全天能耗约750kW·h,相比较原有照明控制方式,节能5%。

应该注意到的是,此次照明模拟控制,是在洞外最高亮度达到设计最高值的3 500cd/m² 情况下进行的,若当月最高洞外亮度值普遍在3 000cd/m²、2 500cd/m² 等更低时,本平台可以提出更精细的控制策略,更适合于使用者的实际要求,在满足规范要求的情况下,节省更多的运营电费。

5　结语

隧道照明的电能耗能是最主要的运营成本,为减轻运营单位运营成本,本文首先提出了一种基于物联网技术的隧道运营管理平台,对隧道运营的详细数据进行全面的采集和直观的分析,其次提出了一种基于大数据采集、分析和实时数据结合的隧道节能控制策略,为运营单位提出在满足规范要求的前提下更为精细化、定制化的隧道节能控制策略。

参考文献

[1] 中华人民共和国行业标准. JTG/T D70/2-01—2014　公路隧道照明设计细则[S]. 北京:人民交通出版社,2014.

[2] 北京照明学会照明设计专业委员会. 照明设计手册[M]. 2版. 北京:中国电力出版社,2006.

[3] 中华人民共和国行业标准. JTG D70/2—2014　公路隧道设计规范第二册交通工程与附属设施[S]. 北京:人民交通出版社,2014.

[4] 中华人民共和国行业标准. JTG D80—2006　高速公路交通工程及沿线设施设计通用规范[S]. 北京:人民交通出版社,2014.

[5] 杜逸,罗清. 高速公路LED隧道照明智能控制技术创新探讨[J]. 北京:中国交通信息化,2014(8).

[6] 何挺. 高速公路隧道节能实践与探讨[J]. 北京:中国交通信息化,2011(1).

[7] 黄志伟,彭晓春,莫新强. 基于模糊控制决策的隧道照明节能方案研究[J]. 西部交通科技,2015(98):75-78.

浅谈光伏发电站在乐业至百色高速公路隧道供电系统中的应用

彭晓春　黎琮莹　陆运军

(广西壮族自治区交通规划勘察设计研究院　南宁)

摘　要:本文以乐业至百色高速公路为依托,在沿线多个隧道设置光伏发电站,并对其进行系统节能降耗效果分析。该项目开创了广西高速公路规模应用光伏发电站的先例,为其他项目推广应用节能、环保新技术提供了有效的参考。

关键词:光伏　发电站　高速公路　隧道　供电系统　节能

1　项目建设的必要性

开发利用可再生能源是国家能源发展战略的重要组成部分,增加新能源是未来发展的趋势。太阳能光伏发电具有安全可靠、无噪声、无污染、维护简便、建设周期短等优点,是可再生能源和可持续发展的绿色能源,对于利用清洁能源,减少项目业主运营费用的方面具有重要意义。

隧道机电系统运营电费是高速公路运营费用的主要组成部分。利用各种措施降低能耗,减少电费是运营单位和设计单位努力的方向。乐业至百色高速公路隧道众多,预期的运营电费相当大,结合所处区域属于广西太阳能质量较好的地区,太阳能电站在隧道供电系统中有了用武之地。

2　项目的地理及气候基本情况

乐业至百色高速公路位于广西西北部,云贵高原东南边缘,距首府南宁360km。东连凤山县、巴马县,西接田林县,南邻右江区,北与乐业县相连。地理位置为北纬24°06′—25°37′,东经106°23′—106°55′,海拔在210～2 062m范围,坐落在中国大西南通往太平洋地区出海通道的"黄金走廊"上。

项目属亚热带季风气候,冬不严寒,夏不酷暑,冬短夏长,秋高气爽,年平均日照1 443h;年平均太阳总辐射为95.81kcal/cm^2;年均气温19～20.4℃;年平均降雨量1 235mm。较适宜开展光伏电站的建设。

广西凌云地区气象分析如图1所示,日照时数分析如图2所示。

3　系统总体方案

项目拟在乐百高速的:园艺场隧道(约810m)大桩号洞口;永乐隧道(约500m)大桩号洞口;弄衣隧道(约3 795m)大桩号洞口;伶站隧道(约370m)大桩号洞口;弄怀隧道(950m)大桩

号洞口；蒙沙隧道(约3 100m)大桩号洞口；五指山1号隧道(约1 227m)大桩号洞口；五指山2号隧道(约391m)大桩号洞口等8处地点设置光伏电站。上述隧道均处于凌云-百色走廊，洞口朝向为正南、西南或东南方向。

	单位	气候数据地点
纬度	°北	23.9
经度	°东	106.6
海拔	m	242
土地温度振幅	℃	13.6

月	空气温度	相对湿度	每日的太阳辐射、水平线	每日的太阳辐射-倾斜35°	大气压力	风速	土地温度
	℃	%	(°)/m²/日	(°)/m²/日	kPa	m/s	℃
一月	13.7	75.3%	2.44	2.88	94.8	1.2	7.7
二月	15.0	74.8%	2.91	3.19	94.6	1.5	9.9
三月	18.8	71.9%	3.76	3.85	94.3	1.7	14.0
四月	23.7	71.3%	4.32	4.05	94.0	1.8	19.3
五月	26.5	73.6%	4.46	3.91	93.7	1.6	22.2
六月	28.1	77.6%	4.37	3.73	93.4	1.5	24.5
七月	28.5	79.4%	4.47	3.86	93.3	1.4	25.3
八月	28.1	79.8%	4.46	4.06	93.5	1.2	24.9
九月	26.3	78.7%	4.04	4.00	93.9	1.0	22.7
十月	23.0	78.2%	3.47	3.78	94.4	0.9	18.9
十一月	18.9	77.1%	3.12	3.80	94.7	0.9	14.5
十二月	14.9	74.5%	2.88	3.70	94.9	1.0	9.6
年平均数	22.2	76.0%	3.73	3.74	94.1	1.3	17.8
测量于	m					10.0	0.0

图1 广西凌云地区气象分析

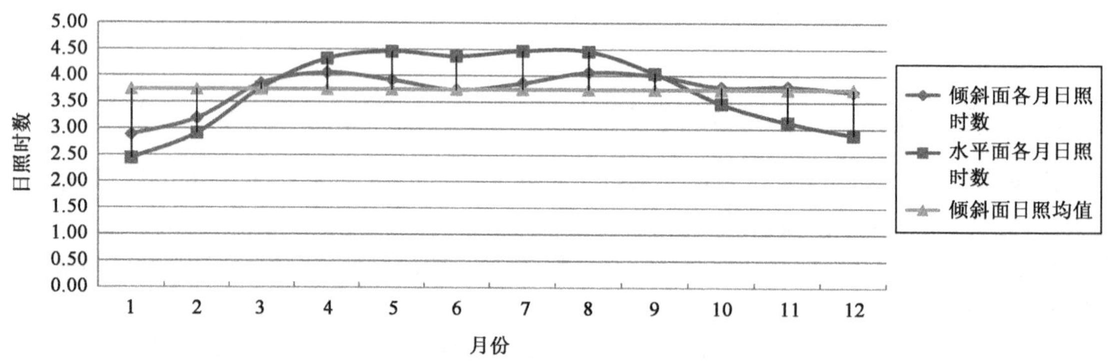

图2 凌云地区日照时数分析

拟利用隧道口端墙上方的坡顶空地处、隧道口遮光棚顶部、隧道变电所房顶、分离式隧道口中央平整的场地、隧道外路侧边坡进行分布式光伏电站项目的建设。

本项目光伏并网系统主要由太阳能电池(光伏组件)、逆变器及输配电系统三大部分组成。

光伏电站由光伏发电系统和输配电系统两个部分组成，其中光伏发电系统指从太阳电池组件至逆变器之间的所有电气设备，包括太阳电池组件、逆变器、直流电缆等；输配电部分指从逆变器交流侧至用户侧低压系统的所有电气、控制保护、通信等。

本项目涉及多个区域，由光伏组件方阵、逆变器、低压并网开关柜及相应的监控设备、连接电缆等组成。光伏组件共 80 块，总装机容量为 21.6kWp。

太阳能通过光伏组件转化为直流电力，再通过并网型逆变器将直流电能转化为与电网同频率、同相位的正弦波交流电后并入用户侧低压电网。

4　系统节能降耗效果分析

减排明细如表 1 所示。

光伏分布式电站 25 年减排明细　　表 1

广西乐百高速隧道 21.6kWp 光伏电站 25 年减排明细			
年数	发电量(单位 kW·h)	减少标准煤(t)	减少 CO_2 排放(t)
第 1 年	23 520.15	9.41	23.45
第 2 年	23 331.988 8	9.33	23.26
第 3 年	23 145.332 89	9.26	23.08
第 4 年	22 960.170 23	9.18	22.89
第 5 年	22 776.488 86	9.11	22.71
第 6 年	22 594.276 95	9.04	22.53
第 7 年	22 413.522 74	8.97	22.35
第 8 年	22 234.214 56	8.89	22.17
第 9 年	22 056.340 84	8.82	21.99
第 10 年	21 879.890 11	8.75	21.81
第 11 年	21 704.850 99	8.68	21.64
第 12 年	21 531.212 18	8.61	21.47
第 13 年	21 358.962 49	8.54	21.29
第 14 年	21 188.090 79	8.48	21.12
第 15 年	21 018.586 06	8.41	20.96
第 16 年	20 850.437 37	8.34	20.79
第 17 年	20 683.633 87	8.27	20.62
第 18 年	20 518.164 8	8.21	20.46
第 19 年	20 354.019 48	8.14	20.29
第 20 年	20 191.187 33	8.08	20.13
第 21 年	20 029.657 83	8.01	19.97
第 22 年	19 869.420 57	7.95	19.81
第 23 年	19 710.465 2	7.88	19.65
第 24 年	19 552.781 48	7.82	19.49
第 25 年	19 396.359 23	7.76	19.34
25 年合计减排		213.95	533.265 595

光伏发电是一种清洁能源,与火电相比,可节约大量的煤炭或油气资源,有利于环境保护。同时,太阳能是取之不竭用之不尽的可再生能源,早开发早受益。

本项目具有十分突出的环境效益。光伏发电不消耗化石燃料,无二氧化碳、二氧化硫等有害气体的排放,节约水资源,同时减少相应的废水和温排水等对水环境的污染,清洁干净,环境效益良好,取代任何化石能源发电的环境效益都是巨大的。

本项目25年可提供上网电量约为53.5万kW·h,与燃煤电厂相比,可节约标煤213.95t,相应每年可减少多种大气污染物的排放,其中减少二氧化碳533.27t。

根据常规工况测算,弄衣隧道(长隧道,钠灯+LED灯)年照明耗能约70.3万kW·h,电费约63.3万元;弄怀隧道(中隧道,全LED灯)年照明耗能约25.2万kW·h,电费约22.6万元。

每个隧道的太阳能电站装机容量拟定为21.6kWp,年发电量约2.3万kW·h,年可产生卖电及补贴费用约3万元。费用约占弄衣隧道的4.7%,占弄怀隧道的13.3%。而根据以往实施的高速公路运行情况,结合本项目众多的节能控制措施,太阳能电站发电费用占各隧道的比例只会更高。

本项目8处电站每年可产生卖电及补贴费用约24万元,每处电站预计投资回收年限约9年,具备相当的可行性。

5 结语

合理利用公路范围内的边坡,屋顶,中央分隔带等区域,建设太阳能光伏电站,不但不需要另行征地,还可以给项目运营方节省一定的运营费用,符合节能减排的大方向,必将成为广西最美高速一道亮丽的风景线。同时,该项目开创了广西高速公路规模应用光伏发电站的先例,为其他项目推广应用节能、环保新技术提供了参考。

参考文献

[1] 中国电力投资集团. 光伏发电工程典型设计[Z]. 2012.

SFI 型城市道路汽车尾气减排系统研究

肖栋天

（江西理工大学建筑与测绘工程学院　赣州）

摘　要：针对城市道路汽车尾气的严重污染问题，提出了结构—功能一体化（Structure-Function Integration，SFI）的道路载体来集中处理汽车尾气的思路。结合某城市沥青混凝土道路，进行了车流量统计，汽车尾气催化剂的选择，多孔透气型沥青混凝土路面材料的制备，道路载体结构设计等内容，提出了具体的系统方案设计，阐述了系统工作原理。通过与该城市大道拟建东延线的投资和汽车尾气催化装置的投资比较，从技术经济角度分析验证了该系统的经济性和适用性，具有一定的环保和社会效益。

关键词：城市道路　汽车尾气　结构-功能一体化　沥青混凝土道路　催化剂

随着我国汽车工业的快速发展，人均汽车保有量的高速增长，汽车尾气污染问题日益严重，已经成为城市大气污染的主要源头之一。严重污染城市环境，进一步诱发一系列环境问题，如雾霾笼罩、光化学烟雾、酸雨腐蚀等，受到了社会的广泛关注和重视[1]。城市道路由于车流量大，过街行人多，红绿灯较多，汽车往往低速行驶。堵车时缓慢行进，遇到红绿灯时甚至停车等待，引起发动机起停频繁。这些情况下汽车都会比正常行驶时产生更多的尾气，加剧了城市空气污染。到目前为止，国内外学者已对汽车尾气处理技术进行了大量的研究，从理论上取得了一定的研究成果，也开发出一些汽车尾气处理的产品，但大部分研究都是集中在汽车这一作用对象上。然而这些技术因为造价高昂以及应用范围的局限，不能用来大规模解决城市道路上汽车排放的尾气。因此，对于城市汽车尾气处理还有待于进一步的研究和探讨。针对某一城市主干道为研究对象，结合结构-功能一体化（Structure-Function Integration，SFI）的道路载体来集中处理汽车尾气，提出了 SFI 型城市道路汽车尾气减排系统，对汽车尾气处理技术作进一步研究。这对缓解我国城市汽车尾气污染，提高大气环境质量，改善城市居民生活环境，建设生态文明具有重要的意义。

1　汽车尾气的危害

目前中国的汽车制造量位居世界第四位，汽车销售量列居世界第三，国内汽车保有量已经接近 1.54 亿。汽车的普及和使用为人们出行带来便利的同时，也引发了一系列的环境污染问题。如 CO_2 的大量排放加剧全球温室气体效应，汽车燃料中的有机物挥发引起空气中 VOCs 浓度增加，尾气排放的有害气体对人体健康产生威胁，尾气中的氮氧化合物 NO_x 是形成光化学烟雾的重要成分，硫氧化合物是产生酸雨的主要成分[2]。

2 国内外车尾气治理技术

汽车尾气治理技术按作用位置可以划分为以下两种:源头治理技术和排放后处理技术。

(1)源头治理技术包括了发动机部分和燃料部分。针对发动机主要着眼于研究尾气产生机理,改进和优化其结构,从根本上减少有害尾气的产生。目前国内外相关技术主要有电子控制燃油喷射、优化点火装置、富氧燃烧、燃烧室分级循环等[3-6];针对燃料主要是改善燃油品质,包括提高燃油标号、使用无铅汽油、合理添加润滑剂等[3-6]。

(2)排放后处理技术主要是对发动机到尾气排放管之间的尾气进行处理。国内外主要技术包括三效催化剂 TWC、TiO_2 光催化降解、等离子分解、电极放电分解等[3-6]。

但上述汽车尾气处理方式技术还不够成熟,应用范围有限,造价昂贵也限制了这些技术的大规模普及应用。目前市场上较成熟的汽车尾气处理技术 TWC 三效催化剂装置[7],因采用铂 Pt、铑 Rh 等贵金属作为催化剂,装置成本普遍较高,同时催化剂在使用过程中存在中毒和失效的问题,需要每几年定期更换一次。欧盟一些发达国家强制汽车采用尾气催化剂装置,并且需要按规定定期更换。中国的汽车尾气排放标准还达不到欧盟颁布的标准,在国内强制每一辆汽车安装尾气催化剂装置并且定期更换,目前是不太现实的。因此有必要进一步研究汽车尾气处理技术,找到一种经济合理,技术适用的汽车尾气处理手段。

3 SFI 型城市道路汽车尾气减排系统涉及原理

3.1 纳米 TiO_2 光催化降解汽车尾气的机理

本系统中将二氧化钛 TiO_2 作为一种汽车尾气降解的催化剂,通过涂敷的方式添加到道路表层。将 TiO_2 制成纳米级材料,利用纳米材料表面多孔的特性,可以大大增强催化剂的反应效率,使得催化反应变得更为容易。TiO_2 属于一种半导体材料,当其受到太阳光的照射时,光能会激发 TiO_2 产生光电子,在原有位置因失去电子而形成光空穴,这两种物质和环境中的 O_2 结合发生氧化还原反应,促使汽车尾气降解为无毒无害的物质,从而实现对汽车尾气中的氮氧化合物 NO_x、碳氢化合物 HC、一氧化碳 CO 的催化降解[8-9]。主要化学反应如下所示。

$$NO_x + O_2 \rightarrow NO_3^-$$

$$HC + O_2 \rightarrow H_2O + CO_3^{2-}$$

$$2CO + O_2 \rightarrow 2CO_2$$

3.2 稀土催化剂的净化原理

本系统中将稀土催化剂放置在位于道路花坛下部的尾气集中处理室内,用于进一步催化降解经过道路面层的多孔空隙进入到下部的汽车尾气。稀土催化剂较贵金属催化剂 TWC 便宜,可以降低尾气处理成本。由于稀土元素的电子结构具有特殊性,使其具有催化功能[10-12]。稀土催化剂中常添加的稀土元素有镧 La、镨 Pr 等。发生的主要氧化还原反应如下。

氧化反应:

$$2CO + O_2 \rightarrow 2CO_2$$

$$HC + O_2 \rightarrow CO_2 + H_2O$$

$$HC + NO_2 \rightarrow CO_2 + H_2O$$

$$HC + NO \rightarrow N_2 + CO_2 + H_2O$$

还原反应：

$$2NO + 2H_2 \rightarrow N_2 + 2H_2O$$
$$2NO + CO \rightarrow N_2 + CO_2 + H_2O$$
$$CO + H_2O \rightarrow CO_2 + H_2$$

4　SFI 型城市道路汽车尾气减排系统设计

4.1　SFI 型城市道路汽车尾气减排系统组成

如图 1 ~ 图 5 所示，系统包括多孔沥青路面结构 1、位于该多孔沥青路面结构 1 下面的预制钢筋混凝土承重空腔模块 3、位于预制混凝土承重空腔模块 3 下方的基层 4、位于基层 4 下方的垫层 5，位于预制混凝土承重空腔模块 3 两侧的聚集箱 6，位于聚集箱 6 下方的尾气集中处理室 7，路灯 6 顶部有太阳能发电板 161 和风力发电扇 162，花坛 14 靠近道路一侧布置射流风口 21。

1）路面以上部分

多孔沥青路面结构 1 由多孔介质材料制备，具有较大的空隙率和竖向空隙通道，能让气体畅通无阻地通过，保证了下部尾气收集的顺利进行。多孔沥青路面结构 1 添加了光催化纳米二氧化钛（TiO_2）汽车尾气催化剂作为道路面层 11，道路示意图 1 中所示的双车道 12 之间设有中央分隔栏 15，双车道 12 两侧是花坛 14，花坛 14 下方是覆土 18，花坛 14 两侧是单车道 13，单车道 13 一侧设有城市路灯 16，路灯 16 一侧是非机动车道 17。

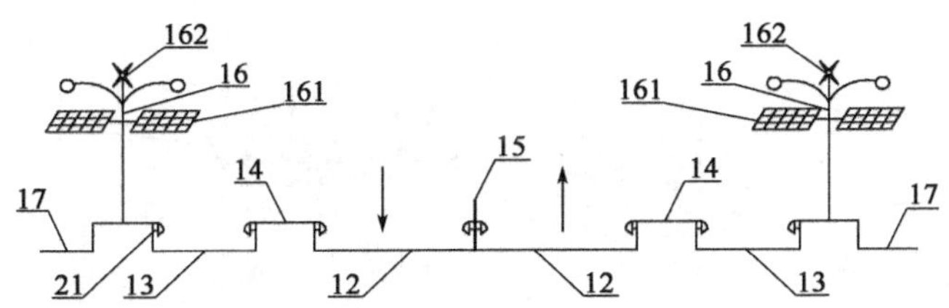

图 1　某城市道路构造示意图

12-双车道；13-单车道；14-花坛；15-中央分隔栏；16-路灯；161-太阳能发电板；162-风力发电扇；17-非机动车道；21-射流风口

道路面层 11 添加了光催化纳米二氧化钛（TiO_2）汽车尾气催化剂，在光照作用下，能够与喷在道路表面的汽车尾气发生催化反应，将尾气中的有害有毒物质转化为无毒无害的产物，从而有效降解尾气，实现了本系统的第一级尾气处理过程。未被完全催化降解的尾气则通过多孔沥青路面结构 1 进入位于其下部的预制混凝土承重空腔模块组 3，尾气在此处汇集后通过聚集箱 6 和管道输送，最终进入位于地下的尾气集中处理室 7。

射流风口 21 按照一定间隔布置在花坛 14 和中央分隔栏 15 靠近汽车行驶的一侧，其作用在于将汽车排放的尾气强制向下推动，增大经过多孔沥青路面结构 1 进入后面尾气集中处理室 7 的尾气量，这样可以大大提高尾气收集效率。该射流风口 21 由位于地下空间的风机 2 提供动力。

路灯 16 顶部有太阳能发电板 161 和风力发电扇 162，它们共同为系统提供额外电力，用以降低系统运行成本。道路下部输送汽车尾气的管道采用聚氨酯保温管，可以为稀土催化剂催化反应的顺利进行提供一定的温度，节约对催化反应环境加热所需的能源。

2）路面以下部分

预制钢筋混凝土承重空腔模块组3，预制钢筋混凝土承重空腔模块31，预制钢筋混凝土承重空腔模块31的左右两侧及前后接头处有预留孔道32，预制钢筋混凝土承重空腔模块31的上表面设有预留孔道33。

为加快道路施工进度，预制钢筋混凝土承重空腔模块31由工厂预制而成，宽0.75m，高0.20m，长5m，内截面厚度取0.04m。由工厂制作预留孔道32和预留孔道33。预制钢筋混凝土承重空腔模块31具有足够的抗压强度，铺设在道路面层下部能够承受住行驶的汽车荷载。每块预制钢筋混凝土承重空腔模块31之间通过预留孔道32形成相互联系的腔体，组成预制钢筋混凝土承重空腔模块组。可以保证由道路面层任意位置进入下部的尾气能够最终被吸收送入后面的尾气集中处理室7。

聚集箱6，包括安装在管道上的电磁阀611和电磁阀612，聚集箱6分出两只管道，分别接尾气集中处理室63和接排水管网62。通入尾气集中处理室63的管道外层加聚亚胺酯绝缘保温层631；在雨天电磁阀611打开，而电磁阀612关闭，经由道路面层进入下部结构的雨水通过接排水管网62汇入排水管网，可以减少因道路积水引起摩擦力减小而发生的交通事故；非雨天则电磁阀611关闭，而电磁阀612打开，尾气直接被吸收进入尾气集中处理室7。单根标准车道结构剖面图如图2所示，单块预制钢筋混凝土承重空腔模块结构详图及纵断面图如图3所示，预制钢筋混凝土承重空腔模块布置示意图如图4所示。

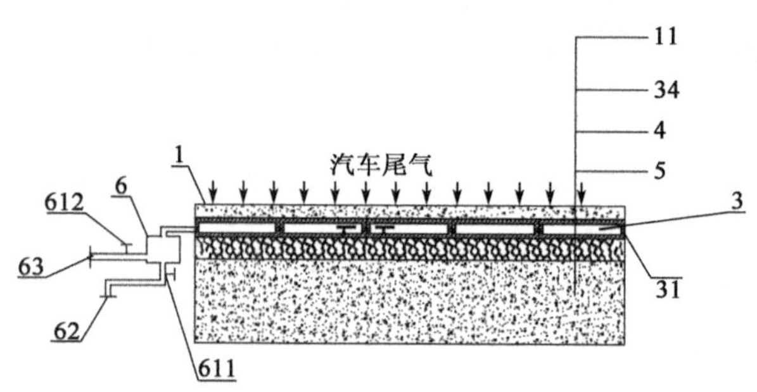

图2　单根标准车道结构剖面图

1-多孔沥青路面结构；11-道路面层；3-预制混凝土承重空腔模块组；31-预制钢筋混凝承重空腔模块；34-空气腔；4-基层；5-垫层；6-聚集箱；611-电磁阀；612-电磁阀；62-接排水管网；63-尾气集中处理室

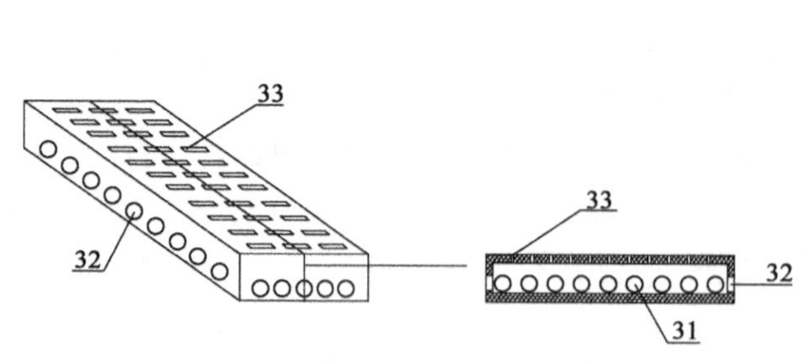

图3　单块预制钢筋混凝土承重空腔模块结构详图及纵断面图

31-预制钢筋混凝承重空腔模块；32、33-预留孔道

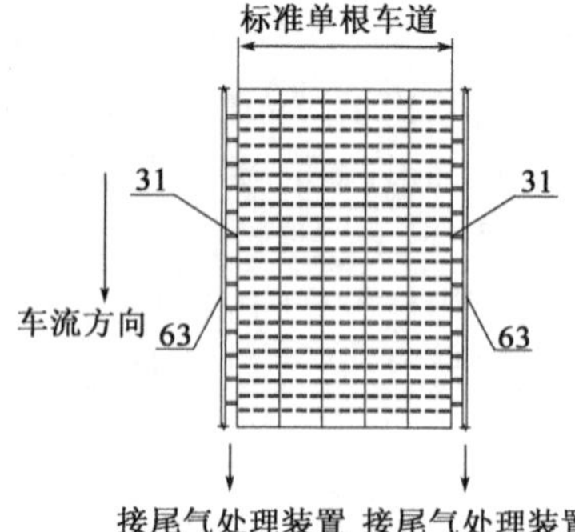

图4　预制钢筋混凝土承重空腔模块布置示意图

31-预制钢筋混凝承重空腔模块；63-尾气集中处理室

3）尾气集中处理室部分

尾气集中处理室7，设备布置示意图如图5所示，包括吸附和除湿装置71、风机72、布袋除尘器73、噪声处理器74、多级空气过滤系统75、气体流量控制阀76、气体流量计77、尾气集中处理箱78、剩余尾气吸收液装置79和检修通道22。尾气集中处理箱78内设有多级尾气催化净化反应板781。

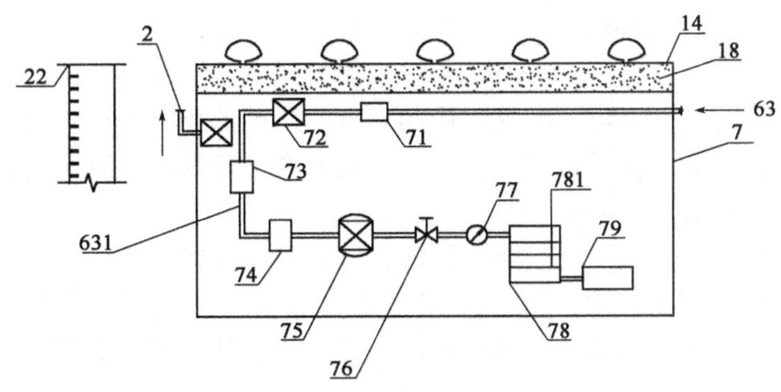

图5　尾气集中处理室设备布置示意图

14-花坛；18-覆土；2-风机；22-检修通道；63-尾气集中处理室；631-聚亚胺酯绝缘保温层；7-尾气集中处理室；71-吸附和除湿装置；72-风机；73-布袋除尘器；74-噪声处理器；75-多级空气过滤系统；76-气体流量控制阀；77-气体流量计；78-尾气集中处理箱；781-多级尾气催化净化反应板；79-剩余尾气吸收液装置

吸附和除湿装置71，内部有活性炭多孔材料和CaO。活性炭多孔材料用于过滤气流中的大颗粒杂质，CaO用于除去气流中的水蒸气，为后面的催化反应提供干燥的环境。

布袋除尘器73作用在于去除由道路表面进入尾气集中处理室7的尘埃，防止这些尘埃进入尾气集中处理室7中的尾气集中处理箱78使催化剂中毒，导致催化效率降低甚至失效。

噪声处理器74用来降低系统运行噪音，使其符合城市道路的噪音标准，减轻对道路两旁居民生活工作造成的不利影响。

多级空气过滤系统75由初级、中级、高级三道过滤系统组成，目的是防止气流中的杂质使后面的催化剂中毒，降低催化效果。

气体流量控制阀76，目的在于通过控制进入剩余尾气吸收装置79的气体量，保证催化剂有足够的时间与尾气中的有害有毒物质反应，使其催化降解彻底。

气体流量计77用来监测处理的汽车尾气量。当城市道路行驶的汽车较少，尾气排放较少时，通过气体流量计上的传感器反馈给控制单元，降低风机转速，减少运行能耗。道路面层的纳米二氧化钛催化剂足以催化降解少量的尾气，减少道路下部尾气集中处理室设备的运行。

尾气集中处理箱78内设有多级尾气催化净化反应板781，在多级尾气催化净化反应板781上放置尾气催化剂，用纳米级稀土化合物代替金属钯等传统贵金属作为汽车尾气催化剂，降低尾气处理成本。

剩余尾气吸收液装置79，用来吸收催化反应后生成的气体以及未被催化剂催化降解彻底完的剩余尾气。

检修通道22，用来检修尾气集中处理室7中的设备装置和定期更换装置内的稀土催化剂。

值得说明的是,运用 SFI 型城市道路汽车尾气减排系统,应结合城市经济发展水平和道路具体情况,可以适当简化系统尾气集中处理室的一些装置,如采用简易的除尘装置,去掉噪声处理器、多级空气过滤系统等非必需装置。利用太阳能烟囱诱导尾气进入集中处理室等,从而降低系统初投资。

4.2 SFI 型城市道路汽车尾气减排系统工作原理

在白天,在城市道路上行驶的汽车,当其处于怠速行使状态或者等红绿灯时,汽车尾气喷在道路表面,此时尾气将首先与道路面层 11 中添加的光催化纳米二氧化钛(TiO_2)汽车尾气催化剂发生催化反应,在光照的作用下,尾气中的有害物质被催化降解为无害的物质。这是本系统的第一级尾气处理过程。太阳能发电板和小型风力发电装置按照风光互补发电方式联合运行为系统提供额外电量,降低运行能耗。

道路面层 11 存在着没有被完全催化降解的汽车尾气,这些尾气将通过多孔沥青路面结构 1,受到道路下部风机的抽吸作用,沿着竖向的多孔介质空隙通道,聚集在道路下部的由预制钢筋混凝土承重空腔模块组 3 形成的贯通空腔内。然后通过预制钢筋混凝土承重空腔模块组 3 两侧的预留孔道进入后面的尾气集中处理室 7。尾气被纳米级稀土催化剂催化降解,反应生成的其他气体进入剩余尾气吸收液装置 79。

在夜晚,由于没有太阳光的照射,道路面层的光催化纳米二氧化钛(TiO_2)汽车尾气催化剂不能发生催化反应。汽车尾气由道路下部的尾气集中处理室进行处理。

4.3 SFI 型城市道路汽车尾气减排系统 CFD 模拟

采用计算流体动力学商用软件 Fluent 进行 CFD 模拟。预制钢筋混凝土承重空腔模块物理模型如图 6 所示,宽 0.75m,高 0.20m,长 5m。将模型上表面分布的孔道简化为送风口,边界条件设置为 velocity inflow,气流温度 t 设为 30℃。模型侧面的孔道简化为排放口,边界条件设置为 outflow。采用 $k-\varepsilon$ 二方程模型进行求解。

从图 6$Y=2.5$m 处速度分布图(预制钢筋混凝土承重空腔模块宽度方向剖面)易知,模块送风口处速度在 1.08m/s 左右,模块通道竖向气流速度呈现分层。模块左下角的排放口因接有风管,受到风机的抽吸作用,速度在 2.4m/s 左右,最高可以达到 3.3m/s。气流能够通过预制钢筋混凝土承重空腔模块上表面分布的孔道进入空腔内,并经排放口排出去。

从图 7$Y=2.5$m 处压力分布图易知,整个模块通道的气压分布均匀,在 9.2N/m² 左右。左下角的排放口受风机的抽吸作用,压力值有所减少,分布在 2.3 ~ 8.3N/m² 范围。满足后面尾气集中处理室中设备的压力要求。

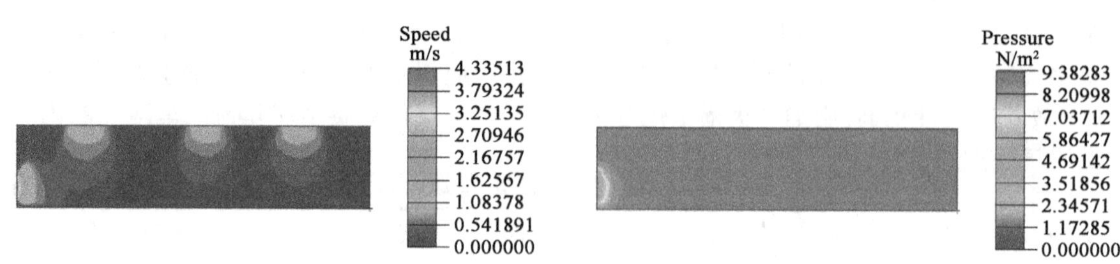

图 6 $Y=2.5$m 处速度分布图　　图 7 $Y=2.5$m 处压力分布图

5 SFI 型城市道路汽车尾气减排系统理论计算

5.1 某道路基本资料

设计对象为某城市主干道,如图 8 所示。该大道自东而西横贯城市中心城区,大道分东、西两段,东段长 1 727.4m,西段长 1 689m,正在规划中的东延线全长 1 638.0m。等级为城市 I 级主干道。该市年平均气温为 19.8℃,平均日照时数为 1 774.4h,年均风速 1.9m/s,平均风能密度为 300W/m^2,平均太阳能能量密度为 1 000W/m^2。

5.2 多孔沥青混凝土路面材料的制备

沥青混凝土配料主要成分和普通沥青混凝土路面材料基本相同,粗骨料为开级配,选用粒径在 10mm 以上的碎石,细骨料选用石灰岩,沥青选用改性沥青。为增加道路的耐磨性和强度,加入一定比例的钢渣,质量占混合集料的 20% ~25% 。掺入一定量的无机纤维,用以改善道路的延性,质量占混合集料的 4% ~8% 。

按照以上原料配比,制备了多孔沥青混凝土路面材料的试件,如图 9 所示。根据 GB 50092—96《沥青路面施工及验收规范》进行物理性能检测。检测结果如表 1 所示,能够满足道路的强度、耐磨性等使用要求。

图 8 某城市大道图片

图 9 多孔沥青混凝土路面材料的测试试件

多孔沥青混凝土路面材料的试件检测 表 1

项 目	养护 28d 后检测	项 目	养护 28d 后检测
抗压强度	38.4	孔隙率	26%
抗折强度	5.03	干缩率	240×10^{-6}

5.3 纳米 TiO_2 光催化材料道路涂层的施工

1)混合料的级配

纳米光催化材料采用锐钛型 TiO_2 和金红石型 TiO_2 的混合物,光催化材料载体选用调和涂料。当两种类型的 TiO_2 按质量比 9:1 混合时,对汽车尾气的催化效果最好[13]。将混合的催化剂按 0.7% 的比例和集料混合后加入面层。三种不同级配混合料的筛分曲线如图 10 所示。

2)纳米 TiO_2 光催化剂道路涂层的施工

TiO_2 光催化剂与沥青混凝土道路的结合方式有掺入法和涂敷法。由于涂敷法施工比掺

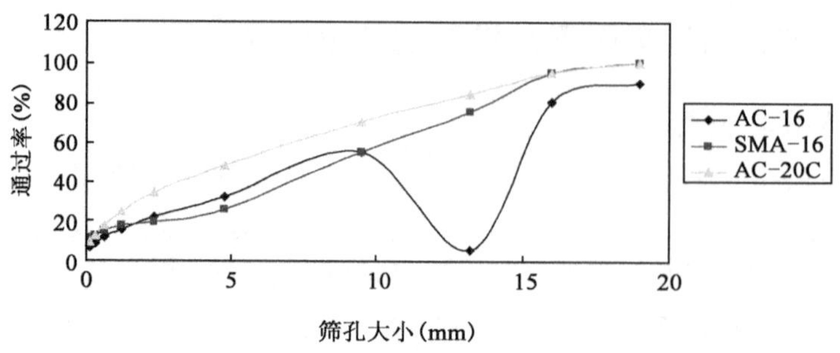

图10　三种不同级配混合料的筛分曲线图

入法更简单,造价也比掺入法低,尤其对既有道路的改造更有便利性,能够满足汽车尾气的降解要求,综合考虑选定涂敷法[14]。

具体施工方法为将锐钛型 TiO_2 和金红石型 TiO_2 按质量比9:1混合,然后与载体涂料混匀,再直接涂敷在沥青混凝土道路表面。光催化剂用量采用350g/m²,锐钛型 TiO_2 每公斤20.00元,金红石型 TiO_2 每公斤18.00元,载体涂料每公斤8.00元。针对1m长单根标准行车道(宽3.75m、面层厚度为5cm)沥青路面,在选定的施工方式下纳米 TiO_2 光催化材料道路的造价如表2所示。

选定的施工方式下纳米 TiO_2 光催化材料道路的造价　　表2

施工方式	光催化剂类型	质量比	1m长单根标准行车道需要的催化剂用量(g)	1m长单根标准行车道造价(元)
涂覆法	锐钛矿型 金红石型	9:1	1 181.25 131.25	36.49

5.4　预制钢筋混凝土承重空腔模块设计

1)基本参数

如图3所示,预制钢筋混凝土承重空腔模块高20cm,长5m,宽0.75m。荷载为公路—Ⅱ级 $P=202.5$kN。在承重空腔模块上表面铺装5cm厚的沥青混凝土面层的容重为21kN/m³。承重空腔模块采用混凝土的容重为25kN/m³,混凝土强度等级为C30($f_c=14.3$N/mm²,$f_t=1.43$N/mm²),环境类别二(a),梁中纵向受力钢筋采用HRB335级($f_y=f_y'=300$N/mm²),其他钢筋采用HPB300级($f_y=f_y'=270$N/mm²),$\alpha_1=1.0$,$\xi_b=0.550$[15-16]。

2)荷载计算

预制钢筋混凝土承重空腔模块的荷载包括铺装5cm厚的沥青混凝土面层的永久荷载1.05kN/m,以及承重空腔模块的自重形成的永久荷载5.0kN/m。活荷载主要是行使在道路表面的汽车引起的移动荷载,取轴重为公路—Ⅱ级 $P=202.5$kN(取202.5kN计算偏保守,研究对象中某大道处于城市中心主干道,基本车辆类型为小轿车)。

总荷载设计值 $g+q$ 根据可变和永久荷载效应组合中的较大值决定,计算后取 $g+q=20.97$kN/m。计算简图中,将汽车活荷载(轴重)看做移动集中活荷载,沥青混凝土面层看做均匀分布固定荷载,将承重空腔模块看做空箱梁受力,根据汽车移动荷载移动下的内力包络图,计算后得到最大弯矩为38.40kN·m。

3)正截面承载能力计算

正截面承载能力计算如表3所示。预制钢筋混凝土承重空腔模块宽度方向配筋图如图11所示。完整的配筋除受力钢筋外,还有每侧的纵向构造钢筋,再加上箍筋,开洞处需要局部钢筋加密,防止应力集中引起混凝土结构的破坏。

正截面承载力计算表　　表3

设计弯矩/kN·m	38.40kN·m
截面有效高度 $h_0 = h - a_s$	200 - 35 = 165(mm)
混凝土受压区高度 $x = h_0 - \sqrt{h_0^2 - \frac{2M}{\alpha_1 f_c b}}$	$165 - \sqrt{165^2 - \frac{2 \times 38.40 \times 10^6}{1.0 \times 14.3 \times 750}} = 23.35$(mm)
受压区高度限值 $\xi_b h_0$	0.550 × 165 = 90.75(mm)
配筋面积 $A_s = \frac{\alpha_1 f_c bx}{f_y}$	1.0 × 14.3 × 750 × 23.35/300 = 834.76(mm^2) > 321.75(mm^2)
最小配筋率 $\rho_{min} = \left(0.2\%, 45\frac{f_t}{f_y}\%\right)$	45 × 1.43 ÷ 300 = 0.214 5 > 0.2
最小配筋面积 $\rho_{min} bh$	0.214 5% × 750 × 200 = 321.75(mm^2)
选配钢筋	5根直径为16mm的HRB335级钢筋

4)单根预制钢筋混凝土承重空腔模块造价

根据图3结构示意图和图11配筋图,计算单根预制钢筋混凝土承重空腔模块造价。单根预制钢筋混凝土承重空腔模块高20cm,长5m(单位长度),宽0.75m,内截面厚度取0.04m,可以计算出其混凝土体积用量。C30混凝土每立方米价格300元左右。钢筋用量根据图10配筋图确定,直径为16的HRB335每吨在3 000元左右,直径为10的HPB300每吨在2 800元左右。最后计算出单根预制钢筋钢筋混凝土承重空腔模块的造价为589.40元。

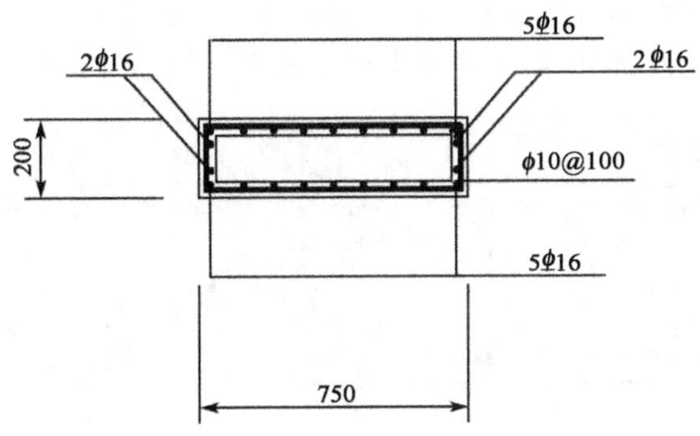

图11 预制钢筋混凝土承重空腔模块宽度方向配筋图

5.5 某大道车流量统计

某大道结构示意图如图1所示,自东而西横贯城市中心城区,大道分东、西两段,东段长1 727.4m,西段长1 689.0m。统计时间为2014年8月~2015年8月,周一~周日,每天08:00~

24:00,每个时间段取1h。该大道左右两侧各有三条机动车道和一条非机动车道,车流量统计时按来和回两个方向分别统计。某一天的车流量统计如图12和图13所示。

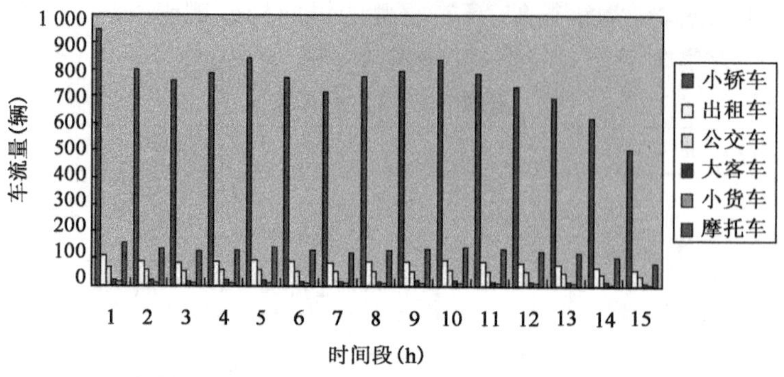

图12 某大道“来”方向的车流量统计

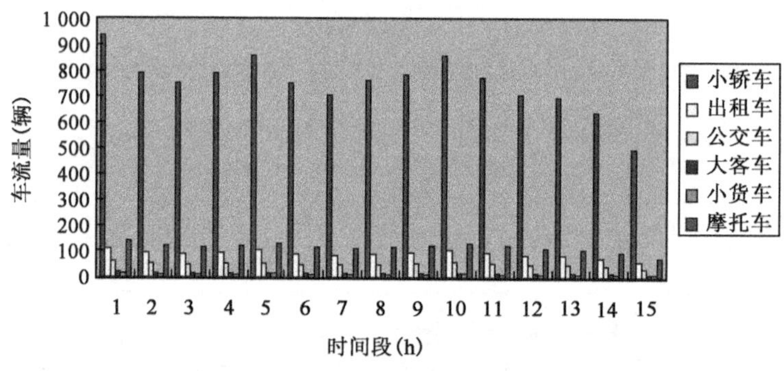

图13 某大道“回”方向的车流量统计

说明:

①时间段1表示08:00~09:00,每个时间段为1h,其余时间段依此类推;

②小轿车统计车型包括轿车,SUV,皮卡;某大道路段的摩托车基本为二冲程摩托车;

③某大道为严管路,大货车不能经过此路段,故大货车统计为0;

④某大道任一时段断面车流量为两个行驶方向车流量之和。

通过一年的车流量统计,得出某大道各类型车辆平均每小时的车流量,如图14所示。

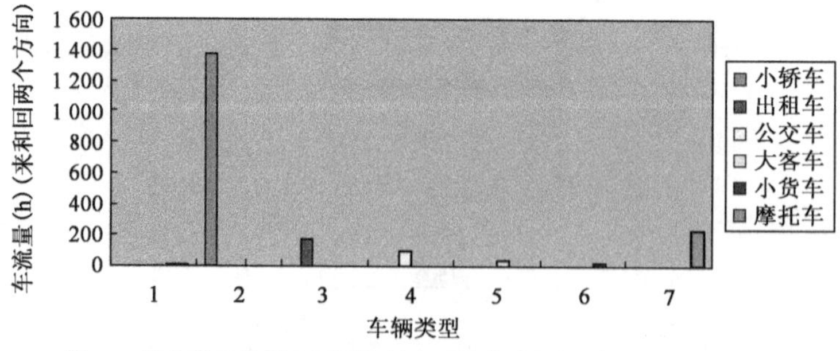

图14 某大道各类型车辆平均每小时的车流量(一年的车流量统计)

5.6 某大道汽车尾气污染物减排量计算

各类型车辆尾气排放值[18]如表4所示,研究对象某大道横贯城市中心,车流量较大并且有限速要求,汽车行驶速度平均在20km/h左右。计算该大道一年的汽车尾气污染物减排量,每天汽车运行时间从08:00~24:00,大道东西段总长3 416.4m。

各类型车辆尾气排放值(单位:克/辆·km)(车速20km/h) 表4

车 型	CO	HC	NO_x
小型车(包括小轿车、出租车等)	8.61	1.69	2.32
中型车(包括小货车等)	9.43	1.89	2.55
大型车(大客车、公交车等)	15.1	2.95	4.08
摩托车(二冲程)	21.14	13.75	0.04

某大道一年的汽车尾气污染物减排量如图15所示,某大道一年的汽车尾气污染物减排量折合碳排放量如图16所示。根"碳"和其他能源的换算关系,可以得出某大道一年的换算能源节能量,如图17所示。

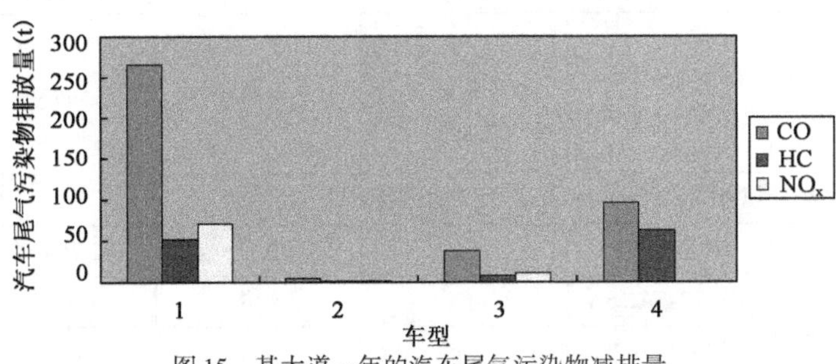

图15 某大道一年的汽车尾气污染物减排量

说明:1-小型车;2-中型车;3-大型车;4-摩托车

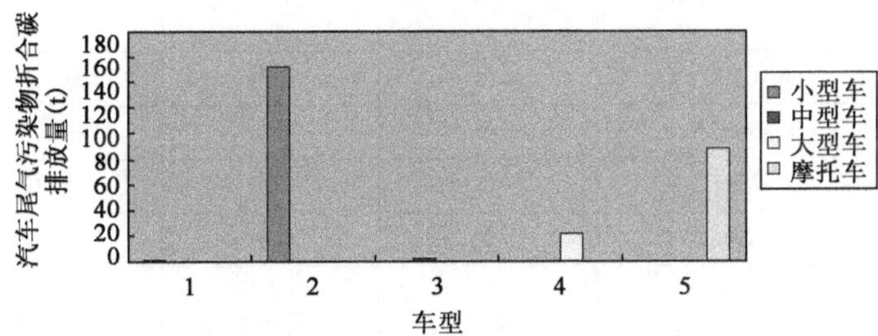

图16 某大道一年的汽车尾气污染物减排量折合碳排放量

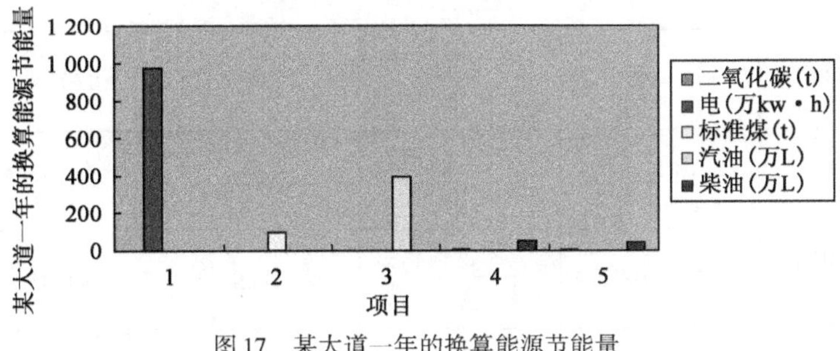

图17 某大道一年的换算能源节能量

6 系统成本预算及经济性分析

6.1 SFI型城市道路汽车尾气减排系统成本预算

某大道采用SFI型城市道路汽车尾气减排系统成本预算如表5所示。某大道东西段总长

3 416.4m，共计 6 根机动车标准行车道，总投资预算为 1 482.50 万元，划算到每根机动车标准行车道的投资约为 723.20 元/m。

某大道采用 SFI 型城市道路汽车尾气减排系统成本预算表 表 5

项目	材料名称	型号规格	单 位	数 量	金额(元)	
					单价(元)	合计(元)
(一)纳米 TiO_2 光催化材料道路涂层						
1	纳米 TiO_2 光催化材料	涂覆式涂层	1m 长单根标准行车道	大道共 6 根车道，大道东西段长 3 416.4m	36.49	747 986.00
(二)预制钢筋混凝土承重空腔模块(某大道东西段总长 3 416.4m，左右各三根机动车标准行车道)						
1	预制钢筋混凝土承重空腔模块	$B \times L \times H = 0.75 \times 5 \times 0.2$m	块/(宽度为 1/5 单根标准行车道宽度)	20 498 块	589.40	12 081 521.20
(三)地下汽车尾气集中处理装置(每隔 1 000m，某大道两侧各设置一套该装置)						
1	吸附式除湿机	DRY-SAVE	台	7 台	2 750.00	19 250.00
2	离心风机	BF4-72-No2.8A	台	7 台	3 000.00	21 000.00
3	布袋除尘器	BF-CQ-B-2	台	7 台	4 000.00	28 000.00
4	直埋预制聚氨酯保温管	DN100	m^3	219m^3	2 800.00	613 200.00
5	噪声处理器	MRD130-SJG600	台	7 台	2 500.00	17 500.00
6	高效空气净化器	PS-502(S. R. T)	台	7 台	1 000.00	7 000.00
7	气体流量控制阀	FNC-03	个	7 个	400.00	2 800.00
8	气体流量计	LUGB/E	个	7 个	100.00	700.00
9	纳米级稀土化合物催化剂	—	kg	175kg	600.00	105 000.00
(四)道路辅助装置						
1	射流风口	DN315	个(每 2.5m 设置一个)	2 734 个	130.00	355 420.00
2	太阳能路灯电池板	HTFT-90-100	套(每根路灯安装一套)	230 套	600.00	138 000.00
3	路灯专用风力发电装置	M-300-A	套(每根路灯安装一套)	230 套	560.00	128 800.00
(五)安装附属材料						
1	安装材料	螺栓、油漆、铁丝、电焊条等	项	1	1 000.00	1 000.00
2	减震软垫	—	个	42	25.00	1 050.00
3	系统电路管线	—	项	1	1 100.00	1 100.00

续上表

项目	材料名称	型号规格	单　位	数　量	金额(元)	
					单价(元)	合计(元)
(六)设备装置造价						14 269 327.20
(七)设备装置税金		税率取3.477%(市区)				496 144.50
(八)设备及材料运输费						40 000
(九)设备安装费						20 000
总计		某大道东西段总长3 416.4m,左右各3根机动车标准行车道				14 825 471.70

6.2　汽车尾气催化剂装置造价

目前国内汽车尾气催化剂装置广泛使用的TWC三效催化剂,由于含有铂铑等贵金属,成本较高,催化剂有效期在8万~10万km。小轿车的汽车尾气催化剂装置在3 000元/套左右,而商用车的尾气催化剂装置更高,在10 000元/套左右。随着国家对于汽车尾气控制标准的逐步提高,将来会仿照发达国家,强制规定汽车安装尾气催化剂装置。

平均每天行驶在某大道上的机动车总数约30 000辆,假定这些机动车的使用寿命均为20年(60万km),每8万km更换一次汽车尾气催化剂装置,则一共需要更换7套,共需花费63 000万。

6.3　经济性对比分析

某大道正在规划中的东延线全长1 638.0m(共计6根机动车道),总投资为4.5亿元,划算到每根机动车标准行车道的投资约为45 787.50元/m,而SFI型城市道路汽车尾气减排系统以某大道已建的东西段为计算基准(东西段共长3 416.4m,共计6根机动车道),系统总投资预算为1 482.50万元,划算到每根机动车标准行车道的投资约为723.20元/m,由此引起的附加投资相对于大道原本投资较小,可以接受。三种方式的投资比较如图18所示。

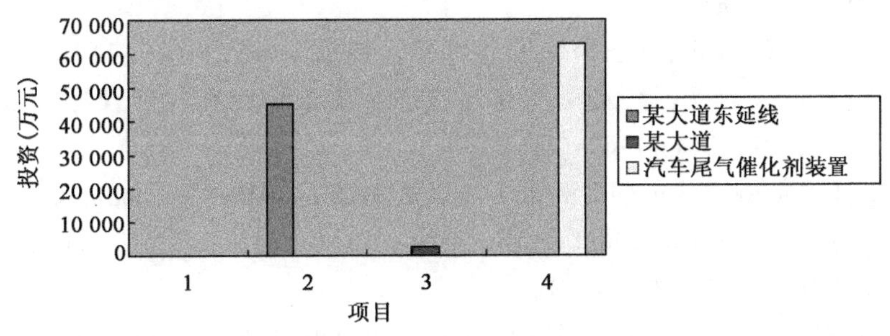

图18　三种方式的投资比较

SFI型城市道路汽车尾气减排系统使用年限可达20年以上,每年仅需要更换道路表面的纳米TiO_2光催化材料和地下汽车尾气集中处理装置中的纳米级稀土化合物催化剂,且有太阳能发电板和小型风力发电装置补充额外的电力,以降低运行费用。当城市道路行使的汽车较少,尾气排放较少时,通过气体流量计上的传感器反馈给控制单元,降低风机转速,减少运行能耗。道路面层的纳米二氧化钛催化剂足以催化降解少量的尾气,减少道路下部尾气集中处理室设备的运行。

在6.3中行驶在某大道上的机动车，在使用寿命20年(60万km)期间因更换汽车尾气催化剂装置的费用为63 000万。

7 结语

(1)本文以某大道为研究对象，结合结构-功能一体化(Structure-Function Integration，SFI)的道路载体集中处理汽车尾气，提出了SFI型城市道路汽车尾气减排系统这一处理汽车尾气的新方法，可以实现规模化处理城市道路汽车尾气，符合国家目前减排政策，环保效益显著。

(2)SFI型城市道路汽车尾气减排系统，以某大道已建的东西段为计算基准(东西段共长3 416.4m，共计6根机动车道)，划算到每根机动车标准行车道的投资约为723.20元/m，相对于某大道的附加投资较小，可以接受；某大道正在规划中的东延线全长1 638.0m(共计6根机动车道)，总投资为4.5亿元，划算到每根机动车标准行车道的投资约为45 787.50元/m；行驶在某大道上的机动车，在使用寿命20年(60万km)期间因更换汽车尾气催化剂装置的费用为63 000万。综合比较可以看出SFI型城市道路汽车尾气减排系统经济合理。

(3)采用SFI型城市道路汽车尾气减排系统后，某大道一年的汽车尾气污染物减排量如下：每年可减少一氧化碳CO排放量约为403.69t，减少碳氢化合物HC排放量约为123.07t，减少氮氧化合物NO_x排放量约为82.97t，合计减少碳排放量约为265.32t，减排效果较好，可以缓解大气缓解污染。

参考文献

[1] 刘成伦，杜娴. 重庆市机动车尾气对大气环境的影响分析及减缓措施[J]. 环境污染与防治，2012，38(3)：523-525.

[2] 郝吉明. 大气污染控制工程[M]. 2版. 北京：高等教育出版社，2002.

[3] 沈传松，张巍，杨骥，等. 废汽车尾气三元催化剂的回收利用研究进展[J]. 环境污染与防治，2015，37(4)：78-83.

[4] 唐瑞民. 汽车尾气净化减排技术探析[J]. 工业技术，2015，26(4)：113.

[5] 樊子民，王晓刚，强云霄，等. 新型汽车尾气净化器载体材料性能及净化效果研究[J]. 环境污染与防治，2011，35(4)：63-66.

[6] Ana Paula M, Santos Susana I, Segura-Muñoz. Traffic-related air pollution biomonitoring with tradescantia pallida (Rose) Hunt purpurea boom in Brazil[J]. Environmental Monitoring and Assessment, 2015, 187 (2) :1-10.

[7] Yu Tao-ren, Qun-shen, Yun-guo. Realization approach of Pd-only three-way catalysts with high catalytic performance and thermal stability[J]. Science China Chemistry, 2015, 58 (1) : 123-130.

[8] Noora Al-Naimi, Perumal Balakrishnan, Ipek Goktepe. Measurement and modelling of nitrogen dioxide(NO_2) emissions: a marker for traffic-related air pollution in Doha, Qatar[J]. Annals of GIS, 2015, 21 (3) :249-259.

[9] Daya Mani A, Muthusamy S, Anandan S. C and N doped nano-sized TiO_2 for visible light photocatalytic degradation of aqueous pollutants[J]. Journal of Experimental Nanoscience, 2015, 10

(2) :115-125.

[10] Mrmaqe B. Application of rare earth in catalyst [M]. Beijing:Science Preas,1987.

[11] 刘静敏,吴爽,周明东. 几类载体基汽车尾气净化催化剂的研究进展[J]. 化学与黏合, 2015,37(1):50-52.

[12] Whittington B I,Jiang C J,Trimm D L. Vehicle exhaust catalysis II:the effect of traces of sulphur dioxide on the performance of three-way vehicle emission catalysts[J]. Catalysis Today, 1995, 26 (1) :7-51.

[13] 张龙,葛折圣. 半柔性路面负载纳米 TiO_2 降解汽车尾气技术[J]. 华南地震,2014,34(SI):153-157.

[14] 衷平,马泽欣,刘黎萍,等. 纳米二氧化钛材料在汽车尾气分解中的应用[J]. 交通标准化,2014,42(3):24-26.

[15] JTG D62—2004　公路钢筋混凝土及预应力混凝土桥涵设计规范[S]. 北京:人民交通出版社,2004.

[16] CJJ 37—2012　城市道路工程设计规范[S]. 北京:中国建筑工业出版社,2012.

[17] JTG B01—2014　公路工程技术标准[S]. 北京:人民交通出版社,2014.

[18] GB 18352. 3—2005　轻型汽车污染物排放限值及测量方法(中国Ⅲ、Ⅳ阶段)[S]. 北京:中国环境科学出版社,2005.

浅谈乐百高速公路建设节能减排措施

陈　亮

（广西乐百高速公路有限公司　南宁）

摘　要：文章以乐业至百色高速公路建设为依托，在调研目前高速公路节能减排相关政策及措施的基础上，结合乐百高速项目桥隧比高、沿线自然景观丰富及民族特色文化浓郁的特点，分别针对性提出了各项节能减排措施，如采用隧道LED节能及智能照明调控系统、光伏发电技术、温拌沥青混合料技术等，可大量减少能源消耗和资源浪费，各项节能减排措施的落实也将为类似工程提供参考。

关键词：乐百高速　节能减排　环境保护

0　引言

随着我国改革开放和社会的发展，国家对环境保护和节能减排的重视程度不断提高，而公路行业作为大型基建项目，能源消耗和资源占用量较大，为实现交通运输行业的可持续发展，交通部成立了节能减排项目管理中心，并相继印发了节能减排一系列管理办法和制度，用于交通运输节能减排项目的实施。截至目前，交通运输行业节能减排示范项目总计已达100个，形成了一个覆盖公路水路交通运输领域的较为全面的示范项目体系。近五年来，交通运输部连续推出20个交通运输节能减排示范项目，涵盖了车、船、路、港、航以及城市轨道交通各个领域。其中道路运输项目39个、船舶运输项目18个、公路项目16个、港口项目23个、航道项目3个、城市轨道交通项目1个。2013年，交通部按照相关管理办法认定并公布了首批7个绿色循环低碳公路试点项目，彻底拉开了公路建设项目节能减排工作大面积示范和推广的序幕。

公路项目中目前已开展并列为示范点的绿色循环低碳项目主要有：隧道LED节能照明在隧道中的应用、智能型照明调控装置、车辆感应照明控制系统、沥青混合料厂拌冷再生及热再生技术、温拌沥青混合料技术、太阳能技术在高速公路全程监控系统中的应用、泡沫沥青冷再生厂拌、沥青拌和设备导热油加温技改、地源热泵技术、水泥稳定冷再生技术等。同时，施工工艺标准化、交通拥堵应急与节能预案、运营节能管理、养护策略等方面出台了部分管理制度和标准。

1　乐业至百色高速公路概况

乐业至百色高速公路位于广西壮族自治区百色市，路线总体呈南北走向（图1），起点位于黔桂两省（区）交界处峨坝村附近的红水河特大桥，与贵州省规划的惠水至罗甸高速公路终点相接，路线向南途经天峨县、乐业县、凌云县、百色市右江区，终于右江区上宋附近，与百色至罗村口高速公路相接。沿线主要控制点有：起点红水河大桥、百塘、百西、逻西、马庄、八干、甲峦、乐业县城、皈里、那槐、央里、凌云县城、伶站、那暮、永乐、东蚕、上宋。

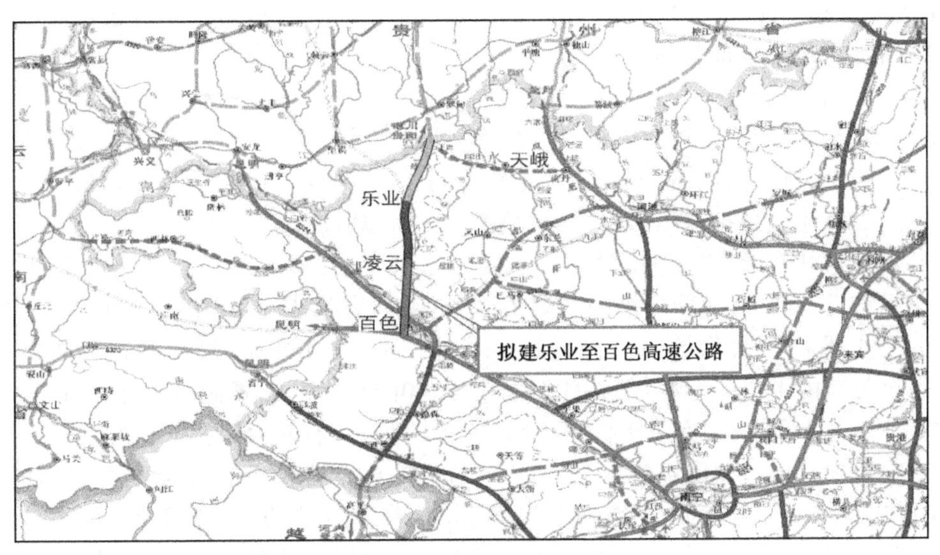

图1　乐业至百色高速公路示意图

本项目路线全长171.390km(其中新建里程155.325km,利用隆百高速16.065km),采用80km/h的技术标准建设,路基宽度25.5m(双向4车道),全线设计桥梁135座,总长36 826m;共设计隧道39座,总长42 611m;桥隧合计长度占路线总长约为46.35%。全线设置互通式立体交叉11处,连接线14.49km。全线设置服务区3对、停车区2对。项目的建设对实现广西高速公路网规划、加密桂黔省际联络路网、改善区域交通状况、促进地区城镇化发展、实施西部大开发战略、贯彻中央"充分发挥广西作为西南地区出海出边通道的作用"决策、构建"中国—东盟自由贸易区"和"泛珠江三角洲经济区"等都具有极为重要的战略意义。

2　乐百高速节能减排措施及预期效益

乐业至百色高速公路沿线自然景观丰富,并途经壮、瑶、苗等少数民族居住地,为打造低碳环保示范路及充分落实建设绿色公路的要求。经研究,结合乐百路山区高速公路的项目特点,拟推广一批应用型和研究创新型项目,如应用隧道LED节能及智能照明调控系统、光伏发电技术、温拌沥青混合料技术、地源热泵技术等,研究临时设施与永久设施综合利用、生态景观规划、带动区域城镇化建设等。一些典型的措施及预期效益如下:

(1)隧道LED节能及智能照明调控系统、隧道零开挖进洞、应用改性ACF(活性碳纤维)、冷拌冷铺超薄磨耗层隧道路面、应用主动发光诱导设施及反光光环、钢结构生态遮光棚等6项节能减排措施的应用是基于乐百路隧道工程数量大。通过这些技术的综合应用可大幅降低隧道的管理运营成本,显著降低能源消耗,提高空气质量等,经初步估算,项目建设期,每年可节能323t标准煤,二氧化碳减排168t;项目通车运营期每年可节能1 017t标准煤,二氧化碳减排2 400t。

(2)太阳光伏发电技术、地源热泵技术、小型水利发电站、高海拔地区风力发电机站等四项新能源技术的采用,是基于项目地处广西西部山区与云贵高原过渡段,海拔起伏大,项目海拔最高可达1 000m,但最低则不足300m,日照充足、雨水充沛,常年风力较大等自然地理因素。

以上技术的综合利用能实现可再生新能源的利用，经初步估算，项目通车后运营期每年可节能255t标准煤，二氧化碳减排569t。

(3)温拌沥青混合料技术、沥青拌和设备导热油加温技改技术、景观协调的岩质边坡恢复三项技术是基于从降低施工过程能耗角度出发，即尽可能采用温拌技术，并降低导热油加热所需能耗，减少施工过程炸药、弃方搬运等消耗为目的，经初步估算，项目建设期，每年可节能478t标准煤，二氧化碳减排602t，替代燃油量85.5t标准煤。

(4)机制砂在山区高速公路中的应用主要基于项目沿线河沙匮乏，合格的河沙需从钦州市调运，运距将近500km，而项目沿线地处山区，石灰岩含量丰富，可充分就地取材，即节约运费，又减少河沙开采量，环保效果明显，全线四年建设期，预计可累计消耗机制砂7 544 353t，仅此一项，每年可节能1 215t标准煤，替代燃油量1 140t标准煤，二氧化碳减排2 843t。

(5)污水集中收集处理及循环利用、废弃资源的重复利用主要是基于循环利用和废物利用的思路，结合项目经过饮用水源保护区且降雨丰沛，污水排量大、项目弃方量大、清表表土再利用等角度出发，达到减少环境污染，保护沿线水资源，减少弃方，提高绿化存活率等效果。经初步估算，项目建设期，平均每年可节能253t标准煤，替代燃油量164t标准煤，二氧化碳减排631t；项目通车后的运营期，每年可节能120t标准煤，替代燃油量303t标准煤，二氧化碳减排300t。

(6)ETC大面积推广、临时设施与永久设施综合利用是基于提高资源利用率，减少停车时间，降低重复浪费的角度出发开展的综合管理措施，设施的综合利用主要包括施工过程的临时水电接入根据情况和实际需要按照永久用水用电安装，使临时设施发挥永久效应；而运营管理中心提前建设作为项目建设指挥部使用则可减少项目指挥部办公场所的租赁费用和装修费用，避免浪费，可节约费用700万以上，实现资源节约。施工便道与地方路网的结合修建，预计可结合地方路网规划修建便道8条以上，里程长度达60km以上，经初步估算，项目建设期，每年可节能590t标准煤，替代燃油量164t标准煤，二氧化碳减排1 125t。

(7)山区高速公路绿色低碳环保设计指南、山区高速公路绿色低碳环保施工指南通过开展课题研究的形式，开展两项研究工作，从勘察设计到现场施工，在满足安全和规范要求的前提下，全过程以绿色低碳环保为出发点，制定设计指南和施工指南，节约的资源数量尚无法估算，并极具推广价值。

(8)特色服务区打造、高速公路景观生态文化规划、高速公路带动区域城镇化建设关键技术研究三项内容主要基于项目沿线地形、地质条件复杂，自然生态环境独特、民族特色文化浓郁、同时百色及河池是著名红色根据地，也是重要的少数民族居住地。项目途经的乐业县城被誉为“世界天坑之都”，丰富的岩溶奇观和可供探险科考的地下暗河系统，让人流连忘返；而凌云“二十八景”则闻名遐迩，凌云和乐业县为百色西北部限制级开发县，注重旅游、休闲等生态产业的发展。通过开展调研，实施规划、打造典型的方法研究高速公路与沿线城镇化发展的关系，依托广西—贵州省际旅游廊道，推动沿线红色旅游、民族旅游、考古旅游、生态旅游四位一体廊道的建立，并带动当地服务业及其他产业的综合发展，所带来的无形经济、生态效应不可估量，推广应用前景极大。

综上所述，乐百高速绿色循环低碳工作开展内容丰富，涵盖面广，并能与项目具体情况和项目建设需要紧密贴合，对项目建设及运营期间节能减排工作起到至关重要的作用。据估算，在四年建设期间，平均每年可节能 2 957t 标准煤，替代燃油量 1 389t 标准煤，二氧化碳减排 5 652t，建设期共计节能 11 828t 标准煤，替代燃油量 5 556t 标准煤，二氧化碳减排 22 608t；项目通车后，每年可节能 1 537t 标准煤，替代燃油量 61t 标准煤，二氧化碳减排 3 529t，按照 20 年运营期限统计，则运营期间可节能 30 740t 标准煤，替代燃油量 1 210t 标准煤，二氧化碳减排 65 380t。

3　结语

随着社会经济的持续发展，保护环境和节约资源受到越来越多的关注。尽管我国公路建设的理论技术和实践经验有了很大程度的发展，但是仍然存在较大能源消耗和资源浪费，现阶段基础设施建设尚在如火如荼地进行，因此，如何在大规模基建过程中加强节能减排仍是一个值得重视的问题。乐百高速公路建设以国家政策为导向，大胆采用各种业内四新技术，同时结合项目特点开展了多项研究和探索，在保证建设质量的前提下尽可能降低能源及资源的浪费，为绿色环保型、资源节约型高速公路的建设寻找新的途径。

参 考 文 献

[1] 田延军. 公路工程施工和设计中节能减排的探讨[J]. 交通标准化，2009(5)：62-64.

[2] 李杨，褚春超，陈建营. 公路交通节能减排评价指标体系及应用研究[J]. 公路交通科技，2013，30(1)：141-158.

[3] 王少飞，涂耘，邓欣. 公路隧道节能减排对策[J]. 铁道工程学报，2011(5)：71-75，114.

[4] 王玮. 基于节能减排的公路建设项目经济评价[D]. 北京：中国科学院大学，2015.

[5] 程海维. 浅谈公路建设领域的节能减排措施[J]. 华东公路，2013(1)：69-70.

生态砌块在高速公路边坡防护的应用

刘 畅 李仲海 田春树

(吉林久盛生态环境科技股份有限公司 长春)

摘 要:随着我国生态文明建设的发展,对工程建设中生态理念的重视逐步提升,高速公路建设也得到越来越多的关注。生态防护作为绿色公路建设的一个重要组成部分,对于防止水土流失、稳定边坡、生态恢复、保障行车安全等有着重要意义。本文依托于相关的课题与项目对比了传统的护坡方式,介绍了一种采用生态砌块进行边坡防护的新措施。

关键词:生态砌块 边坡防护 生态恢复 资源循环利用

0 引言

高速公路的建设作为一项重要基础设施,对我国社会经济发展、国防建设、综合国力以及人民生活水平具有重要的促进作用。关于高速公路的建设,由于公路完全处于自然环境中,其路基边坡容易遭受雨雪、流水等自然侵害,而路基边坡防护关系到路基的稳定性,因此针对不同的路基(路堑)边坡的结构、土质和状态采用合理有效的护坡设计方案[1],以确保路面上行车和行人的安全以及路基长期的使用寿命。

1 传统边坡防护

1.1 类型介绍

我国边坡防护的措施由砌石和喷混凝土的灰色工程逐渐转变为植物防护的措施。传统植物防护措施的主要形式有植物防护(植被防护、三维植被网防护、湿法喷播和客土喷播)、骨架植物防护(浆砌片石或水泥混凝土骨架植草护坡、多边形水泥混凝土空心块植物护坡和锚杆混凝土框架植物防护)等措施。

1.2 传统护坡方式存在的问题

传统防护工程虽可稳定边坡,起到防止水土流失的作用,但是喷混凝土护坡坡体排水性较差,无法消除水压力对坡体的破坏,难以形成永久性稳定边坡。浆砌石护坡对坡面压实度和平整度要求较高,需要良好的反滤层,施工工艺复杂、周期长、施工过程容易受天气影响,对施工场地、施工人员技术要求较高。浆砌石护坡的结构缝成为日后断裂的薄弱点,一旦发生变形和沉降会导致整体结构的破坏。抛石护坡、干砌块石护坡属于粗放型工程形式,整体受力差,并且浪费材料。这些灰色边坡防护工程的坡体表面都无法植被,不仅破坏自然环境的平衡而且易产生热岛效应。

框格植草护坡的主要形状有菱形、人字形、方格和拱形,采用此护坡方式的前提是边坡深层稳定性高。这一护坡措施实际施工隔断了浅层土体的相互交流,对植被的生长和进化不利,植被易退化。

如图1所示,这些传统的护坡工程加固措施,大多采用砌筑形式,刚性的岩石、混凝土结构及混凝土骨架,虽起到了防止水土流失的作用,但是抵抗冻胀及地震等外力破坏的能力极差,导致破坏面积较大,给后期维护带来较大的难题。

a)

b)

图1　传统的混凝土护坡方式

2　生态砌块护坡方案

2.1　方案的提出

随着我国对生态理念[2]的逐步重视,公路边坡防护所起的作用已经不再单一,主要有以下三点:一是保护路基边坡的表面,防止雨水冲刷带来的危害,降低温度变化的影响,延缓软岩土表面的风化、破碎、剥蚀,达到保护路基整体结构稳定性的目的;二是将施工过程对环境的影响程度降到最小,并使边坡防护与自然景观融为一体,保持自然环境的平衡;三是综合防光、防眩、防烟,诱导驾驶员视线,缓解驾驶员视疲劳,增加美观性等目的进行边坡绿化防护,充分发挥防护工程的综合性能。

随着护坡方式的逐渐发展,生态砌块的边坡防护方式应运而生。生态砌块指的是以隧道弃渣、尾矿石、石屑等固废为原料,经高激振力砌块成型机加工而成,具有不同榫卯结构、颜色、植生孔的一种具备全生命周期的干硬性混凝土砌块。生态砌块以咬合互锁的柔性连接方式,有效地提高抵抗冻胀及地震等破坏的能力;并且内部含植生孔,可种植相应的植被,植被根系与土壤层密切结合[3],根系之间盘根错节,对边坡起到二次加固的作用;由于生态砌块的铺装方式,使后期护坡的维护工作简单化;生态砌块作为一种新型的生态护坡方式已经在高速公路的边坡防护中得到应用。

在生态砌块中还有一类特殊应用的挡墙砌块,如图2所示,墙体对不等下沉的耐久性强,局部位移最小化;最大可直立90°砌筑,实现节地、降低成本的目的;能够有效缓解荷重,安全性高。

2.2　国内外发展的概况

国外高速公路建设较早的国家,如美国和日本,引进生态防护理念较早,已经设有专门的研究机构以及专业人员对边坡防护措施进行研究，将多学科如土木工程、环境科学、土壤学及植物学等交叉应用的技术水平较高，具有公路建设和绿化同步发展的特点，并且在公路防护绿化方面已经形成了完整的体系。韩国公路护坡受国土面积的限制多采用混凝土生态砌块砌筑成直立式加筋挡土墙或者分级直立护坡，如图2所示，并通过景观设计将边坡防护与自然环境相融合。

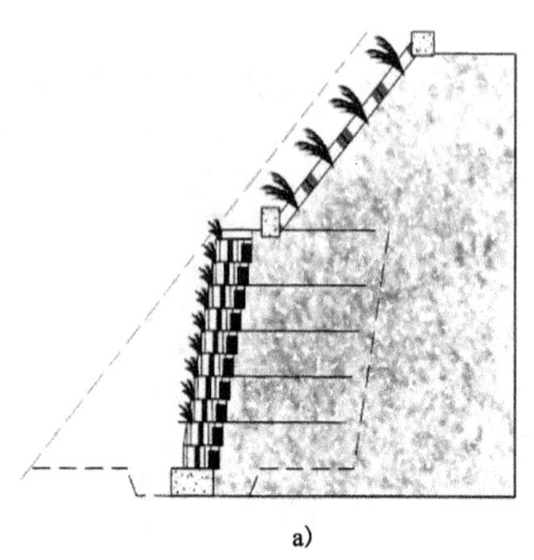

a)

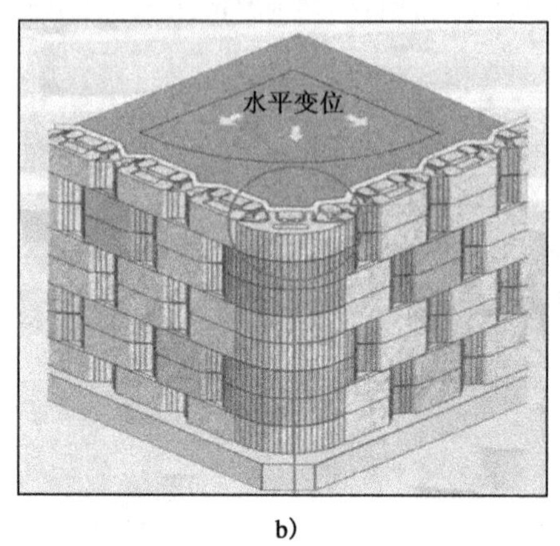

b)

图2 挡墙砌块示意图

在我国高速公路建设起步较晚，最早的生态护坡理念应用机器喷草、客土喷播、喷混凝土植生、栽种乔灌木等护坡技术，替代了传统的挡土墙措施。由于混凝土骨架对抗冻胀和地震等自然灾害的能力较弱，在目前的应用越来越受到限制。生态砌块护坡方案的提出受到了广泛的关注，这种防护方案是采用干硬性混凝土砌块与植被护坡相结合的方式，具有独特的优势，在公路工程和水利工程中亟待推广应用。

2.3 生态砌块的优势

1）原材料实现资源的循环利用

（1）隧道弃渣

在修建高速公路的施工过程，不可避免的产生大量隧道弃渣[4]。这些弃渣的随意堆放将改变原有地表环境，破坏土壤以及造成水土大量流失等问题。由于我国建设管理条件、施工工艺及技术的不完善，在隧道弃渣的循环利用方面，方法比较单一，并未将隧道弃渣进行全面、综合的利用，导致隧道弃渣的利用率不高。生态砌块的制备可以将隧道弃渣进行再利用，一方面解决隧道弃渣的堆放问题，保护环境；另一方面解决高速公路边坡防护的问题，节省成本。生态砌块是干硬性混凝土经过振动加压成型的块体，原材料为砂、石、水泥、粉煤灰和水，将弃渣经过破碎加工成不同粒级的集料作为生产生态砌块的砂石集料，采用科学合理的配合比设计，完成边坡防护工程对砌块性能的要求。由于骨料颗粒级配的可控性，保证了产品质量。

（2）粉煤灰

粉煤灰是燃煤电厂排出的主要固体废弃物，排量大，容易产生扬尘，其中有毒的化学成分对人体和动植物都造成一定的危害，如果排入河流将导致淤塞。因此粉煤灰的资源化利用尤为重要，经过前期探究粉煤灰作为混凝土掺合料对混凝土性能影响的项目以及课题的技术支撑，目前粉煤灰在混凝土中的应用已经愈见成熟。在生态砌块的生产中加入粉煤灰，一方面采用内掺法,用粉煤灰代替少量水泥,可节约成本;另一方面粉煤灰的“滚珠”作用改善了混凝土的和易性,低掺量粉煤灰改善了混凝土的抗冻性能。

2)生态砌块方案达到的生态效果

(1)砌块间以柔性互锁的连接方式,形成稳定的结构,护坡本质上属散体护坡,相邻砌块相互作用共同抵御流水及侵蚀。铺装方案多样性可满足客户的需求,工程质量易于控制,施工工艺简单,后期维护成本降低。

(2)通过科学的配合比设计[5]满足工程对生态砌块的强度以及耐久性的要求;植生孔结构的设计为动植物提供栖息和生长空间。植被覆盖率较高,加上植被深根的锚固作用、浅根的加筋作用,在稳定坡体的同时降低坡体孔隙水压力、截留降雨、防止水土流失。

(3)由于高速公路的建设,经过劈山[6]、挖方、填方等工程原有的自然环境必然遭到破坏。通过种植适合的植被可一定程度的恢复被破坏的生态环境,并降低高速公路通车后产生的噪声和光污染、促进有机污染物的降解、净化空气。

(4)通过景观设计,将边坡上种植不同种类的植物,形成一条美丽的风景线,能给驾驶员和乘客带来清新凉爽、和谐安定的感觉,并且缓解了驾驶员的视疲劳,为行车安全提供一定保障。

2.4　实际的应用

生态砌块护坡方式是近几年逐渐发展起来的,在多个高速公路工程中已经得到应用。如吉草高速、长春高速南出口、辽源高速以及建设中的鹤大高速的吉林省部分标段采用的生态砌块进行铺砌。辽源高速边坡防护施工周期情况如图3所示。

a)施工前　b)施工中

c)施工植草后　d)植被生长一年后

图3　辽源高速边坡防护施工周期

通过对辽源高速施工一个周期的观察,砌块的性能较高,在达到设计要求的基础上耐久性较高,抗水流冲刷能力较强,高速公路边坡整体结构平整,具有美观效果,并且随着种植植被的种类不同,形状与颜色的交叉效果形成风景各异的景色,与周边自然相融合。植被覆盖率最高可达 80%,保土作用和绿化效果显著,并且用户反馈较好。常见的问题就是砌块的运输的过程中存在损坏的现象,在铺装以及使用时也存在个别砌块受力的破坏,但是由于砌块是采用相互连接的方式,破坏后维修比较简单。图 4 为鹤大高速其中一个标段的边坡防护施工现场图。

图 4　鹤大高度边坡防护施工现场

3　生态砌块的发展前景

随着我国生态文明建设政策的逐步落实,人们在逐渐重视环境保护和生态修复,并在高速公路建设工程的相关设计中满足环境保护的要求。生态砌块作为一种护坡建筑材料,目前在公路边坡防护中的应用较少。但是随着生态砌块护坡方式优势的凸显,以及国外同行业对生态砌块的广泛应用,生态砌块在我国将会有较大的应用市场,而且不仅限于公路边坡防护,通过科学配合比的设计可满足市政、水利、公路等工程的需求。生态砌块护坡方式是集边坡防护、生态修复、装饰美观为一体的新生态体系。

4　结语

生态砌块的推广应用对高速公路建设、环境保护、资源循环利用均是有益的,这一方案已经在韩国、日本、美国等国家广泛的使用,并且取得了先进的技术支撑。随着国内外对其不断的深入研究,生态砌块的护坡的结构形式以及性能指标将得到进一步提升,针对不同的路堤和路堑,不同的土质和坡度采用相应的砌块结构以及满足性能要求的砌块产品。

参 考 文 献

[1] Hongliang Deng, Tingting Ni, Kaijiang Chen, et al. The key technologies of steep rock slope protection[J]. Research Journal of Applied Sciences, Engineering and Technology, 2013, 6(8): 1 382-1 385.

[2] Danielle Celentano, Guillaume Rousseau. Integral ecological restoration: restoring the link between human culture and nature[J]. Ecological Restoration, 2016, 34(2): 94-97.

[3] Juan Wan, Henglin Xiao, Jun He, et al. Research on the slope protection mechanism of roots[J]. Research Journal of Applied Sciences, Engineering and Technology, 2013, 6(13): 2 429-2 435.

[4] 王健,倪栋. 山区公路隧道建设弃渣综合利用研究[J]. 桥隧工程,2012(6):344-346.

[5] 盛陈飞,汪源,王浩. 机制干硬性混凝土联锁型护坡砖配合比设计[J]. 2014,4(33):109-111.

[6] Ju Sheng Xun. Analysis of mountain highway slope protection[J]. Applied Mechanics and Materials, 2014, 608: 748-750.

高寒高海拔地区低碳生态理念在公路建设中的实践与思考

马 亮[1,2]

(1. 青海省交通科学研究院 西宁;2. 青海地方铁路建设投资有限公司 西宁)

摘 要:公路建设过程中,如何在保证交通安全性的前提下,维持生态安全、绿色循环低碳成为公路设计的重点考虑因素之一。针对三江源国家级自然保护区生态环境脆弱、地质复杂多变、气候变幻莫测独特的生态系统,本文以高寒高海拔共玉公路为例,分析了该项目对生态环境的影响,探讨了如何在公路规划、设计、施工和运营维护阶段做好生态恢复工作,为今后高寒高海拔地区建设绿色循环低碳公路建设提供意见和技术储备。

关键词:高寒 高海拔 三江源自然保护区 低碳 公路建设

0 引言

交通运输部部长杨传堂指出,破解当前制约交通运输科学发展的各种刚性约束,实现实实在在和没有水分的增长,必须更加注重可持续发展,下大力气推进绿色发展、低碳发展、循环发展。为此,青海省在全国率先提出并推进实施了“生态立省”的发展战略。通过不懈的努力,青海省绿色交通建设如火如荼,并取得了一定的成绩,诸如共(和)玉(树)高速公路、花(石峡)久(治)高速公路和峨(堡)祁(连)公路等一批生态公路。绿色、低碳、循环公路作为一种公路建设与发展的新理念、新模式,已成为发展绿色交通的重要领域和建设生态文明城市的重要标志。本文以共玉公路为例,分析探索了高寒高海拔地区公路建设过程中,在保证交通安全性的前提下,维持生态安全、绿色循环低碳的生态理念,为今后高寒高海拔地区建设绿色低碳循环公路提供意见和技术储备。

1 共玉公路简介

共和至玉树(结古)公路是按照国务院《玉树地震灾后恢复重建总体规划》中“加快干线公路恢复重建,提高国省干线公路技术等级和抗灾能力,构建一纵一横两联生命线公路通道,提高西宁至玉树公路建设等级和保障能力”进行规划建设的,被列为省重点建设工程,是交通运输部西部大通道“八纵八横”中的一横,同时今后将成为青、藏、川、滇藏区黄金旅游的重要路段[1]。共玉公路起点接京藏高速共和至茶卡公路,途径青海省海南、果洛和玉树三个藏族自治州,终点位止于玉树结古镇,全长635.61km,路线全线穿越冻土区,其中多年冻土路段长达227.7km,占路线总长的35.8%;全线平均海拔在4 100m以上,含氧量只有平原的一半,雨雪频繁,地貌如图1所示。

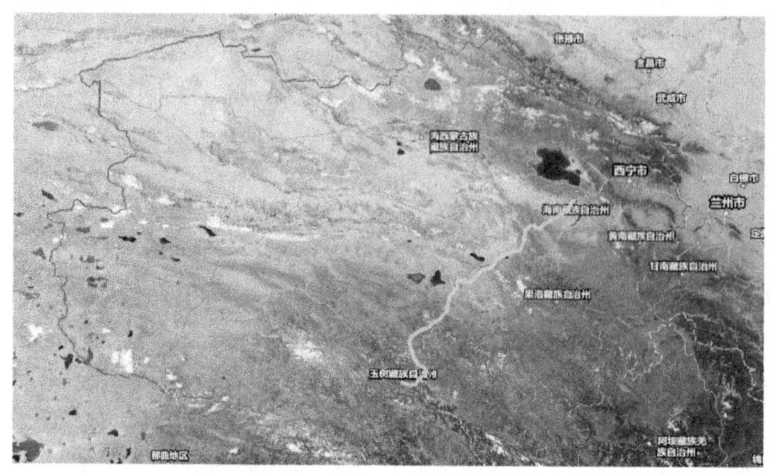

图1　共和至玉树公路地貌图

2　共玉公路建设生态恢复

1)共玉公路生态环境影响

共玉公路是G214线的重要连接线,是我国西部地区重要的公路运输通道和国防经济干线。项目建设主要涉及三江源自然保护区的星星海保护分区(缓冲区和实验区)、扎陵湖－鄂陵湖保护分区(实验区)和通天河保护分区(实验区)。星星海保护分区和扎陵湖－鄂陵湖保护分区是以河流和湖泊沼泽湿地为保护对象的高原湿地生态系统;通天河保护分区是以高寒灌丛草甸为保护对象的森林与灌丛植被保护分区。项目建设中将不可避免的对沿线的社会自然环境产生影响,主要影响因素有路基工程、桥涵工程、隧道工程及取土场、石料场和施工便道等临时工程的实施,其影响如表1所示。

生态环境影响因素分析　　表1

因　素	影　响
路基工程	破坏地表植被和植物种类;改变地表径流方向
桥涵工程	改变水文过程和地表植被,影响生态系统结构和功能
隧道工程	主要影响声环境、水环境和生态环境
取土场、石料场	破坏地表植被和土壤结构,影响生态系统结构和功能,加剧水土流失
施工便道	破坏地表植被和土壤结构,影响生态系统结构和功能,加剧水土流失

2)生态恢复的对策和措施

公路建设过程中始终要将生态理念贯穿于交通工程的规划、设计、施工和运营维护等各个阶段进行全过程控制。根据公路施工过程中对原地貌扰动破坏的方式、施工工艺和沿线自然条件,因地制宜布置各项防治措施,如表2所示。

共玉公路生态恢复主要从环保理念、管理体制、技术标准和设计施工等四方面进行生态保护。

生态保护措施体系 表2

防治分区	防治措施
主体工程区	修建导流坝、护坡、排水沟;植草
取弃土场区	土地平整、刷坡、截水沟;植草
生产生活区	彩钢板围挡、洒水、垃圾统一处理;土地平整、植草
取土场、石料场	破坏地表植被和土壤结构,影响生态系统结构和功能,加剧水土流失
施工便道	破坏地表植被和土壤结构,影响生态系统结构和功能,加剧水土流失

(1)环保理念

要将“最大努力地保护、最小限度地破坏、最大程度地恢复、最大能力地投入”和“生态保护第一”的理念贯穿于共玉公路建设的始终,严格要求各建设、管理单位认真落实环保措施,强化生态环境恢复治理。

(2)管理体制

做好生态文明体制改革的顶层设计,从法律上制定部门协调的程序性规定,整合生态环保力量,提高生态环保效能。

(3)技术标准

根据共玉公路建设项目实际需求,在严格遵守相应的环境保护标准的前提下,从土地资源的占用、农业生产的损失、视觉景观重建、水土流失的危害、生物多样性的损失和生态功能的改变等多方面着手,提前制定相应的《环境保护标准化施工指南》、《公路施工标准化管理指南》等一系列的标准规范,进一步规范公路生态建设。此外,首次大规模在青藏多年冻土区开展高速公路建设技术、交通安全保障技术、绿色生态环保技术等示范应用和集成创新,探索现有公路建设技术在高原高寒高烈度区域的转化应用方式方法,并进一步针对青藏高原公路工程建设中的重大关键性问题开展联合攻关。依托共玉高速公路共申报专利13项,其中发明专利9项,实用新型专利4项;发布《多年冻土区隔热层路基技术规范》等地方标准7项,完成《多年冻土区片块石路基施工工法》等4部施工工法,编写《高海拔高寒地区公路生态防护技术指南》和《高海拔高寒地区冻土公路隧道设计施工技术指南》。

(4)设计施工

设计施工生态恢复主要包括公路边坡、隧道工程、取土场、石料场和弃渣场等临时工程的生态恢复和野生动物通道生态恢复,建设之初,就提出了“高原生态环境不受破坏,江河源水质不受污染,野生动物迁徙不受阻断,自然景观不受影响”的环保目标,主要有以下措施。

无痕迹施工:采用草皮移植养生、复植以及人工补种等多种措施恢复施工沿线植被;对于沙漠化严重,无法移植草皮的地段,路基平整完成后,利用三维网固土补种技术,根据当地的地质条件和气候条件实施草种补种;对施工中产生的建筑与生活垃圾,集中堆放、定期收集、妥善掩埋;工程产生的废水废料及时回收掩埋;设立专门机械维修区,防止油料和垃圾污染草场;公路建设中形成的取土坑、弃土场等进行全面整治和环境恢复。

生物通道:根据沿线野生动物种群分布特征、种群交换情况、栖息地和繁殖地等情况,设置野生动物迁徙通道;在穿越自然保护区的路段设置“三江源国家级自然保护区”、“注意防火”

和“禁止乱扔垃圾”等标志;在野生动物分布较多路段设置“减速标志”,实现公路与环境和谐共生。

共玉公路生态防护技术带来了巨大的收益,主要体现在以下几个方面:

①变废为宝,节约了建设成本,减少了水泥、钢材能源消耗,节能减排。

②环境美观,生态良好。草甸路段实现“无痕迹施工”,达到与周边环境和谐融合。

③提高了公路耐久性,有效克服了高寒高海拔东荣循环对结构耐久性影响,时间越长越结实,耐久性越好。

④施工质量容易保证,草皮移植、三维网植草、植被纤维毯等技术植草成活率较高,效果良好。

⑤施工简单、方便,降低了施工劳动强度,显著提高了劳动效率。

⑥降低了公路运营期养护工人劳动强度和道路养护成本。

⑦对保护多年冻土效果明显。

共玉公路生态防护技术成效如图2所示。

a)路基挖方边坡生态防护

b)路基填方边坡生态防护

c)路基排水草皮边沟生态防护

图 2

d)路基边坡植草生态防护

图2　共和至玉树公路生态防护技术成效

3　结语

公路工程建设中,要将生态发展理念应用于公路设计、施工、运营全寿命周期,贯穿公路建设的各个工序、阶段的全过程,积极探索节约资源、保护生态和美化环境的新技术。青海作为欠发达地区,集中了西部地区、民族地区、生态脆弱地区以及欠发达地区的所有发展特点和困难,不可替代的生态地位、生态功能决定了青海生态文明建设的独特优势和典型意义,其基础性生态环境、生态效益直接影响着整个中国乃至东南亚地区的生态安全和生态平衡。因此在交通基础设施建设中,要始终坚持绿色交通设计理念,做好生态文明建设的顶层设计,制定出一套适合青海生态客观规律的标准体系,用来指导青海公路生态文明建设。

参考文献

[1] 青海省水利水电勘测设计研究院.共和至玉树(结古)公路改扩建工程水土保持方案报告书[R].2015.

[2] 交通运输部天津水运工程科学研究所.共和至玉树(结古)公路改扩建工程环境影响报告书[R].2015.

[3] 肖桐,刘纪远,邵全琴.近20年青海三江源自然保护区植被生产力变化模拟[J].地球信息科学学报,2009,11(5).

[4] 于鹏.新形势下的生态公路设计理念与实现[J].交通标准化,2014,42(16).

基于绿色理念的黄延高速扩能工程

申来明

(陕西省交通建设集团公司　西安)

摘　要:本文结合全球应对气候变化和我国生态文明建设背景,针对黄延高速公路扩能工程的具体实际,秉承全寿命周期绿色理念,在规划设计、建设施工和管理养护中,采用新工艺、新技术、新材料和新能源,强化节能降碳、环境保护和循环利用,创建陕西省首条节能环保、可持续发展的绿色公路。

关键词:黄延高速　扩能　绿色　公路

0　引言

绿色是介于蓝与黄之间的颜色,在全球应对气候变化和建设生态文明背景下,绿色概念被不不断丰富和扩展,现已更多地被用来描述有利于保护生态环境、节约资源的方式与行动。绿色公路是指在设计理念和建设实施上以生态系统的良性循环为基本原则,在公路规划设计、建设施工、运营养护管理的全寿命周期内,应用新技术、新材料、新工艺、新能源,最大限度地节约资源、保护环境、减少污染,为人们提供健康、舒适、安全和高效的出行空间,与自然和谐共生、可持续发展的公路。

黄延高速扩能工程将绿色理念贯穿公路全寿命周期,既是公路建、管、养经济成本的需要,也是响应生态文明建设、可持续发展的大政方针政策,更是参与全球治理、打造人类命运共同体、推动全人类共同发展的责任担当。

1　工程概况

“黄陵至延安高速公路扩能工程”是包茂线(G65)扩容工程的重要组成路段,起点位于黄陵县西侧崖头庄附近,终点位于马家沟,如图1所示。路线总长154.507km,采用双向六车道高速公路标准,设计速度100km/h。沿线设服务区3处,停车区1处,养护工区3处,管理所2处,通信监控分中心1处,匝道收费站7处,2016年8月建成通车。

工程所属陕北黄土高原中南部的黄土残塬、梁峁沟壑地貌区,海拔一般在800~1 500m范围,沿线地质条件复杂,切割强烈,易滑坡、崩塌和水毁,生态环境脆弱,环保要求高。全线桥梁达262座,折合全幅桥长46.804km,隧道18座(双洞),折合双线长25.027km,桥梁隧比高,占总里程46.5%。辐射区域内能源资源丰富,重型运输车辆多,技术水准要求高,施工难度大。项目衔接革命圣地延安与中华始祖黄帝陵,具有引领作用和示范意义。

2　建设思路

黄延高速创建绿色公路按照“三低三高(低能耗、低排放、低污染和高效能、高效率、高效益)”的核心价值理念,将生态文明、绿色低碳理念融入项目建设发展的各方面和全过程,围绕“富裕陕西、和谐陕西、美丽陕西”和“建设丝绸之路经济带新起点”的核心任务,紧密结合区域特点和工程实际,以提高能效、控制排放、节约资源、保护环境为目标,以提高高速公路可持续发展能力为根本,在公路规划、设计、建设、养护和运营管理整个生命周期内,通过提升设计理念、改进施工组织和优化运营管理,应用一系列措施,强化绿色低碳管理创新,提高能源、土地、材料等资源利用效率,努力降低二氧化碳和污染物排放量,发挥绿色交通引领作用,促进“四个交通”建设,推动经济发展、带动社会进步、构建生态文明共赢。

图1　黄陵至延安高速公路扩能工程路段

3　规划与设计

在规划设计中,以满足公路基本功能为约束条件,选择合理的技术指标,确定路线的优化方案和建设规模,对先期的项目投资和后期的养护成本进行认真核算,使高速公路整个寿命周期内的成本保持最低。根据路线未来大、中型货车车辆占比较大的特点,项目总体设计中对地形困难地段,适当采用较低的平纵指标。充分考虑重型车辆对路面结构、桥梁等的影响,贯彻“全寿命周期成本控制”理念,从路基、路面结构、材料、桥型、隧道选择都注重从长寿命和安全角度考虑,提高公路自身的结构安全,落实全寿命绿色设计理念。

4　建设与施工

在公路施工建设阶段贯穿绿色循环低碳理念,采用新材料、新方法、新工艺、新设备,在资源、材料的占用和使用上,实现降低消耗数量、调整消耗结构、提高使用效率,减少对碳吸收生态系统破坏,降低二氧化碳排放量的目标。具体措施包括,应用温拌沥青等低能耗材料,应用废旧轮胎实现资源循环利用,优化施工组织方案与施工工艺,淘汰高能耗、高排放施工设备,旨在通过材料、工艺、设备、管理这四方面策略达到公路建设施工阶段的节能减排与绿色公路目标。

4.1 绿色能源应用

1)沿线太阳能热水器建筑节能

结合黄土高原区域地势高、日照值高、具有较好利用光能的区域特点,通过在高速公路服务区、停车区、养护管理区等建筑区域,采用光伏板太阳能热水供应系统替代传统电热水器供应系统实现本项目建筑区域的节能减排。采用太阳能热水供应系统,节约标煤约226t。

2)服务区天然气供暖工程

在全线3处服务区,1处停车区,7处匝道收费站,实行天然气供暖。年度运行时间为3 120h,节能量折算137.6t标准煤,折合替代标油1 768.66t标油。

4.2 绿色施工技术应用

1)采用耐久性路面

对全线路基段均实施耐久性路面结构设计方案,实施段总长度约85.7km,铺筑面积约257.1万m^2,占有路基路段沥青路面面积的100%,约占整个工程项目总铺面的55%。

2)温拌沥青路面应用

在5座钢构桥中上面层共4.5km路面实施温拌沥青技术,温拌沥青混合料约3.62万t,铺筑面积约15.075万m^2,节约标煤77.6t。

3)高性能混凝土应用

在全线的桥面板、桥墩、桩基、承台等处使用高性能混凝土,通过在水泥混凝土中掺加粉煤灰来实现。共使用约8万t粉煤灰,减少生产水泥所需能耗约8 400t标煤,减少二氧化碳排放约17 800t。

4)隧道节能照明工程

在敦梁、中马岔、洞子梁、佛道坪、万花、骆驼峁、花马峁、麦草梁、枣园等25km隧道采用LED照明。节约标煤3 018t,减少二氧化碳排放5 968t。

5)橡胶粉沥青在路面应用工程

摊铺橡胶沥青路面约485.7万m^2,共消耗废旧橡胶粉约29 043t,约合579.2万条废旧轮胎,减少废旧轮胎堆积占地约33 729.96m^2。

6)施工期集中供电工程

采用"永临结合"的方式就近与乡、镇所在地接连电力线或者新建变电站来保障施工供电。按预测电耗477万kW·h计算,替代燃料量(折合标油)66 146t;减少CO_2排放209 049t。

7)采用旋挖钻机节能工程

全线有5 069根基桩采用旋挖钻,可节能10 523.2t标准煤,节省运输泥浆能耗26.6t标准煤,共计10 549.8t。

8)预制件标准化施工应用

所有桥梁、隧道及路基、路面各施工标段均根据施工标准化指南设置了预制梁场及小型构件预制场,采用预制件标准化施工。

9）使用散装水泥工程

全线采用散装水泥措，约节省4.56万t水泥，减少水泥生产的外部能源消耗5 571.25t标准煤，节电365.33万kW·h。

10）施工工区透光板采用

在施工区顶棚采用高透射率的材料，提高厂房的亮度，降低供暖消耗。

11）单、双侧壁改台阶法隧道施工

全线隧道依据动态设计原则，对开挖工法进行优化，其中双侧壁变更为单侧壁法施工的段落共计3 229m，单侧壁变更为台阶法施工的段落共计26 697m，双侧壁变更为台阶法的施工段落共计3 486m。减少传统工法下水泥混凝土和钢材用量，节约建设资金共计27 002万元。

4.3　智能交通系统

（1）采用ETC收费系统和采用绿通快检系统提高通行速率，降低车辆怠速燃油消耗和环境污染，同时也可减少收费人员的人力投入，节约公路管理成本。

（2）根据隧道的需风量控制隧道轴流风机，变频调速控制在满足隧道控制标准的条件下，尽量减少风机开启台数和风机频繁启动，延长风机的使用寿命和实现隧道运营通风变频节能。

（3）对公路主线、各枢纽互通立交、服务区、隧道等区段通过摄像机、监测器等设备，实现交通检测、气象检测、视频监视、交通诱导和信息提示等功能，为公众提供出行服务。

4.4　绿色服务区

1）公路房建设施智能供电系统

根据建筑物的使用功能和设计标准等综合要求，合理进行供配电、电气照明、建筑设备及系统的控制设计，确保安全可靠、经济合理、灵活使用、高效节能，在充分满足、完善建筑物功能的前提下，减少能源消耗，提高能源利用率。

2）绿色建筑工程

房建工程外墙采用聚苯板外保温材料，年度节能量折算标准煤1 003.4t。

3）沿线设施污水资源化工程

采用先进的污水处理及回用工艺，节约大量的电能，减少二氧化碳的排放量。

4.5　绿色环保和资源循环利用

1）沿线绿化工程

对互通匝道、挖方边坡坡顶、填方边坡坡脚、服务区外缘空间等公路占地内的原生植被尽可能地保护和利用，最大限度地保留原地形和植被。在保证公路行车安全的前提下，在互通区环内、服务区的外围空间、取弃土场、高填方边坡坡脚处以及其他有条件绿化的区域，种植乔灌木，形成碳汇林。全线乔木453 461株，灌木13 849 541株，植草2 535 007m^2，绿化面积335.56万m^2。尽可能采用乔灌草相结合的方式全部恢复植被覆盖，不留裸露坡面，满足水保、环保需求。

2）隧道弃渣利用

通过实验分析判定隧道弃渣的用途，将可用碎渣尽可能用于路基填方，减少弃方量，减少土地占用。项目全线共有18座隧道，总长约为25.027km。其中，LJ－1、LJ－22、LJ－24共计9.62km，总量约为169.3万m^3，254万t隧道弃渣全部用于填筑路基。按照石材开采单位能耗

2.22kgce/m^3,节约开采能耗3 758t。

3)粉煤灰应用

在全线的桥梁桩基、承台、系梁等低强度等级混凝土中掺加粉煤灰,而且在路面底基层、基层水泥稳定碎石混合料中增加6%的粉煤灰,用量约15.3万t,替代水泥15.3万t。

4)表层腐殖土收集利用

对路基、桥梁工程、服务设施区表土剥离,剥离厚度0.3m,总面积233.9万m^2,总剥离量70.168 7万m^3;采用梯形台体堆放,堆放体边坡1:1,堆高不高于6m,待土方工程施工结束后,将剥离的表土用于服务设施区造林整地工程回填用土。剩余表土作为弃渣复垦利用。

5)声屏障防噪声工程

全线从K3+851~K153+909共设通风隔声窗342m^2,设路基段声屏障2 885延米,桥梁段声屏障2 875延米以减轻其对周边环境和居民的影响。

6)施工期水处理及循环利用

设置隧道废水沉淀池72座及靠近Ⅱ类水体河流和红庄沟附近隧道施工增设5处蓄水池;施工营地生活污水处理化粪池40个。建设24个预制场养生循环系统,每一个系统开挖排水沟1 500m,300m^2沉淀池、蓄水池各1个,配备水泵2台,32×2mm水管200m。施工中大量的混凝土养生用水实现循环养生,冲洗场地及施工便道、路基洒水等,节约大量用水。

7)桥面径流净化与事故应急

在洛河水系、杜甫川、西川河、延河等敏感水体的跨河桥梁下建设桥面径流净化与事故应急系统,既能对日常降雨进行净化,减少污染物排放,又能保证发生危险化学品泄漏事故时不会污染桥下敏感水体。

5 运营、养护与管理

建立运营管理机制:①交通能耗监测:对运营期隧道、服务区、养护中心等进行能耗监测,对数据进行有效记录和统计分析;②设备管理机制:定期检测设备完好率和使用率,保证相关绿色低碳设备(如LED灯)在运营期中保持完好以及提高绿色低碳设备设备在运营期中的使用率;③应急预案处理机制:出现紧急事件后,能够按照相关规定处理,做到及时救援、及时疏导,最大程度降低损失。

建立长效养护管理机制:一方面要注重从全方位、全寿命的角度出发制定养护决策,在高速公路出入口设置超载、超限站;注重路面、桥梁使用性能的监控;制定预防性养护策略;增强公路路面车辙、裂缝、生态环保公路养护等科研成果的应用。另一方面,积极探索符合区域地理、气候条件特定的公路养护技术,提高工程耐久性,降低公路养护周期成本。

6 结语

2014年底,全国高速公路总里程12.5万km,公路建设、营运、养护、管理期节能降碳、环保压力巨大,探索绿色公路发展模式是当务之急。黄延高速扩能工程,作为陕北省第一条绿色公路,在黄土高原复杂地质条件、生态环境下创建一套绿色公路建、管、养模式,形成了完整的体系,可供同类公路可持续发展借鉴参考。

参 考 文 献

[1] 秦晓春. 低碳理念下绿色公路建设关键技术与应用的探讨[J]. 公路交通科技:应用技术版,2010(10):308-310,312.
[2] 吴冰. 可持续发展与绿色公路建设[J]. 科技信息,2008,19:640-641.
[3] 马中南. 绿色公路的研究体系探讨[J]. 公路交通科技,2006(9):146-149.

级配碎石基层在广西地区旧水泥路面碎石化加铺中的应用研究

黄 慧[1] 冯永平[2] 赖 强[1] 何金兰[1]

(1.广西公路技工学校 南宁;2.广西壮族自治区沿海公路管理局 钦州)

摘 要:旧水泥路面碎石化是一项道路资源再生循环利用、绿色环保的技术,是对旧水泥路面改造的重要手段。本文调查研究了广西地区碎石化级配碎石基层沥青路面典型结构及其使用状况,结果表明:碎石化加铺级配碎石基层沥青路面应用效果良好,运营多年后路面无明显病害,路表弯沉良好且均匀性高,具有良好的整体承载力;本文还提出了级配碎石施工技术建议,可为广西乃至全国地区旧水泥路面碎石化大修工程提供良好的技术参考。

关键词:碎石化 级配碎石 使用效果 施工技术

广西地区是我国石灰岩和水泥资源大省,因此广西地区普通公路早期均以水泥路面为主,随着重载交通和运营时间的增长,大部分水泥路面面临大中修问题。为充分利用旧路剩余强度、不浪费旧路剩余价值、减少废旧路面建筑材料垃圾,当旧水泥路面断板率较高、损坏面积较大时,可采用碎石化技术对旧水泥混凝土面板先进行破裂和稳固后再加铺。碎石化技术符合路面再生、循环利用的绿色环保理念,是旧水泥路面大修或改造工程中最重要的综合利用技术手段,研究旧水泥路面碎石化加铺结构使用性能与耐久性具有重要的实用价值。因此本文调查研究了广西地区碎石化沥青路面典型结构及其实际使用状况,并通过弯沉指标评价了碎石化加铺级配碎石基层沥青路面承载力能力,结果表明施工质量良好的级配碎石具有良好的承载力,本文还提出了级配碎石施工技术建议,本文可为广西乃至全国水泥路面碎石化加铺改造工程提供有利的技术参考。

1 碎石化基层类型选择

挖除旧水泥面板既浪费了旧路结构性能以及材料资源,又增加了道路废渣的固体垃圾,为充分利用旧水泥路面剩余强度,将其进行碎石化进行循环再生利用是兼具技术性、经济性、绿色环保性的一项技术。旧水泥路面碎石化后加铺沥青面层,需要解决的难点是旧水泥路面碎石化后强度不均匀问题、承载力不足问题以及反射裂缝问题[1-2]。

虽然旧水泥面板碎石化后仍具有一定的强度,但其强度的均匀性不良,为避免因碎石化强度及其均匀性问题引发沥青路面病害,一般碎石化不宜直接加铺沥青面层,工程中一般设置过渡层或基层来提高碎石化层的强度及其均匀性,一般选择水泥稳定碎石基层或级配碎石基层

基金项目:广西交通科技项目(项目编号:20122636)。

进行过渡[3-5]。但已有工程实践表明：碎石化后加铺水泥稳定碎石基层虽能大幅提高路面结构强度，但水稳基层引起的沥青路面反射裂缝问题仍然突出。因此为解决反射裂缝问题，级配碎石基层是一种行之有效的措施，级配碎石层既增加了结构整体承载力又进一步使碎石化层结构强度更加均匀，并发挥级配碎石柔性散体材料的抗裂能力[6-7]。

级配碎石在级配组成良好并得到充分压实的情况下，利用集料之间的嵌挤作用，具有相当好的承载能力，并具有一定的排水功能，因此强度和稳定性良好的优质级配碎石可以降低行车作用下的变形和永久变形。另外，级配碎石具有施工方便、造价低、路用性能好等优点，在倒装式沥青路面结构中引起了大家的广泛关注与重视。基于上述考虑，广西地区在旧水泥路面碎石化加铺结构中采用了级配碎石基层，从已有工程实践来看应用效果良好。

2 级配碎石基层典型结构

由于广西地区拥有良好的石灰岩和水泥资源、良好的水泥路面技术基础，2005 年之前，广西地区普通公路修筑了大量的水泥路面，占到广西地区普通公路总里程的近 40%。2005 年之后，早期修建的水泥路面陆陆续续进入大修时期，其中碎石化加铺是旧水泥路面大修主要技术手段。由于级配碎石具有良好的应力扩散能力，能提高碎石化层的强度及其均匀性，因此级配碎石基层在碎石化加铺中得到了广泛应用。本文选择了在交通荷载水平、应用规模等方面具有代表性的 3 条国省干道，研究了广西地区碎石化加铺级配碎石基层的沥青路面典型结构，调查结果如表 1 所示。

代表性路段碎石化加铺级配碎石基层的沥青路面典型结构　　表 1

序号	路段编号	里程（km）	碎石化后加铺结构组合	日交通量（辆）	重车通行比例（%）	已使用年限（年）	PQI 值（分）
1	G323	85.3（分段修建）	7～10cm 沥青面层 + 1cm 下封层 + 20～22cm 级配碎石基层 + 透层 + 旧水泥路面碎石化	12 384	18.1	3～7	86.8
2	G324	101.1（分段修建）	7～9cm 沥青面层 + 1.0 或 1.5cm 下封层 + 20 或 25 或 30cm 级配碎石基层 + 透层 + 旧水泥路面碎石化	15 073	28.9	4～7	88.1
3	S304	110.2（分段修建）	7～9cm 沥青面层 + 1cm 下封层 + 20 或 26 或 30cm 级配碎石基层 + 透层或封层 + 旧水泥路面碎石化	19 865	41.3	4～7	85.8

由表 1 可知，3 条国省干道交通繁忙且重车通行比例大，达到了重载交通水平。3 条国道自 2007～2011 年对全线分段进行了大修，至本文 2015 年调查时部分路段已使用 7 年多，整体路况良好，实测路面 PQI 分值达到 85 分以上。表 1 中所示 3 条国省干道旧水泥路面碎石化加铺结构代表了广西地区旧水泥路面碎石化加铺典型结构：首先先将旧水泥路面碎石化压实，然后进行透层或封层防水，再进行加铺一定厚度（20～30cm）的级配碎石进行补强，考虑到级配碎石层厚度与结构的强度、刚度，级配碎石层厚度宜控制在 20cm 左右，并在级配碎石顶进行封层防水，最后加铺 7～9cm 沥青混凝土面层（分两层铺筑）。

该典型结构的技术特点：经过碎石化，旧水泥混凝土面板由“大”板转化为“小”块稳定散体结构，混凝土面板的温缩效应被大幅削弱，旧水泥混凝土碎石化层所受温度应力及荷载应力大大减小。虽然旧水泥混凝土面板被“碎石化”,但碎石化层形成了“底部嵌挤连锁”的整体结构,仍保持了较高的强度,足以满足用作底基层的承载力要求。通过设置级配碎石过渡层,既可以通过一定厚度的级配碎石层使得碎石化层强度更均匀,又可以利用级配碎石层的多空隙结构可有效地阻断裂缝尖端的应力扩展路径,削弱拉应力、拉应变的传递能力,有效减少反射裂缝,还可以消散、吸收由交通荷载及环境温度变化所产生的荷载应力和温度应力。“碎石化+级配碎石”组成新加铺沥青罩面结构的柔性基层,使得沥青加铺层受力及其结构层内应力扩散更加合理,并兼具一定的排水功能,具有良好的结构技术性能,综合考虑普通公路的技术性、经济性、实用性,推荐采用碎石化+透层油防水+20cm 级配碎石基层+封层+9cm 沥青面层作为广西地区普通公路旧水泥路面大修工程典型结构。

3 级配碎石基层沥青路面使用状况

对上述 3 条代表性国省干道进行了现场路况调研,分别选取 3 条国省干道某段进行现场调查,如图 1 所示。S304 某段碎石化级配碎石基层沥青路面使用已 7 年,路况良好,路面无沉陷、无网裂、无反射裂缝等因结构承载力不足引起的疲劳性破坏,车辙深度 5~8mm;G324 某段碎石化级配碎石基层沥青路面使用已 4 年,路况良好,无车辙、无反射裂缝等病害。G323 某段碎石化级配碎石基层沥青路面使用已 6 年,路况良好,无明显病害。而在同期修建 G323 某段的碎石化+15cm 级配碎石+20cm 水稳基层+沥青路面出现明显的反射裂缝。通过对 3 条典型路段进行调查表明:旧水泥路面碎石化加铺级配碎石基层沥青路面结构应用效果良好,并未出现因承载力不足问题引起路面沉陷、结构性车辙、龟裂等病害。

图 1 碎石化后加铺沥青路面现场路况调查

4　级配碎石基层沥青路面弯沉

弯沉是我国沥青路面整体刚度的设计指标,弯沉反映了路基路面结构的整体刚度和强度,是路面结构整体承载力的综合体现,为掌握碎石化级配碎石基层沥青路面整体承载力状况,本文研究了碎石化级配碎石基层沥青路面的弯沉特征。在沥青路面设计弯沉计算中,由于半刚性基层与级配碎石基层的基层类型系数取值差别大,半刚性基层类型系数取 1.0,级配碎石基层类型系数取 1.6,在相同重载交通条件下(预估累计当量轴载次数为 1 500 万次/车道),计算表明,级配碎石基层沥青路面设计弯沉约为 38.8(0.01mm),半刚性基层沥青路面设计弯沉约为 24.2(0.01mm),级配碎石基层沥青路面设计弯沉大于半刚性基层沥青路面设计弯沉。为掌握实际工程中碎石化级配碎石基层沥青路面的承载力水平,本文以运营多年后碎石基层沥青路面的弯沉作为路面整体刚度与强度的评价指标,并与设计弯沉进行比较。选取上述 3 条国省干道不同路段的多处进行弯沉测试,结果如表 2 所示。

旧水泥路面碎石化后加铺不同类型基层的沥青路面弯沉测试结果　　表 2

测试路段		沥青面层厚度(cm)	基层类型与厚度(cm)	实测弯沉(0.01mm)		
				平均值	标准偏差	变异系数(%)
S304	路段 1	9	级配碎石 30	17.3	1.9	10.9
	路段 2	9	级配碎石 30	21.0	3.1	14.8
	路段 3	9	级配碎石 26	18.5	3.5	18.8
	路段 4	9	级配碎石 26	24.2	5.5	22.8
	路段 5	9	级配碎石 26	16.7	0.9	5.4
	路段 6	9	级配碎石 20	16.3	1.3	10.0
G324	路段 1	7	级配碎石 25	15.1	0.6	5.7
G323	路段 1	7	级配碎石 30	18.6	2.0	10.9
	路段 2	7	级配碎石 30	16.4	2.4	15.0
	路段 3	7	20cm 水泥稳定基层	8.9	3.2	35.5
	路段 4	7	+15cm 级配碎石底基层	9.9	3.9	39.3

结果表明:①大量测试数据统计分析表明,旧水泥路面碎石化加铺级配碎石基层沥青路面弯沉约为 15~20(0.01mm),远小于重交通条件下碎石基层沥青路面设计弯沉值,说明碎石化加铺级配碎石基层沥青路面承载力良好,可满足重交通使用条件;②对比可知,碎石化后加铺级配碎石底基层+水泥稳定基层类沥青路面弯沉小于碎石化加铺级配碎石基层沥青路面弯沉。水泥稳定类基层虽大幅提高了路面整体刚度,但由路况调查发现,水稳类基层沥青路面出现明显的反射裂缝;③级配碎石基层沥青路面弯沉变异系数远小于水稳类基层沥青路面弯沉变异系数,前者约为 10%~20%,后者约为 35%~40%。

5　级配碎石施工技术建议

(1)级配碎石的强度和抗形变能力、水稳定性均与集料的类型、级配,特别是最大粒径、集料中 5mm 以下颗粒的含量、小于 0.075mm 的颗粒含量有关。集料的粒径越大,其强度和刚度也越大，可以显著提高抗永久变形能力。但粒径越大，在运输，摊铺过程中的粗细颗粒离析会成为主要问题，一旦施工中发生离析，其性能会大大降低，在施工中要严格控制级配集料的均匀性（它包括级配组成和含水量）和压实度（或密实度）。综合考虑不同控制筛孔通过率对级配碎石强度、稳定性和排水性能，建议级配碎石采用表3中的级配范围。

级配碎石级配组成关键筛孔控制范围　　表3

筛孔(mm)	通过下列关键筛孔(mm)的质量百分率						
	37.5	19	9.5	4.75	2.36	0.6	0.075
通过率(%)	95~100	68~80	38~58	22~32	16~28	8~15	0~5

（2）采用重型击实法确定级配碎石材料的最佳含水量与最大干密度。

（3）级配碎石施工质量检测重点应控制施工压实质量，碎石层施工压实度不小于100%。

（4）在级配碎石碾压成型后紧跟施工透层或封层后，以保护级配碎石不受雨水破坏；并且及时施工沥青面层。

（5）有条件时，在路边两侧位置应采用土工布或土工格栅对级配碎石基层进行反包，达到对级配碎石进行约束的效果，增强级配碎石的抗流动、抗剪切变形能力。

6　结语

本文针对广西地区旧水泥路面大修问题，深入分析了级配碎石基层用于碎石化加铺结构的技术特点，调查研究了广西地区旧水泥路面碎石化级配碎石基层沥青路面典型结构与使用状况，综合考虑普通公路的技术性、经济性、实用性，推荐采用碎石化+透层油防水+20cm级配碎石基层+封层+9cm沥青面层的结构组合。结果表明：旧水泥路面碎石化级配碎石基层沥青路面结构应用效果良好，无明显的车辙、沉陷、龟裂、反射裂缝等病害；通过弯沉指标评价了碎石化加铺级配碎石基层沥青路面承载力能力，路表弯沉良好，满足重交通条件下碎石基层沥青路面设计弯沉要求，并给出了级配碎石基层的施工技术建议，本文可为广西地区乃至全国地区旧水泥路面碎石化大修工程提高良好的技术参考。

参考文献

[1] 张洪刚，黄慧，岳爱军. 不同结构类型的旧路改造升级沥青罩面结构的力学响应研究[J]. 公路工程，2013，37(1)：129-132.

[2] 刘景莉. 高速公路级配碎石基层沥青路面结构性能研究[D]. 天津：河北工业大学，2012.

[3] 江晓霞. 级配碎石防反射裂缝层的性能分析[J]. 公路与汽运，2007(120)：81-83.

[4] 张海，马光超，张敏江，等. 级配碎石基层对沥青路面反射裂缝抑制机理分析[J]. 沈阳建筑大学学报：自然科学版，2011，27(2)：247-252.

[5] 王宏畅，黄晓明. 级配碎石沥青路面反射裂缝扩展及寿命研究[J]. 武汉理工大学学报，2010，32(7)：65-68.

[6] 张洪刚，黄慧，岳爱军，等. 旧水泥路面碎石化加铺级配碎石与沥青罩面结构组合设计参数研究[J]. 公路工程，2012，37(1)：19-22.

[7] 何敏. 级配碎石基层沥青路面结构受力特性研究[D]. 西安：长安大学，2009.

从设计角度浅议山区高速公路弃渣的综合处治

高曙光　王春元　张　燎

（中交第二公路勘察设计研究院有限公司　武汉）

摘　要： 近年来，随着我国经济建设的发展，高速公路建设从平原逐步向山区延伸，由于地形、地质条件相对复杂，工程建设与环境保护的矛盾日益突出，其中尤为突出的是山区高速公路大量挖方及隧道弃渣的处治问题，若处治不当，势必对自然生态、环境、甚至于人民群众的生命财产安全造成危害。本文以拟建的广西壮族自治区乐业至百色公路为依托，从设计角度浅议山区高速公路弃渣的综合处治，以呼应新经济常态背景下，交通建设向生态、环保、可持续发展的绿色公路建设体系转型。

关键词： 山区高速公路　弃渣　绿色公路

近年来，随着我国经济建设的发展，高速公路建设从平原逐步向山区延伸，山区高速公路走廊带地形、地质条件相对复杂，为合理控制工程规模，路线总体填挖工程量较大，通常表现为隧道以及深挖边坡较多，弃渣工程规模巨大。由于弃渣场工程建设属于高速公路附属工程，往往在设计、施工、管理方面投入的力度不足，导致诸多高速公路弃渣场出现变形、滑坡等次生灾害，轻则破坏原有生态，造成水土流失，重则严重危及人民生命财产安全，造成恶劣社会影响，如图1和图2所示。

图1　某沿河弃渣场水土流失严重

图2　某人工堆土滑坡

十三五以来，随着交通建设向生态、环保、可持续发展的绿色公路建设体系转型，高速公路弃渣的综合处治日益受到建设者的重视，要减轻或消除弃渣的生态影响及安全隐患，勘察设计中，必须从两个方面进行综合考虑：一是从土石方调配角度出发，合理确定路线总体设计方案，避免出现较大的填、挖不均衡，导致出现大量的弃渣或取土工程量；二是从弃渣综合利用的角度出发，分析研究弃渣应用于地方规划、反压护道、荒沟改地等方面的可行性和具体实施方案。

本文以拟建的广西壮族自治区乐业至百色公路(勘察设计第一合同段)为依托,从设计角度浅议山区高速公路弃渣的综合处治方案。

1 工程概况

拟建的广西壮族自治区乐业至百色公路(以下简称乐百高速)是国家高速公路网 G69 银川至龙邦高速公路的重要组成部分,也是广西高速公路网布局中"纵 7 线"天峨(黔桂界)至龙邦高速公路的重要路段,本项目起点接贵州省惠水至罗甸高速公路,终点接百色至龙邦高速公路,新建公路里程约 154.6km,设计速度 80km/h,路基宽 25.5m,属山岭重丘区公路,线路经过区地形、地质条件复杂,走廊带狭窄,桥梁、隧道工程规模较大,桥隧比约 47%,此外受地形陡峭影响,沿线路基边坡工程规模较大,弃渣工程量较大。

其中勘察设计第一合同段全长 51.9km,起点位于黔桂两省(区)交界处,终点位于乐业县城东,途经地形均为低山地貌区,地形起伏较大,桥隧比高达 62%,隧道长约 16.7km,总弃方量巨大。勘察设计阶段针对沿线弃方从总体设计、综合利用以及合理弃置三方面进行了综合考虑。

2 总体设计

路线方案总体设计是弃渣产生的源头,合理确定总体设计方案,控制填挖工程规模,尽量做到填挖平衡,避免出现大量弃渣。那立隧道至马庄段初步设计方案平面图如图 3 所示。

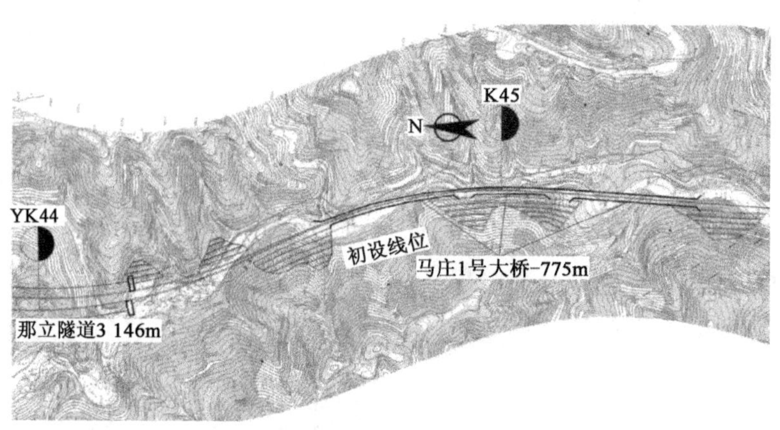

图 3 那立隧道至马庄段初步设计方案平面图

例如乐百高速第 TJ-04 合同段那立隧道出口段,路线沿狭窄沟谷布线,两岸岸坡陡峭,为避免侵占堵塞谷内原有路系、水系,初步设计采用了多座桥梁方案通过,挖方高边及桥梁工程规模大。此外,那立隧道长 3 146m,采用双向掘进,单侧出渣量约达 31.4 万 m^3,加之本段附近并无适宜的弃渣场地,导致大量弃渣需远运弃置,不符合资源节约、生态环保的建设理念。

施工图设计阶段对本段总体设计方案进行了优化,将沿沟整体式路基改为分离式路基方案通过,沿两侧岸坡挂线,将初步设计的桥梁方案改为填方路堤方案通过,原有水系(设计流量 172.8m^3/s)改至左右幅路基中部通过,大量消化了隧道及沿线挖方边坡的弃渣,从总体设计方案方面对弃渣进行了消化减少。那立隧道至马庄段施工图设计方案平面图如图 4 所示。

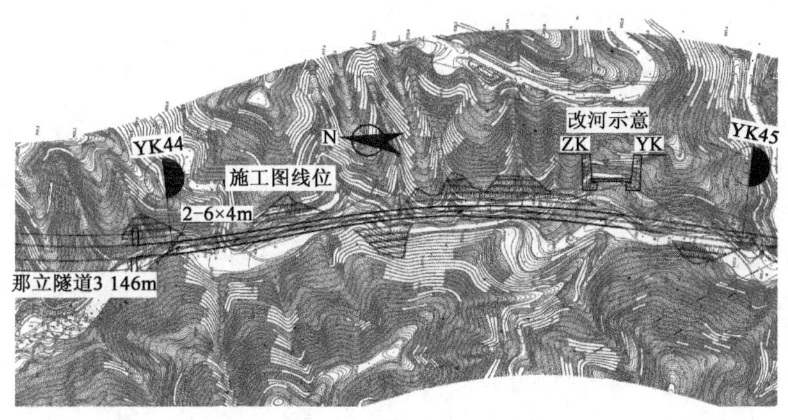

图 4　那立隧道至马庄段施工图设计方案平面图

3　综合利用

除了从总体设计角度对弃渣量进行消化控制外，受地形或隧道工期影响，不可避免仍存在大量弃渣，如何处治弃渣主要从以下几个方面考虑。

3.1　地方规划

两阶段外业勘察中，当路线方案稳定后，应将沿线弃方情况与地方相关部门作充分沟通，咨询地方有关新农村建设用地、乡镇规划、修筑水库堤坝、道路、沟渠、改荒为地等相关规划，若地方存在用土规划，则应将弃渣与地方用土结合起来，设置临时弃渣场以便后期转运，如此可“变废为利”，实现废弃资源有效整合、节能、减排，避免土地资源的浪费及对生态环境的破坏。

乐百高速公路两阶段外业勘察过程中充分征求了县、乡政府意见，咨询并收集了地方相关规划情况，并与地方政府签订了取弃土协议。

3.2　反压护道

山区高速公路路基方案中，受沿线地形复杂制约，不可避免出现较多的陡坡填方路堤，为保证陡坡路基的稳定，往往需要采取支挡、加筋等治理措施，当稳定性较差时甚至必顺将路基方案改为桥梁方案通过，在工程规模加大的同时导致弃渣量进一步加大。

勘察设计中应结合前后土石方调配情况、地形情况作综合考虑，条件允许时多采用反压护道方案，不仅可以保证路基方案稳定、减小或取消治理措施，还可以大量消化弃渣，实现弃渣的“变废为利”。例如乐百高速公路第 TJ-02 合同段 ZK23 +960 ~ ZK24 +180 段，本段路线与沟谷斜交，采用填方路堤方案通过时，横坡陡峭，坡率近 1:1.3，填高较大，直接填筑无法保证路堤边坡沿填土接触面的滑移稳定。本段路基接百西隧道(长 1 446 米)，隧道进口存在约 14.5 万 m^3 的出渣，且弃置条件困难。为解决以上问题，勘察设计对现场进行了认真调查及勘察，调查显示百西隧道进口沟谷地质条件简单，多处基岩露头，场区稳定性较好，且谷底纵坡平缓，适宜采用弃渣反压护道方案。如此可在消化弃渣的同时，保证路基方案合理可行，降低工程规模。百西隧道进口反压护道方案平面图如图 5 所示，横断面图如图 6 所示。

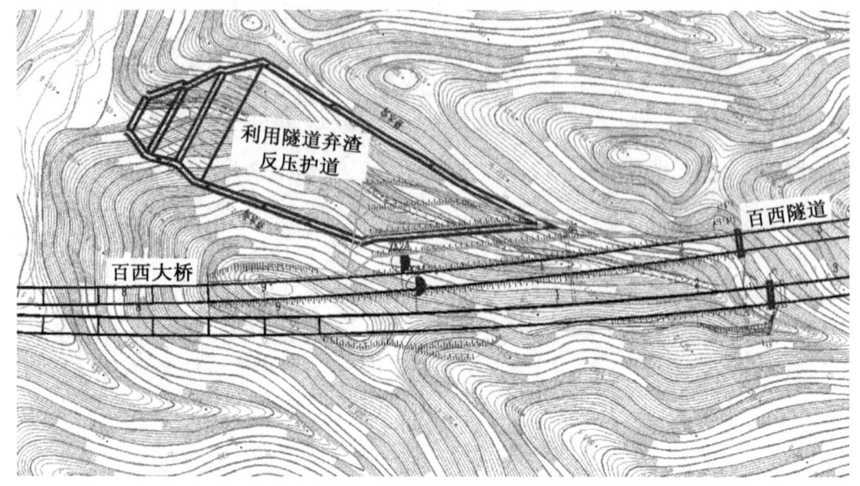

图5　百西隧道进口反压护道方案平面图

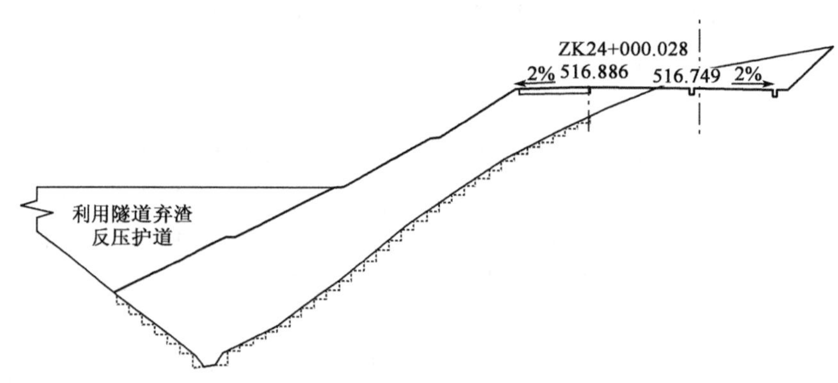

图6　百西隧道进口反压护道方案典型横断面图

3.3　荒沟改地

通常来说,山区高速公路途经地区经济欠发达,相应的改造规划相对欠缺,勘察设计除咨询、收集其相关规划外,有条件时应在主要道路或村镇周边附近利用弃渣进行荒沟改地,为地方后期规划和发展创造有利条件。

如乐百高速公路第 TJ-4 合同段 K39 +900 ~ YK40 +800 段,本段路线平行于省道 S206 布设,初步设计方案为避免占压下方沟谷,采用同福 3 号大桥、那立大桥接那立隧道方案通过。考虑下方沟谷计算流量不大(165.3m^3/s),施工图设计为解决那立隧道就近弃渣、减小本段工程规模,将下方沟谷沿 S206 高程进行整平反压,取消本段桥梁设置,以路堤方案通过,将地沟内地表水通过贴近坡脚设置 2m ×2.5m 梯形改沟排除。那立隧道进口“荒沟改地”方案平面图如图 7 所示。

原有沟谷地表堆积厚度 1 ~2m 卵砾石土,河床见基岩露头,基本属荒地,按省道标高改沟整平后,原有荒地得到改善,为后期土地规划或省道改造创造了有利条件,实现了工程规模缩减、合理消化弃渣以及“荒沟改地”的三赢效果。

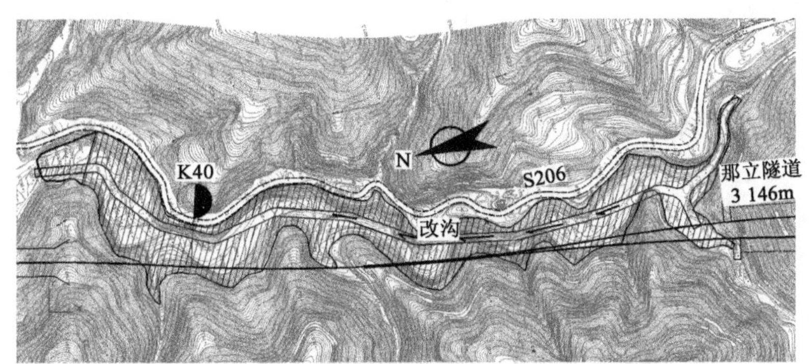

图7　那立隧道进口"荒沟改地"方案平面图

4　合理废弃

除应用于地方规划以及综合利用之外的弃渣应从"利我、利他、利生态"三个角度进行选址堆放。

(1)"利我"。即弃渣场选址不应设于主线上方,一旦出现失稳势必影响下方路、桥方案的稳定性,加大工程隐患以及后期治理成本,此外,堆于主线上方也对行车路容、路貌造成一定程度的破坏。

(2)"利他",即弃渣场选址不应设于厂矿、民居、重要管线、重要地方道路等上方,避免极端条件下失稳造成生命财产的损失。

(3)"利生态",即保稳定,弃渣场选址应在查明基底地质条件的前提下选用,确保基底无厚层软弱土等影响弃渣场稳定的不良地质发育,保证弃渣场安全稳定。同时,应注意弃渣场尽量避开主要排水通道,避免洪水冲刷和下渗导致安全隐患及水土流失。

弃土场应尽量设置在公路视线以外,选择没有耕地或耕地很少、并对生态环境影响较小的山谷、洼地做弃土场。清表腐质土是重要的不可再生资源,揭除的地表草皮和腐质土应集中堆放,以备将来地表回填、恢复植被。弃土应在清表后,按粒径由大到小分层弃置,进行适当碾压并采取必要的排水、防护和绿化措施,保证边坡稳定,避免水土流失。

5　结语

本文以拟建的广西壮族自治区乐业至百色公路为依托,从设计角度分析讨论了山区高速公路弃渣的几种处治措施,重点讨论了乐百高速弃渣应用于地方规划、反压护道、荒沟改地等方面的可行性和具体实施方案,从弃渣处治的角度对建设绿色公路作了一定的尝试,以呼应新经济常态背景下,交通建设向生态、环保、可持续发展的绿色公路建设体系转型。

参考文献

[1]　JTC B01—2014　公路工程技术标准[S].北京:人民交通出版社,2015.

[2]　JTG D30—2015　公路路基设计规范[S].北京:人民交通出版社,2015.

[3]　中交第二公路勘察设计研究院有限公司.广西壮族自治区乐业至百色公路施工图设计原则[R].2016

运营期高速公路能耗与排放监测方法及平台应用研究

朱志伟[1]　刘　强[2]　孙　俊[1]

(1. 江苏宁沪高速公路股份有限公司　南京
2. 江苏中路工程技术研究院有限公司　南京)

摘　要:在我国交通运输行业节能减排的背景下,本文以运营期高速公路为研究对象,分析了高速公路运营期能耗特点,明确了能耗数据统计对象与内容,并对能耗数据采集的方法进行了研究,建立了运营期高速公路能耗统计监测系统,并以沪宁绿色公路为依托,对运营期高速公路能耗统计监测系统进行了验证与应用。

关键词:运营期　高速公路　能耗　排放　监测

0　引言

随着技术创新的不断开展,节能空间逐渐压缩,传统的技术节能和粗放管理方式已经难以满足交通领域节能发展的需求,进一步地节能应该以客观、真实、准确的能耗统计数据为基础,对其能效水平进行科学、合理的分析评价,通过精细化的能源管理,有针对性地实施节能技术,从而帮助公路走出节能困局、不断挖掘新的节能潜力。同时,随着高速公路的建设工程逐渐减少,运营期的高速公路逐渐成为节能减排工作的重要阵地。

本文基于运营期高速公路能耗特点的调研,分析其能耗结构特征并研究其能耗监测方法和管理方法,在此基础上提出能耗统计监测与管理系统,实现运营期高速公路能耗与排放监测的信息化,并在沪宁高速能耗监测管理工程中推广应用。

1　运营期能耗特点分析

对于高速公路不同的运营单位,各种能源的重要性不相同,在进行能耗监测时,需要根据各类能源的特点,有针对性地进行监测,对于重要的能源类型,在相关单位进行重点、详细的统计监测,以详细分析其能耗特征。本文通过对运营期高速公路主要能耗类型和管理机制的调研分析,不同单位的能耗特点如表1所示。

各单位能耗特点　　表1

能源类型	服务区	收费站	管理处
水	重要	一般	一般
电	重要	重要	重要
油	一般	一般	一般
气	一般	不重要	不重要

2　运营期能耗监测方法研究

2.1　能耗统计监测对象及内容

根据高速公路运营特点，本文从公路日常运营管理和养护维修两个方面对高速公路运营期能耗统计监测对象及内容进行分析。

1）日常运营管理

按照高速公路日常运营基本功能实现的载体可将高速公路划分为运营管理中心、养护中心、服务区、沿线设施、隧道及其收费站等6个部分。

本文结合高速公路路基工程边界条件分析思路，界定日常运营管理能耗统计监测系统边界条件为日常办公、设备运营等过程，不包括办公用品、生活用品及设备等的生产、能源生产以及维修养护等过程；同时，对最终结果影响很小，可以忽略不计的能源消耗的对象及内容不在考虑范围内。

经分析，高速公路日常运营管理能耗统计监测对象及内容如表2所示。

日常运营管理能耗统计监测对象及内容　　表2

能耗项目		统计对象	统计内容
营运管理中心	运营管理办公及生活	办公设备	水、电、天然气
	用车能耗	车辆	汽油、柴油
养护中心	养护中心办公	办公设备	水、电、汽油
	用车能耗	车辆	汽油、柴油
生活区	办公及生活能耗	办公、生活设备	水、电、天然气
	用车能耗	交通车	汽油、柴油
沿线设施	监控系统	监控设备	电
	通信系统	通信设备	电
	照明系统	照明灯具	电
	交通安全设施	可变情报板等	电
隧道	隧道照明系统	照明灯具	电
	隧道通风系统	风机	电
	隧道监控系统	监控设备	电
	隧道消防系统	消防设备	电
	隧道供电系统	供配电设备	电
	隧道交通安全设施	交通信号灯等	电
收费站	收费车道	收费设备	电
	收费监控系统	监控设备	电
	收费站照明系统	照明灯具	电
	收费站供配电系统	供配电设备	电

2）养护维修

养护维修分为小修保养和大中修养护。小修保养是对公路及其一切工程设施进行预防保养和修补其轻微损坏部分，使之经常保持完好状态。大中修养护是对公路及其工程设施的磨损和损坏进行修理加固，以恢复原状。

经分析，高速公路养护维修能耗统计监测对象及内容如表3所示。

养护维修能耗统计监测对象及内容 表3

能耗项目		统计对象	统计内容
路面	龟裂	综合养护车	柴油、天然气
	纵横向裂缝	开凿机、灌缝机	柴油、天然气
	坑槽	综合养护车、铣刨机、风镐或小型压路机	柴油、天然气
	松散	与坑槽相同	与坑槽相同
	车辙	铣刨机、沥青拌和站、运输车、摊铺机、压路机	柴油、重油、电力
	拥包	综合养护车	柴油、天然气
	泛油	载货汽车、压路机	柴油
	修补	综合养护车	柴油、天然气
桥梁涵洞	墩台、基础损坏	载货汽车	柴油
	支座损坏	载货汽车	柴油
	桥头跳车	载货汽车	柴油
	小型构件损坏	载货汽车	柴油
	桥面铺装损坏	与沥青路面相同	与沥青路面相同
	伸缩缝损坏	载货汽车	柴油
	桥面排水系统损坏	载货汽车	柴油
隧道	杂物清扫	载货汽车	柴油
	机电设备更换	载货汽车	柴油
	隧道局部和接缝渗漏	钻孔机、压浆机	柴油
交通工程及沿线设施	设备更换	载货汽车	柴油
景观绿化与环境保护	植被修剪、补植	载货汽车、修剪机	柴油

2.2 能耗数据采集

1）人工统计方法

针对高速公路运营管理中心、养护中心、服务区、沿线设施、隧道及收费站6个部分，对于日常运营管理和养护维修中无法通过自动方式采集的能耗数据，应采用人工统计的方式，进行能耗报表填报。由其分管单位或部门委派专人按月填报其能耗类型及能耗量，并于每月月末汇总后上报。

2）设备自动采集

运营期能耗多集中于系统设备运营的电能消耗，如监控系统、照明系统、通风系统等，这些系统设备分布于高速公路全线，供电复杂，采用人工报表填报的方式进行统计监测过于繁琐，工作量大。因此采用设备自动采集的方法进行统计管理。

（1）电能能耗监测系统结构

电能能耗监测系统采用分层分布式结构，系统包括数据采集层、数据通信层、数据展示层

3 部分。

①数据采集层

智慧供电系统的上位机和下位机均具有实时显示工作状态、运行参数、故障信息等功能，可分别通过以太网、UART、CAN 或无线网络与电能能耗监测系统进行通信，同时可完全不依赖于电能能耗监测系统而独立完成对供配电系统的保护与监控。

②数据通信层

数据通信层完成数据采集层和数据展示层之间的网络连接，具有协议转换、总线转换等数据交换功能，实现采集层和展示层之间通信数据的上行和下达。

③数据展示层

数据展示层对所有电气设备的电能能耗数据进行显示、统计、分析，可实现运行状态实时监测、电气参数实时测量、事故异常报警、事件记录和打印、电能管理和负荷控制、电力品质分析、统计报表生成和打印、各种图表的汇总和分类，并具有打印、存盘和光盘刻录等存储功能。

(2)能耗数据核定方法

电力能耗监测系统的计量单元划分原则主要分为按功能回路划分、按用电区域划分、大功率设备单独计量以及位置单独计量。

核定的量值有：分类能耗量、分项用电量、总用电量，按照以下方法核定：

$$分类能耗量 = \sum 各分类能耗计量表的直接计量值$$

$$分项用电量 = \sum 各分项用电计量表的直接计量值$$

$$总用电量 = \sum 各分类能耗量 = \sum 各分项用电量$$

3　运营期能耗统计监测与管理系统

3.1　系统架构设计

运营期能耗统计监测与管理系统主要是在能耗数据采集的基础上，经过数据的分析和整理最后输出公路系统的能耗数据和能效评价。系统架构如图 1 所示，能耗统计用户功能如图 2 所示，第三方用户功能如图 3 所示。

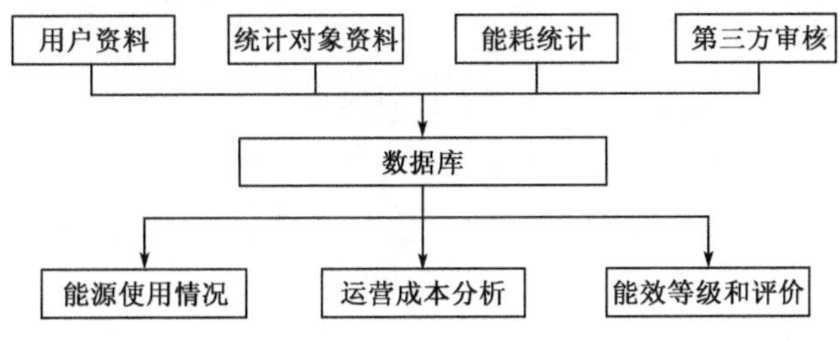

图 1　能耗统计监测系统框架总图

3.2　系统功能模块划分

能耗统计监测与管理系统划分为用户管理、统计对象管理、数据采集中心、能耗统计分析中心、能耗评价中心 5 个模块。

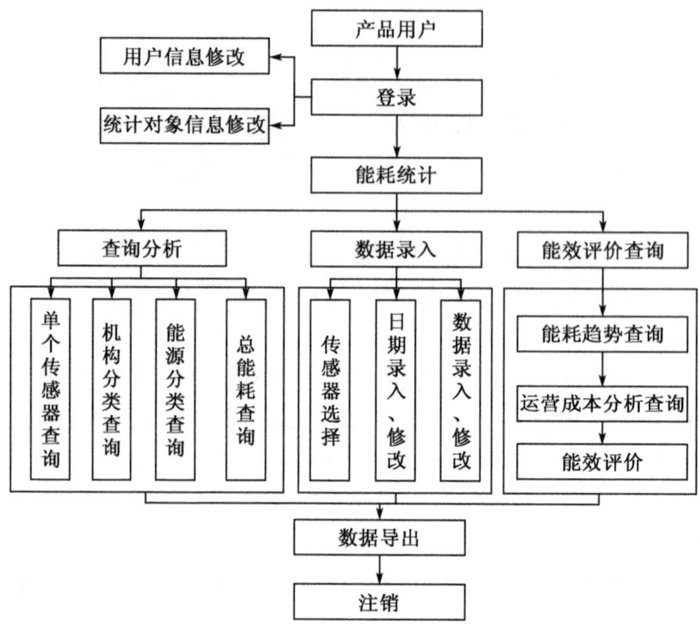

图2　能耗统计用户功能

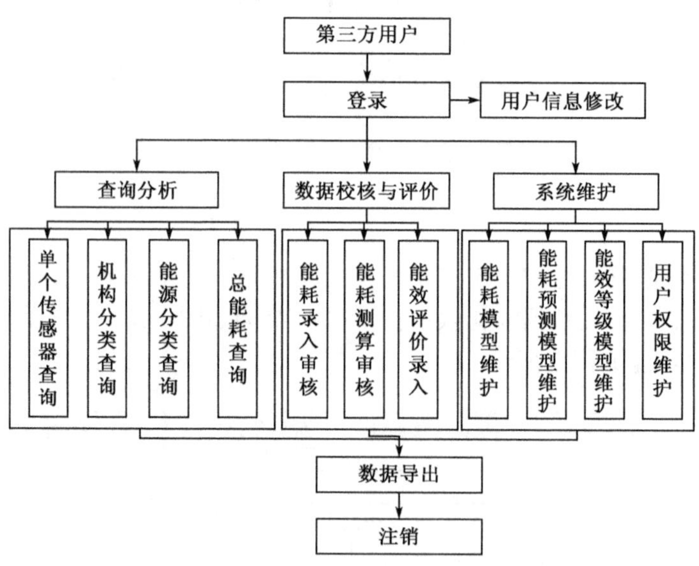

图3　第三方用户功能

1)用户管理

用户管理主要为各类用户注册使用,可以维护用户自身和高速公路的信息。

2)统计对象管理

统计对象管理主要是为统计与能耗有关的信息,能耗终端用户维护自身权限内的能耗设备信息、能耗统计仪器信息(如电表、水表、车辆等)。将所有能耗按统计对象分为建筑能耗、公路能耗、车辆能耗和养护设备能耗 4 大类，在后续能耗分析中，可以实现按某设备、某类设备、能源类型、统计对象、机构进行能耗、运营成本、能耗预测、成本预测查询。

3）数据采集中心

数据采集中心是为实现具体能耗数据录入的模块，录入员可以按自己权限内的能耗统计设备录入和修改能耗和日期；管理员可以对统计表格、录入权限进行维护。

4）能耗统计分析

能耗统计分析中心是为实现高速公路运营期能耗测算和分析的模块，管理员可以对能耗测算模型、预测模型进行维护；其他用户可以查询自身权限内的能耗分析结果。

5）能耗评价中心

能耗评价中心是为实现对评价运营期高速公路能耗情况的模块，管理员可以按某设备、某类设备、能源类型、统计对象、机构录入能效评价，并实现对能效模型、相关标准规范等信息的维护。

3.3　系统应用

在以上研究的基础上，以沪宁绿色公路为依托，对运营期能耗统计监测与管理系统进行了应用，对能耗统计监测与管理系统各个功能模块的实现效果进行测试与验证，实现了运营期高速公路能耗与排放监测的信息化，为节能减排建设提供基础数据和支撑。宁沪高速能耗管理平台能耗分析如图 4 所示。

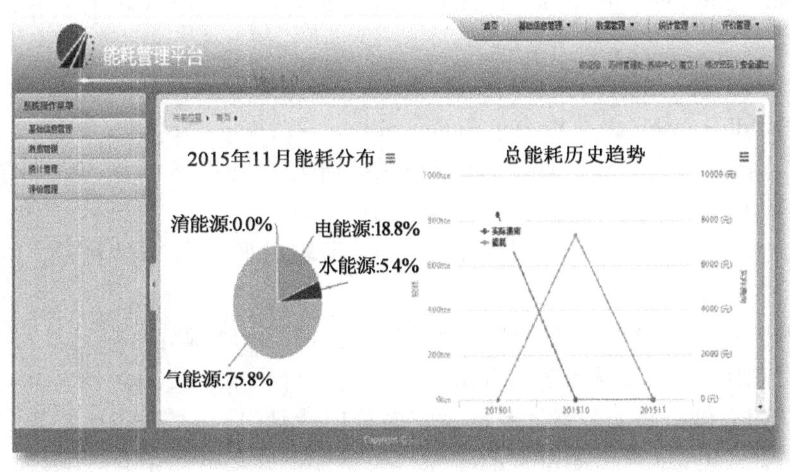

图 4　宁沪高速能耗管理平台能耗分析

4　结语

本文以运营期高速公路能耗特点与监测方法为基础，建立了运营期能耗统计监测与管理系统，对能耗数据进行分析与评价，为交通运输行业的节能减排提供了支撑。然而，由于运营期高速公路单位众多、能耗数据采集量大，还需要建立相应的能源使用管理办法、能耗统计制度、运营期能源管理考核体系等制度，以支撑运营期高速公路能耗统计监测与管理制度的进一步推广。

参考文献

[1] 清华大学建筑节能研究中心,中国建筑节能年度发展研究报告 2009[M]. 北京:中国建筑工业出版社,2009.

[2] 刘航. 大型公共建筑中央空调监测系统设计与实现[D]. 成都:西南交通大学,2008.

[3] 梁境,李百战,武涌. 中国建筑节能现状与趋势调研分析[J]. 暖通空调,2008,38(7):29-35.

[4] 梁境,武涌,金振星. 大型公共建筑节能监管体系技术实现路线研究[J]. 暖通空调,2007(8):13-18.

[5] 金振星,武涌,梁境. 大型公共建筑节能监管制度设计研究[J]. 暖通空调,2007(8):19-22.

[6] 梁境,李百战. 中国公共建筑节能管理与改造制度研究[J]. 建筑科学,2007(4):9-14.

[7] 左现广,唐鸣放. 国内外建筑能耗调查与统计研究[J]. 重亲建筑,2003(2):16-18.

[8] 李运华. 大型公共建筑运行能耗测试、评价与数据库管理系统开发[D]. 哈尔滨:哈尔滨工业大学,2006.

[9] 何顺江. 大型公共建筑能耗远程监测系统的研究与设计[D]. 成都:西南交通大学,2008.

[10] Harry Bruhns, Philip Steadman, Horace Herring. A database for modeling energy use in the non-domestic building stock of england and wales[J]. Applied Energy, 2000(66): 277-297.

[11] Mortimer ND, Ashley A, Elsayed M, et al. Developing a database of energy use in the UK non-domestic building stock[J]. Energy Policy, 1999, 27(8): 451-468.

[12] 陈梅,张永坚,牛祺飞. 公共建筑能耗监测系统研究[J]. 电子测量与仪器学报,2009,23(9):167-170.

[13] 宫夏屹,于军琪,杨柳. 大型公共建筑水耗远程实时监测及节能评估[J]. 建筑节能,2009,37(221):67-69.

[14] 刘航. 大型公共建筑中央空调监测系统设计与实现[D]. 成都:西南交通大学,2008.

[15] 任云晖,赵利民. 能源计量系统的分析与实现[J]. 计量技术,2004(12):48-49.

[16] 林卫东. 从建立健全节能监管体系探讨实施分项计量[J]. 建筑电气,2008,27(7):3-5.

[17] 郑明明,陈硕. 建筑能耗监测平台的研究[J]. 智能建筑与城市信息,2009(10):53-55.

[18] 李百战,张宇,丁勇,等. 重庆市公共建筑能源管理现状分析[J]. 暖通空调,2010(9):29-32.

高速公路规划建设中关于山水视觉影响的评价
——以乐百高速项目为例

许国平[1] 徐 杰[3] 王 骏[2] 陈帅奇[2] 马修文[3]

(1.广西乐百高速公路有限公司 南宁;2.同济大学 上海;
3.伊布(上海)建筑规划设计事务所有限公司 上海)

摘 要: 乐业至百色高速公路是典型的"穿山越岭"型公路项目,自然山水既是高速公路影响的对象,更是乐百高速景观规划中必须保留特点的"金山银水"。除了传统源于西方理论的视觉影响分析之外,乐百高速公路还面临着周边居民聚集点多而散、桥隧比例高、山水变化突然等特点。如何在山水画般的具有本地特色的自然地理环境中进行高速公路的山水视觉影响评价,是本文试图回答和探索的问题。文章描述了一种应用于高速公路线性规划分析的、具有可操作性的山水视觉影响评价方法。山水视觉影响评价在传统方法的基础上,引入了山水特点分析、高速使用者不同层次视觉和心理感受分析等理论和方法。文章提出了山水视觉影响评价不是就视觉论视觉,而是一个综合、叠合评估的过程方法。优化生态自然环境的大景观格局、减少对周边城镇化区域视觉冲击、最大化的带动沿线城镇和村庄地方经济是山水视觉评价应当平衡的三大目标。方法上首先通过定义山水视觉影响评价的构成要素(开敞度指数和视觉丰富度指数);然后通过多方案优化比较周边带动作用的线性方案;其次将现存的山水地理变化通过GIS进行模型化处理;最后将驾驶人的速度及远近中三个可视范围作为主要的研究变量进行叠合分析,从而得到多维度的山水视觉影响评价表,依此作为整体开发的依据和指导。

关键词: 视觉影响评价 开敞度指数 视觉丰富度指数 高速公路景观规划

1 背景

1.1 位置及研究范围

本项目位于以喀斯特地貌闻名的广西壮族自治区的西北部。乐百高速从乐业县至百色市,全长为155km,联系了广西西北部的南北向交通。本项目同时面临挑战和机遇,一方面是极其复杂的地形地貌带来的挑战,包括了受保护的水源地、世界地质公园、山体、盆地和洞穴。另一方面,复合的地形特征、当地特有的茶树梯田、少数民族文化以及分散的村庄和城镇,也给我们提供了规划一条独具特色的高速公路的机会。研究范围的区位图如图1所示。

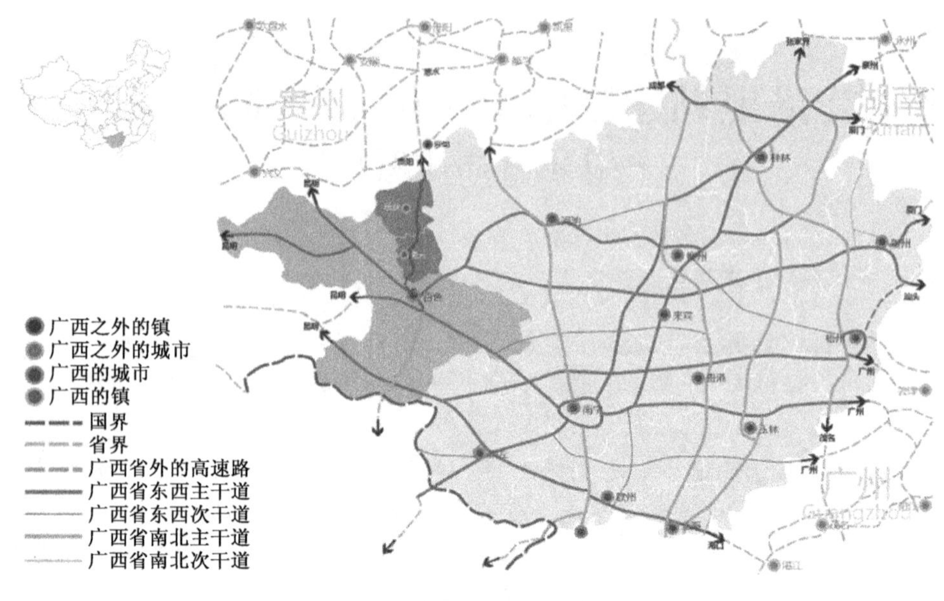

图1　研究范围的区位图

1.2　自然和文化资源概述

乐百高速穿越了遍布自然和文化资源的区域,包括4个国家公园、7个市级公园、4处历史文化遗址,以及15处游客观光点。自然资源包含3种景观斑块,即3条河流走廊,2处森林以及1个天坑公园。文化资源方面,沿着高速公路分布着典型的瑶寨村庄。并且,百色市曾是左右江革命根据地的中心,红色文化底蕴深厚。地貌特征、自然和文化资源图如图2所示。

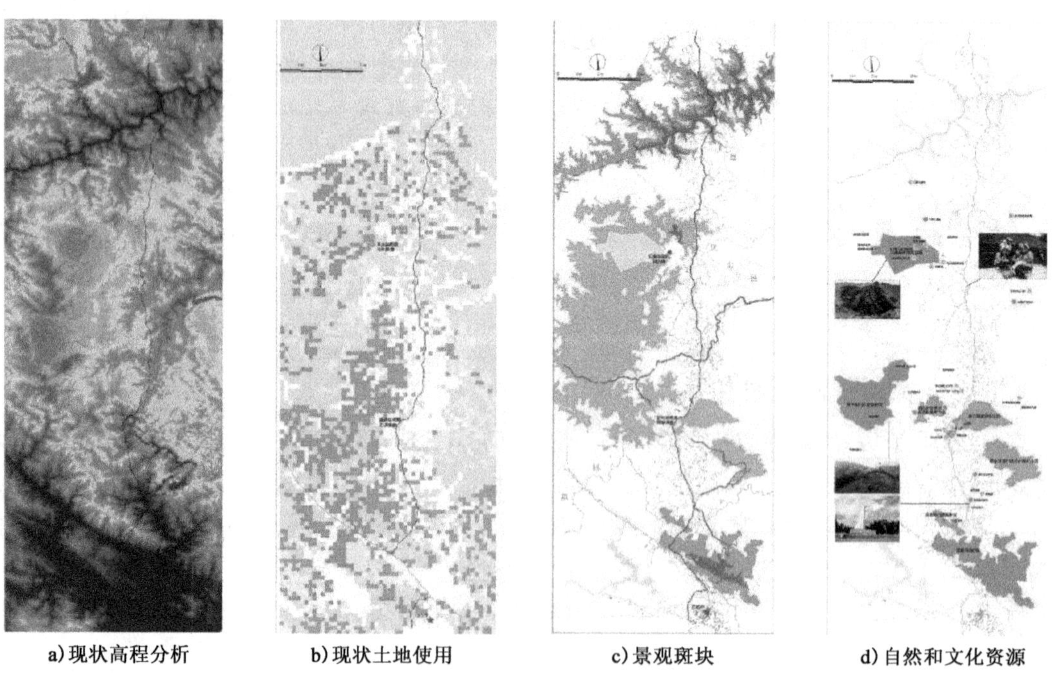

a)现状高程分析　b)现状土地使用　c)景观斑块　d)自然和文化资源

图2　地貌特征、自然和文化资源图

1.3　文献综述

环境影响评价(Environment Impact Assesement,EIA)是自1970年开始在包括中国在内的世界各地所使用的环境管理工具。自从EIA被引进,环境影响评价就成为用于预测并评估发展对于环境和人们的影响范围的重要工具。景观视觉影响评估是和环境影响评价整体框架密切相关的独立部分(Watson,2003)。景观视觉影响评价的目的在于,将景观的视觉影响予以考虑,列出可能性,以帮助最终的决策。目前,与景观视觉影响评价平行和补充性的工具得到了明显的发展。

高速公路项目因为其面临的综合性问题,常常被认为是重要的综合交通走廊。除了交通的功能,高速走廊经常遇到如何平衡不发达地区的高价值自然资源,以及当地城镇迫切需要改善交通需求的挑战,这需要长期的生态可持续策略。Zhang等人定义了一种用于定量描述综合走廊的可持续性指标(Zhang et al,2013)。另外,由于高速公路建造所带来的地区发展是一个综合的复杂问题,我们常常需要将其分解为较次一级的问题。而普遍的高速公路选线方法的主要缺陷在于,不能在基本标准下考虑社会价值、自然资源和美学价值(McHarg,1968)。

我们常常会提建设“美丽”高速公路的愿景,可是规划师和景观设计师一般根据主观的评价进行评估,缺少定量、系统、客观的评估方法。已有的研究向我们展示了如何量化人们对于景观的认知,却缺乏科学量度的变量,以及如何在高速公路规划设计中进行操作。如美国交通部已经提供并在项目中实施了视觉影响评估。其将视觉环境定义为观察者和视觉资源之间的一种关系。本文借鉴这一定义,将讨论视觉特征及开敞度指数和视觉丰富度指数,以及规划师如何保护和提升山水自然资源。视觉影响的流程及关键元素如图3所示。

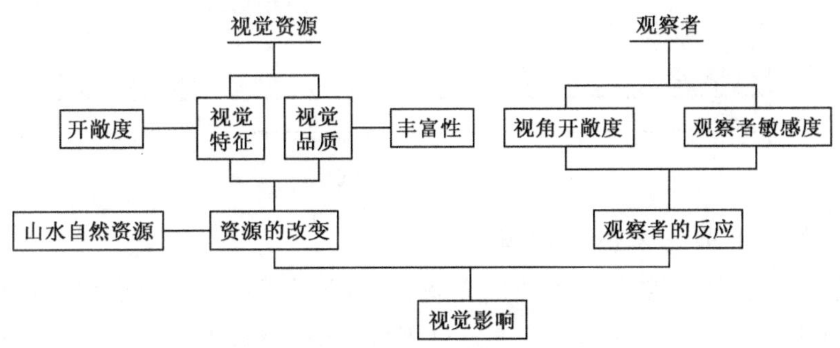

图3　视觉影响的流程及关键元素(基于Watson,2003)

2　问题:高速公路规划中的模糊责任

本研究的核心在于如何量化山水美学,最小化对生态敏感地区的影响,同时最大化地联系城镇和村庄。在这项综合的项目中,将会有区域和当地的规划部门、交通部门、水利部门、投资公司以及当地的居民参与其中。它们各自的责任边界和行政边界在空间上存在相互重叠,造成了边界的模糊,而高速公路的使用者是通过视觉范围来定义其边界,因而需要协调的部分常常是跨区域跨部门的。应用视觉影响评价工具可以建立使用者与决策者以及其他利益相关者之间的商讨依据。

2.1 多重工作范围

在类似的高速公路项目中,传统的工作范围包括道路,路基以及道路两侧 15m 内。可是,我们应当知道,类似这种灰色基础设施的项目,应该在规划时考虑到更大尺度的影响和作用。而传统的范围划定却限制了其对于地区发展的考虑。

因而,不同于其他的传统规划研究,本研究中并没有清晰的“红线”来描述具体的工作范围。在操作过程中,我们将这一模糊的工作范围划分为以下三部分。

(1)道路本身,在规划后由工程师具体处理,视觉边界即近景。

(2)中景。

(3)远景,区域背景层面,视力所及的遥远区域。

研究范围各组成部分的对应距离如表 1 所示,研究范围的断面图如图 4 所示。

研究范围各组成部分的对应距离　　表 1

近景(CL)	中景(ML)	远景(FL)
0 ~ 400m	400 ~ 5 000m	>5 000m

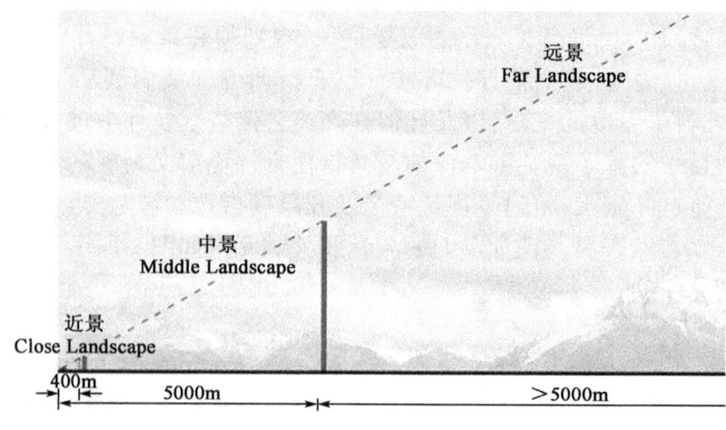

图 4　研究范围的断面图

2.2 不同参与者的视角和关注重点

由于不同利益相关者在空间上事权的模糊性,高速公路的规划设计中存在大量的问题。我们将它们各自相关的核心尺度和主要关注点进行归纳,如表 2 所示。

不同利益相关者所属的核心尺度和主要关注点分析　　表 2

投资方		工程师	规划师	景观设计	当地的城镇和村庄	高速公路主要使用者	环境部门
尺度	道路及路旁的 15m 内	道路线型	道路及城镇、村庄的关系;核心的环境要素	道路两旁的 15m 内	村庄、城镇和县城	视线所及区	区域尺度上的动植物和水资源的保护等
主要关注点	总预算;对环境的责任	土方平衡;完整性	社会效益以及复杂综合的影响	两旁 15m 的设计范围	和更大的城市、城镇的联系	尽可能的快速,以及视觉上的愉悦和趣味性	避免割裂核心保护区

3　解决方法：用地适宜性分析 + 山水视觉影响评价

在项目中，我们将主要的问题分解为以下两个更小的次级问题：

次级问题 1：如何在不破坏区域生态网络的情况下，平衡不同尺度下的利益相关者。

次级问题 2：如何根据不同使用者的兴趣去提供景观并且不破坏生态框架。

为此，我们提出要引进山水视觉影响评价的概念，并且分析其丰富度和开敞度，从而给规划师和决策者提供量化的视觉影响评价。

3.1　山水视觉影响评价的概念

在详细的场地调研的基础上，我们提出使用"山水"这个概念来表明规划结合自然的理念。这是因为"山水"长久以来都是规划设计中的焦点，山水哲学则是源自道家的无为而治。在具体的一幅山水画中，如图 5 所示，我们可以看到古人对周围环境的丰富度和开敞度的关注。通过近景的细节定义观察者的开敞度，通过建立三个景观层次提供观察者景观的丰富度。因而，从某种意义上来讲，山水概念给我们提供了看待人类聚居点的系统视角。这不仅符合最基本的环境要求，即尽可能保持自然原貌，并向不同使用者展示出自然山水的美，还给高速公路走廊的视觉影响评估提供了可以度量的变量。

图 5　传统山水画中的开敞度和丰富度

3.2　用地适宜性分析

我们使用用地适宜性分析的方法综合分析了 18 种不同的核心要素，如表 3 所示。再通过不同维度的分图层分析，从而确定道路的走向，成为之后的丰富度和开敞度评价的基础，如图 6 所示。

地适宜性分析生态维度的核心评价要素及其评价分析表　　　表 3

评估		标准	敏感性得分	权重
生态完整度	国家公园，省级公园，连绵的山脉，河流等	完整	5	0.3
		一般	3	
		不完整	1	
径流	景观游憩，野生动植物栖息地，径流污染	森林、河流及其影响区	5	0.2
		水库、沟渠、稻田	3	
		硬质表面及道路	1	

续上表

评估		标准	敏感性得分	权重
生态走廊	走廊	主要的生态走廊，节点和斑块	5	0.15
		次要的生态走廊	3	
		非生态走廊	1	
植物的多样性	景观，野生动植物的多样性，环境的改善	高	5	0.15
		中	3	
		低	1	
距离要素	距现状道路的距离	大于 2km	5	0.1
		1～2km	3	
		小于 1km	1	
特殊价值	美学，历史价值，文化价值，娱乐价值，少数民族风俗价值	高	5	0.1
		中	3	
		低	1	

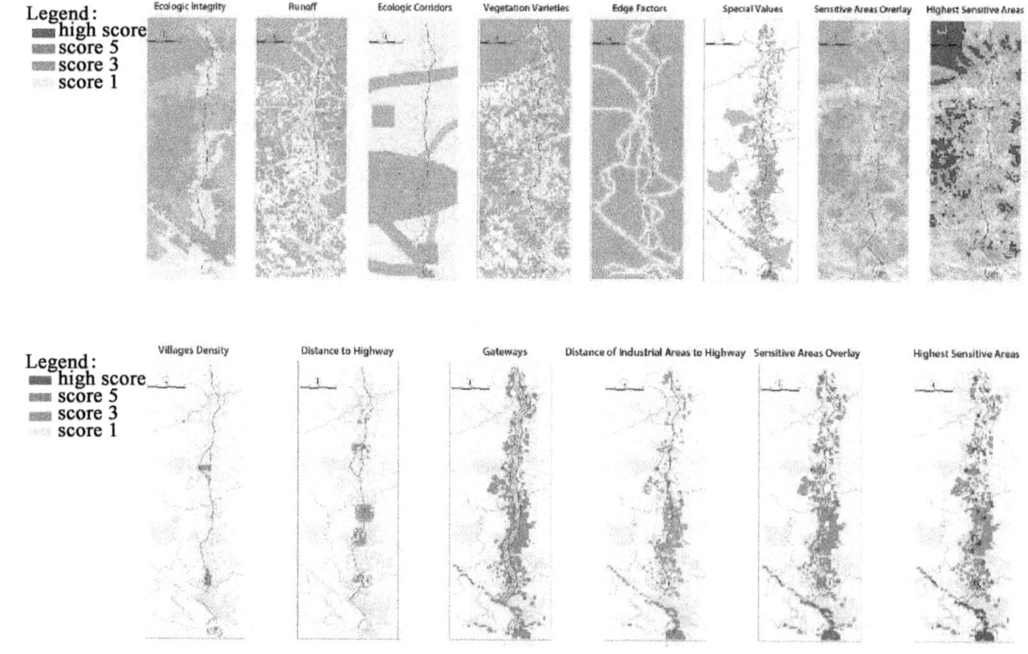

图6　不同维度的多图层用地适宜性分析

我们在研究山水视觉影响时，需要考虑到速度、具体不同使用者（驾驶员、前排乘客、一般乘客等）的要求、不同种类的车辆（小轿车、小型货车、货车，公共汽车等）、以及高速公路的速度规范。根据《中国小汽车驾驶速度规范》以及乐百高速公路的设计要求，我们采用 80km/h 作为研究的标准速度。从以前的研究，我们可以得知，人眼至少需要 5s 的直接视线接触才能感知到周围景观。因而，在 80km/h（本案例的设计时速）的稳定速度下，我们需要建立至少 111m 的景观视觉设计单位。

3.3　开敞度指数

为了可以定量地计算开敞度系数，我们提出了“红布”统计法（“红布”是一块我们置于三个景域中的红色背景，以便计算我们可以看见的红色像素）。这样我们可以在各种三维软件中通过模型构建迅速对近景、中景和远景的开敞度进行分析。借助于 gis 软件，我们可以建立项目的整体 3d 模型，并且能够截取任意区段来分析高速公路沿线的开敞度（图 7 即是采用了一段 500m 长的研究区域进行开敞度指数分析的示意）通过对近中远三个景域中可见的红色的像素的比例，可以直观的获得使用者所面对的景观所具有的开敞性的定量系数。

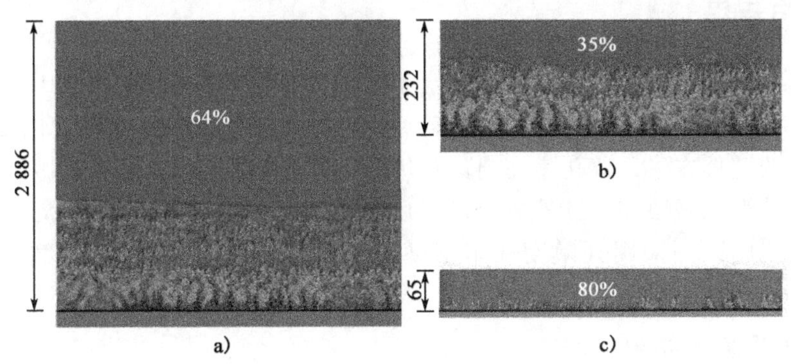

图 7　500m 的选区中近景、中景以及远景的开敞度指数计算

3.4　丰富度指数

从传统的中国美学出发，我们发现美的景观是需要在一定距离内分层的，并且巧妙结合高高低低的山峰。例如，一些山是模糊的并不能清晰地被看到，而另一些在天际线中可以清楚地被看到。从这一概念出发，我们将丰富度指数定义为从使用者角度出发，并且在一定可视范围内所呈现景观的层次数。（如图 8 所示）在山水视觉的分析中，一般而言，层次越丰富、其传达给使用者的信息应该更多。为了量化丰富度指数，我们使用 1km × 1km 的方格来分析整条高速公路，并测量道路两旁的山体景观的景深层次。因为在案例研究的 1 000m 的视域分析中，高速公路沿线的平均丰富度指数为 3，我们将大于 4 和大于 6 的高丰富度区域标明出来，以便于指导下一层次的详细设计减弱人工化的痕迹，而将丰富的自然山水直接呈现给使用者。

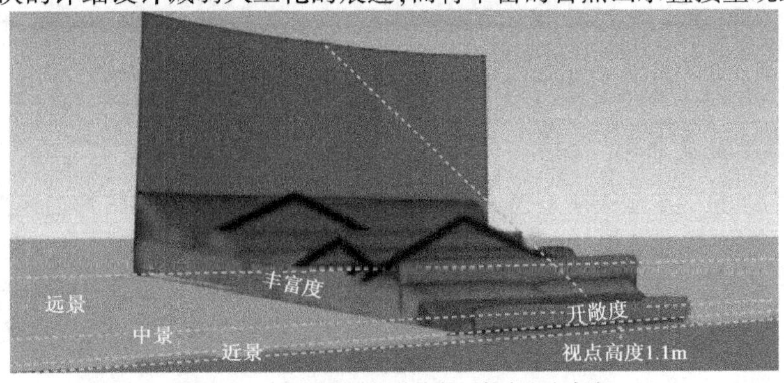

图 8　山水视觉影响评价中的开敞度和丰富度

3.5 叠合开敞度和丰富度综合影响

在分析了现状地形、开敞度和丰富度指数后,必须将高速公路的工程设计要求和使用需求进行叠合分析。例如需要考虑驾驶的连续性并分析出急转弯点,分析出长距离枯燥的直线段增加警示标志,将现有的桥隧道的设计和视觉影响进行叠合分析等等。总体而言,开敞度和丰富度设定的核心目标是希望提供驾驶人员一个简单、安全的近景,而给予非驾驶人员一个更加开敞和丰富的中远景区域。这样既防止了驾驶者疲劳,使其保持警觉、又为非驾驶人员提供了一路上的兴趣感和非凡的体验,更能够为高速公路决策人员提供一个减少造价、突出核心资源、通过低成本和乡土为特色的景观设计来提升高速公路与周边环境的和谐。

4 成果与反思

山水视觉影响评价在传统方法的基础上,引入了山水特点分析、高速使用者不同层次视觉和心理感受分析等理论和方法。文章提出了山水视觉影响评价不是就视觉论视觉,而是一个综合、叠合评估的过程方法。优化生态自然环境的大景观格局、减少对周边城镇化区域视觉冲击、最大化的带动沿线城镇和村庄地方经济是山水视觉评价应当平衡的三大目标。从叠合评价的结果而言,我们试图采用开敞度和丰富度两个核心要素来控制和实现自然与人工和谐之美。

4.1 整体开敞度导则

基于山水视觉影响评价方法,我们在项目中提供了整体的评价导则。下图阐述了155km长的高速公路沿线的视觉影响导则,有利于保护当地的山水格局。如图9所示的开敞度设计导则提供了关于项目在不同区段的开敞度情况。

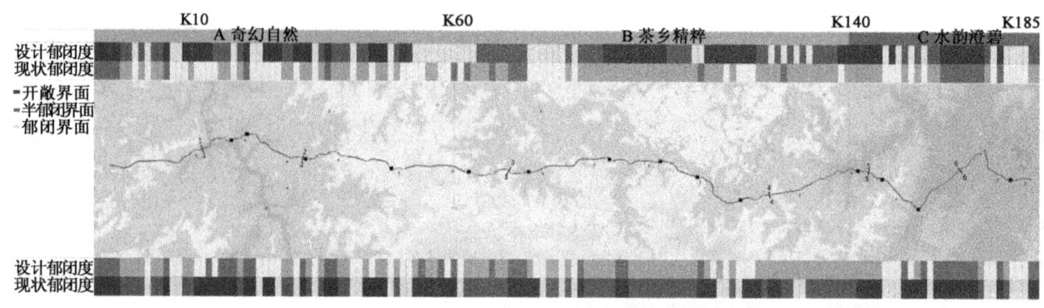

图9 开敞度导则:现状和规划后的比较

4.2 整体丰富度导则

我们认为场地的丰富度往往是超出规划设计师和决策者控制范围的描述性变量,受到大量变量的影响。但是通过提升驾驶体验和设置可供观光的停留点,可以充分利用山水自然景观的丰富度,合理的丰富度将使用者的视线进行延伸,可以有效带给使用者一种感受和认知,有可能带动地方的经济发展,例如带动乐百高速路沿线的特色食品、茶叶等商贸业。

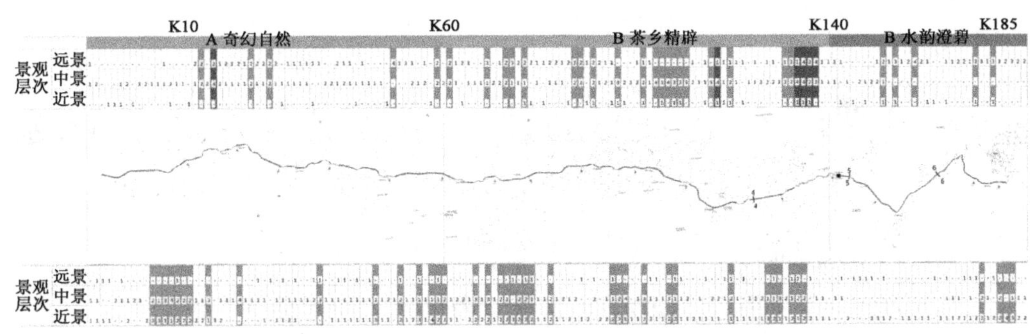

图 10　近景、中景、远景的丰富度导则

4.3　初步结论与探讨

本文描述了一种应用于高速公路线性规划分析的、具有可操作性的山水视觉影响评价方法。方法上首先通过定义山水视觉影响评价的构成要素(开敞度指数和视觉丰富度指数);然后通过多方案优化比较周边带动作用的线性方案;其次将现存的山水地理变化通过 GIS 进行模型化处理;最后将驾驶人的速度及远近中三个可视范围作为主要的研究变量进行叠合分析,从而得到多维度的山水视觉影响评价表,依此作为整体开发的依据和指导。所采用的研究方法和理论路线如图 11 所示。

除了传统源于西方理论的视觉影响分析之外,每一个项目都有其独特的需要解决的特殊关键因子的分析。例如:乐百高速公路还面临着周边居民聚集点多而散、桥隧比例高、山水变化突然等特点。如何在山水画般的具有本地特色的自然地理环境中进行高速公路的山水视觉影响评价,是本文试图回答和探索的问题。文中的山水视觉影响评价的相关概念来源于中国的传统美学,但是可以作为一种有效的沟通工具,能被应用在未来高速公路廊道的规划实践中。开敞度和丰富度指数是为了定义“山水”概念提出的,如何依据科学的方法来建设当地的交通走廊,在未来仍然是一项值得多学科人员共同参与的挑战。

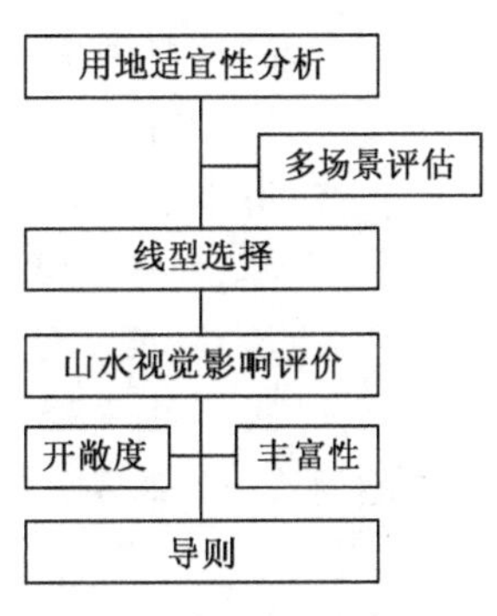

图 11　研究及工作流程

参 考 文 献

[1] Mcharg, I. L. A comprehensive highway route selection method[R]. Highway Research Record, 1968.

[2] Watson D. Guidelines for Landscape and Visual Impact Assessment[M]. Nature Publishing Group, 2003.

[3] Zhang L, Ji, M, Ferrari N. Comprehensive highway corridor planning with sustainability indicators, 2013.

融入自然山水之美的高速公路服务建筑设计探索
——以乐百高速天坑服务区建筑设计为例

王 骏[1] 刘 可[2] 陈 卉[1] 贾利强[2] 徐 杰[3]

(1. 同济大学 上海;2. 广西交通投资集团有限公司 南宁;
3. 伊布(上海)建筑规划设计事务所有限公司 上海)

摘 要:随着我国高速公路的飞速发展,高速公路服务设施的配套建设也应满足路网发展的新需要与人们日益增长的文化生活乃至旅游配套的新要求。高速公路服务建筑具有功能与服务特定性、能源与资源利用自给自足等特点。传统的服务建筑以造价经济、短暂停留与快速服务的目标为主。随着国民旅游的发展,具有旅游带动作用的高速公路服务建筑往往还应当具有文化展示、旅游交易、带动产业和城镇化等新功能。如何将创新服务功能植入可持续发展的绿色建筑是本文试图探索的问题。本文以乐百高速天坑服务区建筑概念方案为例,从标志性形象创造、功能服务需求和绿色生态建筑的角度,对设计方法和手段进行了探索。以当地天坑和群山的地理特色为出发点,将建筑融入周边自然山水与文化特色、充分考虑游客多样化需求;积极运用环保材料、雨水收集利用、遮阳节能等可持续发展技术;参考美国 LEED 绿色技术标准进行设计。绿色公路的理念不应当仅仅体现在路基、隧道等"硬"设计层面,更应该从"软"服务的需求出发,贯彻在高速公路使用者的体验流线中。

关键词:高速公路服务建筑 山水融合 生态建筑 可持续发展

随着我国城镇化的快速发展,高速公路成为社会经济发展命脉中的重要组成部分,正处于建设的高潮时期。截止到 2012 年底,全国高速公路通车里程达 9.56 万 km,居世界第一位。对于作为高速公路配套服务设施不可缺少的组成部分——高速公路服务建筑也提出了更高、更新的设计要求,应满足路网发展的新需要与人们日益增长的文化生活乃至旅游配套的新要求。

1 高速公路服务区概述

由于高速公路是完全封闭、完全立交、严格控制出入,仅供机动车辆高速行驶的专用道路,需要在其周边设置为过往车辆和司乘人员等提供相应服务的基础性设施。高速公路服务建筑是服务区必不可少的一部分,具有功能特定性、服务多样性、能源与资源利用自给自足等特点。通常包括以下三种功能建筑:为司乘人员提供服务和缓解驾驶疲劳的建筑,如餐厅、休息区、卫生间等;为车辆提供服务的建筑,如加油站、维修站、停车场等;为后勤服务和设备提供放置位置的建筑,如锅炉房、配电房等。

主要的服务功能一般设计在服务区综合楼内，其他的一些服务设施单独布局设置，如图1所示。

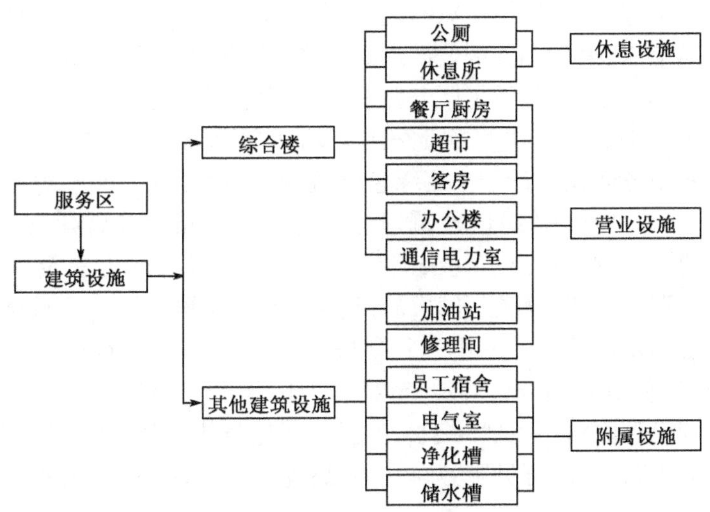

图1　服务区建筑功能构成资料来源：刘素芳，2006）

2　高速公路服务建筑的研究

2.1　国外研究发展

自20世纪30年代德国建成世界第一条高速公路开始，欧美等国相继开始高速公路的建设。高速公路服务区的规划与建设也随着高速公路的发展而逐步合理、规范、完善起来。德国高速公路的服务设施一般是与高速公路网同时进行规划设计和建成实施的，有加油站、停车场、住宿、餐厅等服务设施。由于是私人经营，为了提高经济效益和吸引旅客，有的服务区别出心裁、设计新颖、赏心悦目（李宸，2011）。美国是一个高速公路发达的国家，有不同种类的高速公路。美国政府投资的服务建筑设施较简单，没有高大豪华的主楼（李慧玲，2011），提供餐厅、娱乐休息、加油站、停车场、公共厕所等服务，有的服务区还设有公路气象站。除此之外，美国服务区的研究还考虑到污水、垃圾、雨水处理及文物保护等方面（吴勇往，2005）。

设施最为完善的高速公路服务区当属日本。日本对高速公路沿线服务设施的形式、规模、规划、设计原则等各项指标都做了明确、统一的规定。服务区设有餐厅、商店、车辆维修、加油站以及停车场等功能。空间布局和建筑风格也不拘一格，特别注重服务区与外部自然环境的融合与协调，有些地区还根据当地特色和具体条件把服务区当成该地区的一个景点来建设，供来往人员休息，同时增加收益（刘孔杰，崔洪军，2009）。

国外有关高速公路服务建筑设计的研究多集中于完善服务配套设施及建筑造型与环境结合等方面，对于高速公路服务建筑的绿色生态化设计的研究并不多，但奥戈亚、赫尔佐格、杨经文等建筑师在绿色建筑方面的都已形成了一套相对系统化的研究。

2.2　国内研究现状

我国对高速公路服务区的研究还不够广泛，交通运输部制定的《公路工程技术标准》对服务建筑的规划和设计等方面都没有做出具体要求。一直以来服务建筑的设计理念是以满足造价经济、实用为先、短暂停留与快速服务的目标为主,只注重建设与收益的"高效"、"时速",造成我国高速公路服务建筑主要存在以下4点问题:①未与周边自然环境协调与融合,缺乏空间组合研究,忽视了人性化设计;②有的服务区建设片面追求大而全,服务能力超过实际需求,造成资源浪费,如餐厅利用率低等,或者满足不了服务要求,人满为患或交通拥挤;③能源浪费,或垃圾、生活污水对当地生态环境造成污染;④大多服务建筑没有体现地域文化,造型缺乏个性,千篇一律。

近年来也有一些服务区在设计中采用绿色建筑技术,也出现了一些对绿色建筑理念下服务建筑设计的研究,如李慧玲在《绿色建筑理念下的高速公路服务区建筑设计研究》中从需求、环境、形态和营建4个方面提出高速公路绿色服务建筑设计的方法及原则;李勇在《夏热冬冷地区基于山地地形的高速公路服务区设计研究》中从气候条件出发对夏热冬冷地区生态型高速公路服务区规划及建筑设计原则进行研究;李宸的《绿色建筑理论指导下的高速公路服务区规划设计研究》从节能、节水、节地、节材和人性化角度探索了绿色建筑理论指导下的高速公路服务区规划设计之路。虽然对于绿色服务区建筑体系研究仍未成系统,更没有一体化的绿色建筑技术应用其中,但可见服务建筑的绿色设计理念已是重要的发展趋势之一。

3　高速公路服务建筑设计的"以人为本"和"创新需求"

高速公路有效带动了城镇化发展,两者互动联合,以城市为点,以高速公路为线,以行政和经济区域为范围,发展服务区经济与道口经济,建设城市经济带。同时高速公路对区域经济产生聚集效应与扩散效应,拉动沿线经济增长,促进产业结构优化升级和区域资源开发增值。随着国民旅游的大发展,提高便捷性与通达性的高速公路更直接推动了沿线旅游业的发展。高速公路服务设施不仅要满足司乘人员的生理需求,也应满足路网发展的新需要与人们日益增长的文化生活乃至旅游配套的新要求。

随着高速公路从交通联系逐步走向为区域发展提供重要基础设施作用的网络后,一批批最美的公路、旅游公路等提供复合功能的高速公路逐渐出现。这对于服务建筑如何体现"以人为本"、"创新需求"带来了更高的要求,其功能逐渐融入了文化展示、旅游交易、辐射周边、带动产业等新功能。服务建筑从体量、形式、材质到颜色,都要融入山水之中,与自然山水共同构成优美的整体环境。建筑方案重点突出本土风景和建筑特征,保持传统聚落空间格局,作为当地特色文化与周边景点的展示平台,拉动旅游。同时可以作为当地特色产品销售点,服务区与高速公路点线结合,带动周边村镇产业发展,提供相应的就业机会。

从建筑设计的时代发展来看,绿色建筑与可持续发展技术的应用必须关注的方面。服务区的基地环境多数情况下都设在广袤的原野之中,由此,尽可能减少对当地自然环境的影响,减少污染。整个服务区成为一个相对独立的系统,尽可能降低消耗,提高资源的利用效率,并实现资源的循环利用是达到生态建筑要求的关键(郑东军,2006)。高速公路服务区的设计还要着眼未来,具有前瞻性,充分考虑近期与远期的交通量,减少服务区多次改建和扩建的费用,为未来发展留下空间。

4　以乐百高速天坑服务区建筑设计为例

乐业至百色高速公路推荐线全长167.879km,总体呈南北走向,起点于黔桂两省(区)交界处，与贵州省规划的惠水至罗甸高速公路终点相接。沿线途径广西壮族自治区右江区、凌云县、乐业县、天峨县、贵州省罗甸县等区县，与百罗高速公路连接。全线设置服务区、停车区共5处。乐百高速是国家西部大开发战略实施和推动中国—东盟贸易区建设的需要，完善广西壮族自治区公路网建设，改善区域交通。既肩负加快革命老区、少数民族地区扶贫开发和经济社会发展的重任，也是实现广西与贵州两省（区）优势互补的需要。乐百高速途径自然和文化资源极其丰富的区域，包括4个国家级景区公园、7个省级景区公园、4个文化遗迹区、15个旅游景点，项目可有力促进沿线旅游产业发展。

4.1　建筑造型设计

服务区建筑造型特点基本可归纳为以下2个特点（刘达，2015）。

（1）标志性。综合服务楼作为高速公路对外服务形象的窗口，吸引着途经此地驾乘人员的目光。其形象形态容易成为人们观赏的视觉焦点，体现了特有的标志性意义。在建筑造型设计时融入地方或者民族特色，将其发挥或者扩大化，从而使建筑物造型别致。或者在其造型中特别设置标志性造型，使驾乘人员在高速公路可以轻易地将其辨识。

（2）地域文化性。建筑形象自然要体现当地的自然环境和人文环境的特点，突出其地域特色。

乐业天坑服务区建筑，正是以“世界天坑之都”乐业独特的地形特色为灵感，如图2所示，以简单的几何形式呈现，特别注重多功能的组合和自由搭配。在简洁低调、易融入周围环境的基础形态中，以圆形的下沉花园再现天坑景象，使建筑内部也能欣赏自然景观，建筑与环境内外融为一体。

图2　乐业天坑服务区建筑效果图

伶站服务区的主体服务建筑利用桂黔喀斯特地形的地理印象作为概念,折板式屋顶打造出山形起伏般的天际线,如图3所示使得建筑的空间和功能上更为丰富,致力于打造这个区域的标志性建筑。同样内部也设两处庭院,将景观引入建筑内部。

图3　伶站服务区建筑效果图

4.2　功能流线设计

两座高速公路服务建筑方案均配备餐厅、商店、游客中心、公共卫生间等功能,如图4所示,通过灰空间的入口中庭将公共卫生间与餐厅、商店等功能分开。由于使用率最高的公共卫生间功能,其人流主要与大客车进入服务区相关的,是集中大量的。大餐厅的人流既是集中大量的,同时又是定时有序的。而商店、游客中心及大部分对内功能是分散无序的。因此对人流集中而且量大的公共卫生间、大餐厅等功能单独设置入口,以最短的流线集散。

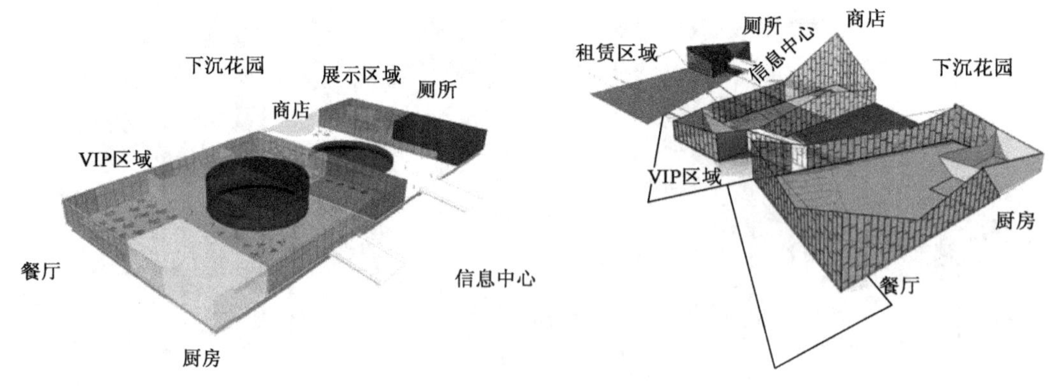

图4　乐业天坑服务建筑和伶站功能设置

高速公路服务建筑不仅提供旅游服务配套的功能,也成为一个室内外展示当地自然与文化特色的平台,如乐业天坑服务区建筑设有展示区域,伶站服务区建筑配备相应的租赁活动器具功能。

4.3　绿色生态技术

1)节能

乐业地区光热充沛,降雨充足。两个服务建筑的设计方案均试图通过大面积玻璃窗与下沉式花园获得自然采光,同时立面采用专门设计的遮阳板起到美观与节能遮阳的效果。下沉式花园的设计,还可以实现建筑自身的热交换,通过自然通风降低室内温度(图5)。建筑还利用屋顶绿化实现夏天降温、冬天保温隔热的作用(图6)。除了有效的建筑方案设计,同时也采用太阳能板来降低建筑能耗。

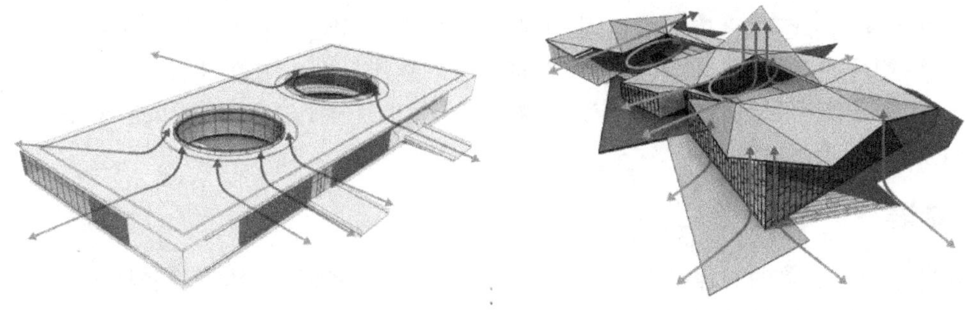

图5　建筑冷热空气交换示意图

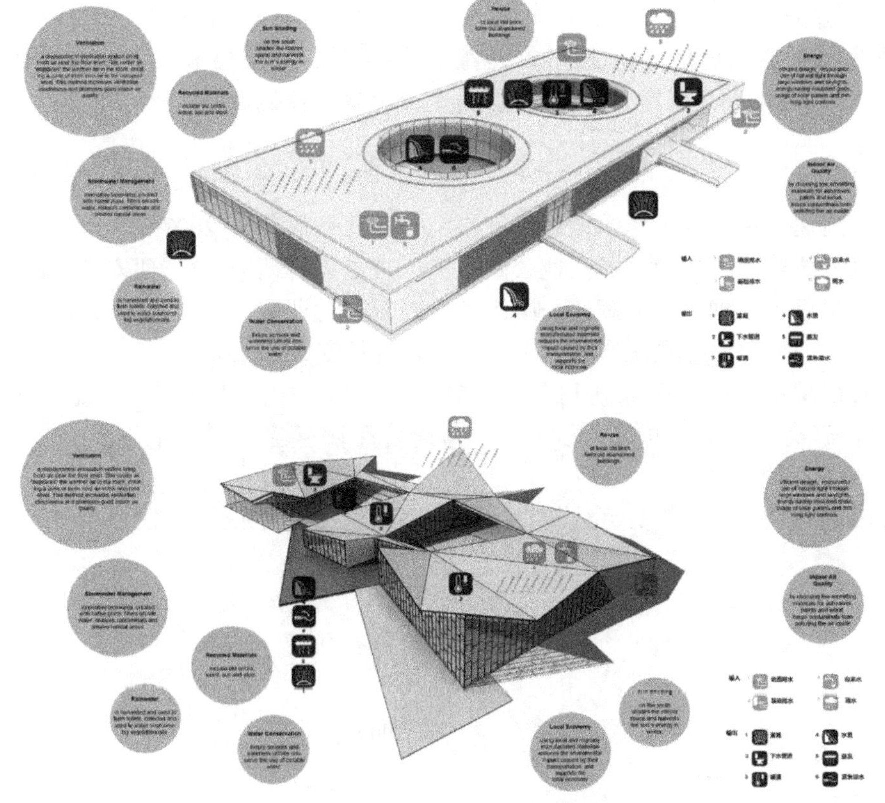

图6　绿色生态建筑设计示意图

2)节水

“开源”和“节流”是绿色生态建筑水资源利用的两个重要手段。“节流”应从减少浪费开始,“开源”的主要措施则为雨水收集和中水回用。当建筑物附近设有下凹式绿地时,采用屋面雨水下凹式绿地—植被浅沟收集利用。硬化路面时处采用雨水径流—植被浅沟—滤网截污—暗渠收集利用。收集后的雨水再用于灌溉、水景、厕所用水等(图6)。

3)节材

建筑立面材料是利用当地旧建筑的砖、木、钢铁等可循环材料建成,同时还优先选用当地的建筑材料,既节约建造成本和运费,资源循环再利用,还能充分体现当地建筑特色与历史文脉。

通过以上绿色生态建筑技术的运用,乐百高速公路服务建筑从可持续场地设计、有效利用水资源、能源和环境、材料和资源、室内环境质量与创新设计6个方面,以符合美国绿色建筑委员会USGBC对建筑项目进行绿色评定的要求,设计标准是使其成为国内屈指可数的符合美国LEED绿色技术标准的建筑之一。

5 结语

融入自然山水之美的高速公路服务建筑设计,既丰富拓展了自然景观和特色文化展示、带动周边景点与村镇旅游经济发展的新功能,优化了服务建筑对周围环境的视觉影响,也为司乘人员提供了一个“畅、安、舒、美”的行车环境和人居环境,满足其生理和心理上的需求。体现了高速公路及服务建筑从“以车为本”向“以人为本”的设计理念的转变。可持续发展是高速公路服务区发展的必然趋势,标志性形象、创新功能与绿色建筑技术系统性地融合,进一步将“以人为本”的人性化设计贯穿整个设计过程,充分表达对使用者的关怀与尊重。

参考文献

[1] 刘素芳.高速公路服务区建筑设计研究[D].长沙:中南大学,2007.
[2] 李宸.绿色建筑理论指导下的高速公路服务区规划设计研究[D].西安:长安大学,2011.
[3] 李慧玲.绿色建筑理念下的高速公路服务区建筑设计研究[D].西安:长安大学,2011.
[4] 吴勇往.高速公路服务设施布局研究[D].西安:长安大学,2005.
[5] 刘孔杰,崔洪军.高速公路服务区规划设计[M].北京:中国建材工业出版社,2009.
[6] 郑东军,李炎.生态·功能·形象——高速公路服务区建筑设计探讨[J].工业建筑,2006,36(7):105-107.
[7] 刘达.山东省高速公路服务区建筑设计浅析[D].济南:山东大学,2015.

绿色服务区建筑节能设计方面的思考

赵军凯[1]　刘茂林[2]　任亚棚[3]

(1. 沈阳建筑大学　沈阳;2. 中国建筑科学研究院　北京;
3. 长安大学　西安)

摘　要:随着我国高速公路的迅猛发展,现代高速公路的开发与利用变得越发的重要,服务区作为高速公路的必备的设施,不仅在高速公路的整体运营环境、司乘人员的舒适和安全等方面发挥着重要作用,而且还能带来可观的经济效益。因此,开展高速公路服务区建筑设计水平方面的研究,具有重要意义。本文主要探讨绿色建筑理念下的某地区高速公路服务区的建筑节能性设计,结合当地气候条件,从服务区的规划选址、服务区建筑总平面布局、服务区单体建筑的平面布局、服务区建筑单体造型等方面,对服务区节能设计进行思考和分析。

关键词:高速公路　绿色建筑　节能　设计

0　引言

随着我国经济的飞速发展,高速公路的建设速度迅猛,同时带动着沿线建筑及服务设施的发展。服务区作为高速公路的重要的设施却在发展绿色交通建筑、建筑节能的思路上有所滞后,我国没有编制针对此类建筑的设计规范。高速公路服务区建筑作为高速公路系统中重要一环,它在功能上有特定性,服务要求上具有差异性,在能源资源利用上具有独立性。对于城区建筑规划设计而言,近年来由于绿色建筑事业的蓬勃发展及建筑节能强制性标准的实施,取得了一定的经验和成果。因此,可以借鉴城区建筑规划设计中采取的节能方法和措施,结合高速公路服务区的特点,合理地应用到交通建筑中,打造绿色、节能交通建筑。

1　服务区所属气候分区的确定

公共建筑节能设计的气候分区为严寒地区 A 区、严寒地区 B 区、寒冷地区、夏热冬冷地区、夏热冬暖地区。某地区地处中纬度,属亚热带气候,受季风影响显著,春秋季节短,冬夏季节长。就气候要素而言,雨量充沛,空气湿润。该省呈现出夏季炎热,冬季湿冷的气候特征。因此,某地区为夏热冬冷地区,服务区建筑须满足夏季防热要求,同时要兼顾冬季的保温要求。

2　服务区环境的绿色规划设计

相对于城市建筑而言,高速公路服务区所处的环境有很大的区别。城市建筑密度一般较大,而服务区建筑一般都处于比较空旷的环境中,有丰富的太阳能、绿地、风能等自然资源,但

基金项目:“十二五”国家科技支撑计划课题(2012BAJ06B03)。

是几乎都没有可利用的市政设施资源,需解决供水、供热、供电等问题,产生了服务区建筑能耗要高于城市建筑的普遍状况。

2.1 服务区规划选址

服务区的规划应与高速公路规划同步,根据高速公路主线,结合自然地形、填挖方量等因素,同时也应考虑服务区周边的供水、排水、通信、供电、地方道路等市政配套设施情况,进行规划选址。在做到经济合理的同时,还要考虑到服务区建筑与高速公路主线、周围自然环境、绿化等有机融合,为往来的人们提供舒适的停车、行车、休息、服务的环境。

2.2 服务区总体布局

服务区的总体布局应遵循便于使用、功能分区合理、工艺流线明确的原则。合理安排室内外平面功能,避免征地的浪费,结合自然环境的整体要求,创造人与自然交流的平台。服务区内停车场、综合楼、加油站、机修间之间要处理好相互关系。停车场既要保证车流顺畅,又要避免对综合楼产生过大的干扰;加油站既要让停车场的车辆顺利便捷地到达,又要避免出现交通堵塞。本服务区的工艺流程为先停车、后加油,把服务区综合楼放置于场地中央,停车场位于综合楼的前后侧,机修间设于场地入口侧,加油站设于场地出口侧,车流顺畅。停车场采用45°前进停车、前进出车的方式,客货车分区停放,大车停车场至于场地后侧,最大程度地避免了对综合楼的干扰。综合楼前广场用于停放小型车辆,停车位分组设置,并配置一定数量的乔木,创造良好的停车环境以及广场的观瞻性。

2.3 服务区建筑物绿色设计

(1)服务区综合楼宜采用长方形的体型,大部分用房采用南北朝向。以本地区为例,最恶劣的建筑室内环境是夏季的东、西晒和顶晒,另外,该地区夏季室内空调能耗较大的原因主要是窗户太阳辐射,所以东西向是建筑最不利的朝向。服务区建筑的规划首先应该是满足使用功能的要求,所以还是将综合楼顺应工艺流线布置,其内部大部分房间采用了南北向布局,最大程度利用了夏季自然风向来进行散热。

(2)建筑绿化是服务区建设不可或缺的一部分,影响着场地的微气候,在设计时应满足人们在使用室外公共休闲场所时的舒适感,形成适宜的高速公路服务区环境。因此,综合楼设计时要考虑设置局部的内庭绿化,来改善建筑的环境。

(3)铺地广场也对服务区环境也有着一定的影响。由于服务区对场地承载力的要求,需要硬质地面,因此大量采用了混凝土路面。该路面有高反射率的特性,在夏天天晴时,它在大量吸收、储存了太阳的辐射热之后,又将热量反射释放出来,此时在服务区停车场就会有严重的灼热和烘烤感。司乘人员在夏季经过长途的奔波,停车休息时又处在一个高温的环境,很难在停留过程中有舒适感。

因此,该服务区在小客车停车位这些对承载力要求不高的位置,设计时考虑采用了透水性地面,并与周边的绿化相结合,来缓和硬质地面的反射热,吸收部分扬尘,改善停车场的环境。

3 服务区单体建筑的节能设计

3.1 建筑单体平面布局

高速公路服务区的单体建筑是用来满足人和汽车基本需要的休息设施,主要包括:综合楼

(含超市、公共卫生间、快餐厅、特色专卖、包厢、客房、办公区等)、机修间、加油站、泵房、变电所等。服务区综合楼是服务区的核心建筑,它的服务对象是高速公路的司乘人员,这些人员都是经过长途跋涉,人流的特点有着集中与分散,有序与无序的特点。在单体平面布局的时候要注意人流的流线以及对热流进行分区,尽量各个部分的热流分隔。

3.2　建筑单体立面造型

(1)建筑的立面造型与节能计算的体型系数有着密切的关系。在本建筑所处的夏热冬冷的气候分区中,可以将建筑物设计得自由舒展,最大程度地获得自然光和自然通风,体型系数过大,建筑表面积较大,不利于节能;体型系数过小,建筑物外形较呆板,平面布局困难,因此在服务区平面设计中要权衡利弊,综合考虑建筑的体形系数,得出条式建筑不宜大于0.35,点式建筑不宜大于0.4。

(2)节能计算中,另一个重要的参数"窗墙比"对建筑立面上的开窗有严格的要求,每个朝向的"窗墙比"不应大于0.7。由于本服务区主朝向为东西向,所以在主立面上开窗比较小,把大部分的窗洞面积开在南北朝向来进行"窗墙比"的控制,局部采用了遮阳百叶,所有外窗均采用中空玻璃,断热型铝合金节能门窗。

3.3　建筑围护结构节能设计

围护结构是构成建筑的主体部分,分为外围护结构和内围护结构两部分。这里主要讨论外围护结构中的外墙及屋面的节能设计。

(1)外墙是建筑外围护结构的主体,墙体的节能设计直接影响到建筑的耗能。在本地区,建筑保温目前应用较多的是外墙外保温,在外墙表面做保温材料,覆以防水层,再设外墙装修构造。其优点有很多,首先保温层设在外表面,可以有效保护外墙砌体免受太阳辐射的影响;其次外保温对建筑柱、梁、墙角等敏感部位处理比较容易,避免了热桥的产生。

(2)屋面节能是次于外墙节能的一个重要部分。受某地区的气候及文化的影响,某地区高速公路服务区屋顶多采用坡屋面,利用轻质保温材料能满足坡屋面的建设要求,一般采用挤塑聚苯板。因为挤塑聚苯板位于屋面防水层和屋面瓦之间,所以屋面瓦的固定构件应做好防渗处理,以保证防水层的完好性。

4　结语

随着近年来我国高速公路的迅猛发展,随之带来高速公路服务区的兴起,但是针对服务区建筑的节能设计,国家尚未出台相应的规范。因此,本文提出,绿色服务区的建筑节能设计要在借鉴国家现行的公共建筑节能标准基础上,结合各地区夏热冬冷的气候特点,从服务区选址、总体布局、环境、单体平面、立面、围护结构等方面进行综合考虑,为进一步地具体设计理清了脉络。在全球能源日趋紧张的今天,对于建筑工程设计师来说,需要用全新的视角来考虑高速公路服务区类建筑的节能性设计,能够在人烟稀少的高速公路边上创造出绿色的交通建筑与怡人的交通环境。

参考文献

[1] 李慧玲.绿色建筑理念下的高速公路服务区建筑设计研究[D].西安:长安大学,2011.

[2] 孙维. 夏热冬冷地区高速公路滨水服务区设计研究——以随岳高速公路宋河服务区为例[D]. 武汉:华中科技大学,2007.
[3] 丘雨佳. 建筑节能技术在季冻地区高速公路服务区建筑设计中的应用[D]. 长春:长春工程学院,2015.
[4] 成馨. 高速公路服务区综合服务楼优化设计研究[D]. 武汉:华中科技大学,2007.
[5] 陈鹏. 高速公路服务区及收费站建筑节能研究[D]. 长沙:中南大学,2007.

高速公路服务区速分生化污水处理新技术研究

孙传姣[1]　许国平[2]　刘志强[1]　石国民[3]　蒋海峰[1]

(1. 交通运输部公路科学研究院　北京;2. 广西乐百高速公路有限公司　南宁;
3. 江苏融汇环境工程有限公司　宜兴)

摘　要:在分析污水处理技术及工艺的基础上,结合高速公路服务区污水特点,提出了速分生化系统是适合广东高速的成熟可靠的污水处理工艺,并通过填料改型,采用复合速分球替代陶粒,在填料层中产生了流化和流离作用,复合速分球采用紫砂废矿石特殊烧结工艺,使得球烧结后形成的空隙均匀,球内部产生碳化,提高了污染物去除率,在与高速公路污水相近的进水水质下,各项指标去除率能达到90%以上,出水水质达到城市杂用水水质标准要求。

关键词:高速公路　服务区　污水处理　速分生化

1　背景分析

我国的各高速公路服务区都不同程度地投资建设了污水处理设施,早期建设的高速公路多采用化粪池和地埋式污水处理设施进行处理,其处理效果不理想,出水水质较差;进入21世纪后,由于高速公路规模的不断扩大,如何处理和管理好服务区污水这一问题日益凸显出来。

目前,已有多种污水处理设备应用于高速公路服务区,但由于缺乏专业水处理技术人员,日常管理多由水电工兼管,部分设备缺乏良好的维护、管理而导致处理效果较差,或者出现问题后不能及时发现、维修等,使其无法正常使用。部分污水处理设备产品质量不合格,没有产品鉴定证书,因此水处理设备产品质量参差不齐也是导致设备运转不正常,出水水质较差。此外,污水处理效果参差不齐、耗能明显。因此,研发一种处理效率高、抗冲击负荷能力强、运行维护简便、电耗低、占地面积小的新型污水处理技术是十分有意义的。

2　国内外现状

2.1　国外现状

公路沿线服务设施的水污染问题已引起国内外的普遍重视,国外一般采用分散式处理方式及一些小型的污水处理系统进行处理,特别重视污水回收利用。发达国家高速公路建设实行建设和环境保护并重的方针,在高速公路建设的初期就将环境保护和恢复措施纳入建设之中。

美国从20世纪30年代开始就开展了高速公路沿线设施污水处理技术以及高速公路服务区的生态环境保护方面的研究应用等。

日本自1977年以来,分散型污水处理的普及率达到较高的水平。近年来,日本为减少N、

P营养盐类的排放，从而控制水体富营养化，许多地方对以前采用的标准活性污泥法的二级生化处理的污水处理工艺进行改造，采用了厌氧、好氧活性污泥法。

澳大利亚研究开发了一套“过滤、土地处理与暗管排水相结合的污水再生回用系统”，即“FILTER”高效、持续性污水灌溉技术，利用污水灌溉植物，经过灌溉土地护理后，再利用地下暗管将其汇集并排出。

经过多年的研究与实践，国外高速公路服务区的污水处理与回用技术已经比较成熟，目前应用比较广泛的处理技术包括主要有SBR法、膜生物反应器、人工湿地处理工艺等，经过响应的技术改造与优化。这些技术已经能够适应高速公路服务区污水成分复杂、水量波动大、占地要求高等特点，收到了较好的处理效果。

2.2 国内现状

目前国内高速公路传统污水处理技术，主要归纳为以下四种。

1）活性污泥法

传统活性污泥法SBR工艺是一种将初沉、反应和二沉各工序放在同一反应器中交替进行的间歇性活性污泥法工艺。曝气池的运行操作分进水、反应、沉淀、排水、闲置5个工序。污染物的降解主要发生在进水期和反应期，适合于小水量、分散污染源的治理。

SBR工艺具有以下特点：系统运行管理易实现自动化，操作简单、灵活；占地少；理想静沉，泥水分离效果好；污泥活性高，可抑制污泥膨胀；耐冲击负荷；运行费用较低；可脱氮除磷，出水水质好。SBR工艺的缺点是：造价较高；需特殊的滗水装置；自控要求高；对管理人员素质要求高；需专业人员定期维护。

2）自然条件下的生物处理法

土地处理法（人工湿地、土壤渗滤系统）污水土壤毛细管渗滤是一种就地污水处理技术，它充分利用土壤中的动物、微生物、植物以及土壤的物理、化学特性将污水净化。由于利用了土壤的自然净化能力，因而具有基建投资低、运转费用少、操作管理简便等优点。同时，还能够利用污水中的水肥资源，将污水处理与绿化相结合，美化和改善区域生态环境。污水土壤毛细管渗滤处理工艺流程如图1所示。

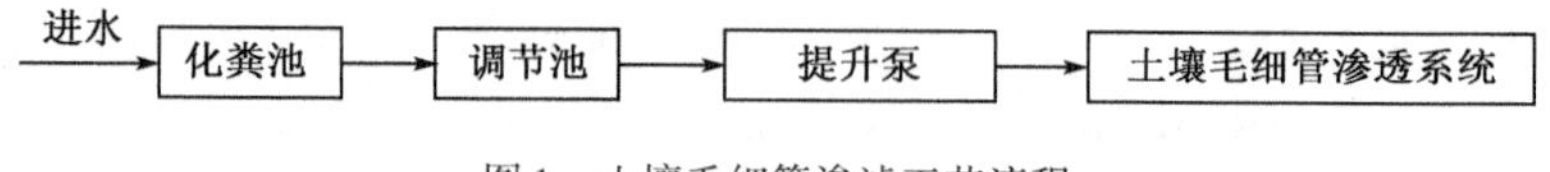

图1 土壤毛细管渗滤工艺流程

3）接触氧化法

多数服务区污水以前采用地埋式污水处理装置进行处理。地埋式一体生化处理设备目前，很多服务区主要采用WSZ型地埋式污水处理装置进行污水处理。该类装置的处理工艺流程如图2所示。

以接触氧化为核心工艺的地埋式一体化处理设备之所以能得到较为广泛的应用，主要是该工艺与普通的活性污泥法（CAS）相比具有以下优点：停留时间短；较强的抗负荷冲击能力；剩余污泥产量少；不会发生活性污泥法中常出现的故障——污泥膨胀；运行模式简单。调查结果表明，生物接触氧化法是目前高速公路服务区污水处理用得最多的一种方法，但它也存在明显的缺陷：受短流等因素影响，二沉池不是理想静沉，易导致出水SS较高；布水、曝气不易均匀,影响处理效果;生物填料可能堵塞,且需定期更换,费用较高,操作繁琐;污泥需定期外运处理;埋于地下的机电设备一旦出故障,维修更换麻烦。地埋式一体化处理装置受设备质量和运行管理因素影响较大,污水处理率和处理效果难以长期保证。

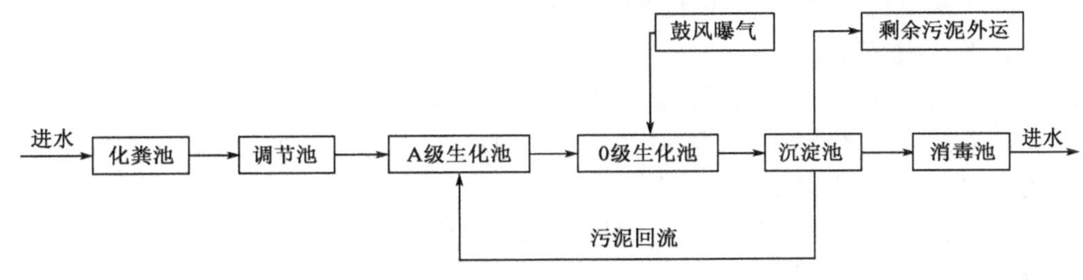

图2　A/O氧化法流程图

4)膜过滤技术

膜生物反应器(MBR)处理工艺将传统的活性污泥法降解能力与膜的高效分离能力集于一体,是近年来技术日趋成熟、应用日益广泛的新型污水处理工艺。处理流程图如图3所示。

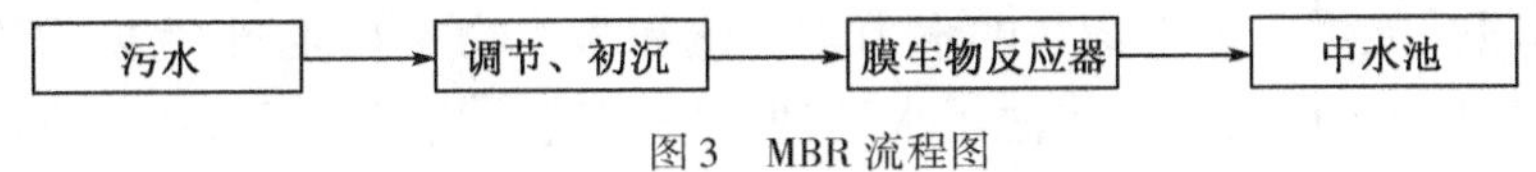

图3　MBR流程图

MBR具有很强的去除氨氮的能力,设备紧凑,占地面积小,操作自动化,耐冲击负荷,能够适应服务区污水水量、水质变化的要求。MBR工艺的容积负荷高,占地面积很小,污泥产量很低,处理后出水结合必要的消毒后,可以达到回用水的标准,可用于服务区的冲厕、洗车、绿化等,具有很好的环境效益和经济效益。但是由于采用膜组件,系统造价高,维护运行费用高,目前该工艺主要应用于土地受限、出水水质要求高、经济条件好的地区。主要用于饮用水处理。

3　基于生物速分球工艺一体化微动力污水处理技术研究

本文研究的生物速分球工艺一体化微动力污水处理新技术,可适应高速公路服务区出水水质要求有机物和氨氮去除率高、服务区污水量波动大、服务区污水性质较复杂、无专业管养等污水特点,实现污水处理达到相应污水排放标准。

3.1　速分生化污水处理系统工艺流程

速分生化污水处理工艺是近年来得到国内外广泛关注的新型处理工艺,该工艺与生物膜处理紧密结合,具有处理效率高、出水水质稳定、流程简化、装置紧凑、设备控制自动化程度高等优点,在污水回用中表现出显著的优势。速分生化污水处理工艺如图4所示。

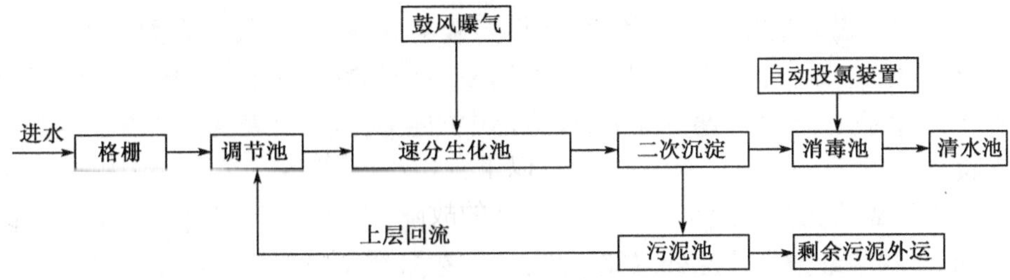

图4　速分生化污水处理系统工艺流程简图

污水处理工艺基本上是采用物理作用预处理+生物作用深度处理+物理作用澄清,工艺流程为“进水→格栅→调节池→生化池→二沉池→消毒→排放”。其中速分生化池为核心构件。速分生化污水处理技术特点如下:

(1)处理效率提高30%(同等规模条件),抗负荷冲击能力强,缓解节假日污水冲击负荷大、设备易堵塞、易瘫痪等问题。

(2)微动力曝气,比传统技术降低运行能耗约2/3以上。

(3)无需活性污泥培菌驯化阶段,挂膜快,微生物生长快,故启动时间短。

(4)无污泥池,节省土地资源。

(5)成本低于膜过滤技术比传统技术性价比高,比传统技术性价比高。

(6)维护简单,操作方便。

(7)速分球使用寿命长,至少5年以上。

3.2 速分生化污水处理机理分析

速分生化污水处理工艺中的核心构建速分生化池主要采用了复合速分球+紫砂矿填料工艺,该工艺对善填料性能需要改善填料的水力学性能和微生物亲和性能,为微生物提供水气分布和附着生长条件,因此,提高了生化池污水处理效率。其工艺流程图如图5所示。

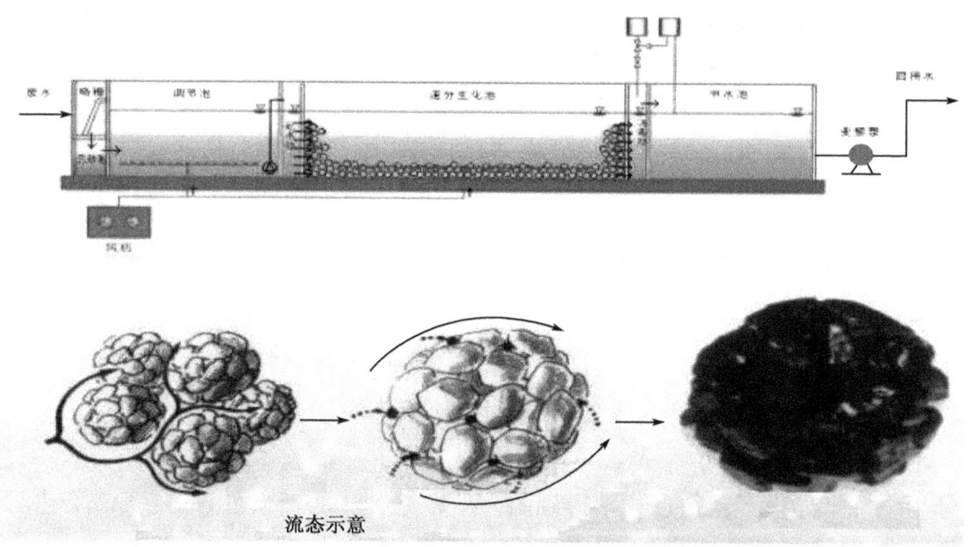

图5 高效速分生化工艺流程图

采用紫砂矿颗粒表面呈蜂窝多孔状,存在很多微细开口孔隙,其比表面积大,因此表面能高,对污染物和微生物吸附作用强,加上流离作用使污染物在此堆积,形成了反应器中最优良的生物附着环境,因此加入复合速分球后,反应器中的生物菌主要表现为附着在球类紫砂矿颗粒间的生物膜。

在各种孔隙形成的孔隙通道下,水流携氧传输存在分布状态微观不同,在大孔径段溶氧较多、在孔隙通道末端的最微小孔隙处溶氧很少,因此在整个反应器中形成了富氧、缺氧的状态,形成好氧、兼氧、厌氧的生化反应环境,如图6所示。

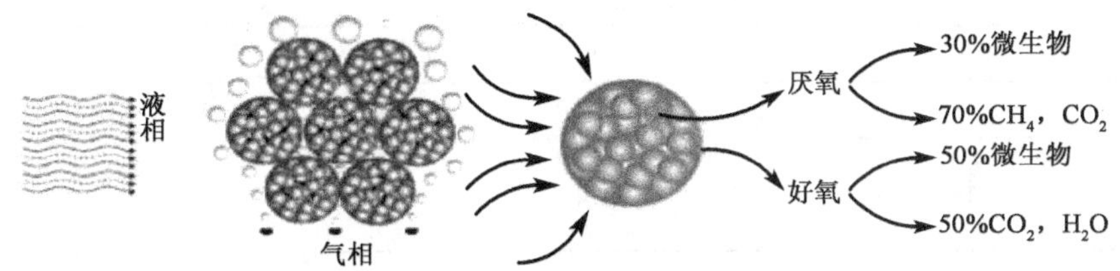

图6　反应器微生物生长示意图

3.3　填料改型—复合速分球替换陶粒

采用塑料球型框填充紫砂矿颗粒形成细料分集堆积状态的复合球形框填料块，将复合填料块堆积于反应器填料层中，代替常规陶粒料直接松散堆积状态。所采用的塑料球形框和紫砂矿颗粒外观如图7所示。

a)

b)

图7　塑料球框和紫砂矿颗粒

复合球形框填料是由塑料球壳和紫砂矿颗粒组成，塑料球壳采用聚乙烯材料、紫砂矿颗粒经过表面处理增大表面孔隙率。两种组成材料的理化性质如表1～表3所示。

塑料球壳材料理化性质　　表1

材料	密度（g/cm^3）	水溶性	吸水率（%）	毒性	脆性温度（℃）	抗拉强度	抗蠕变性	耐冲击性	耐腐蚀性	球壳直径
LDPE	0.86～0.96	不溶	<0.01	无毒无臭	-70	低	低	高	强	10mm、12mm等

紫砂矿颗粒理化性质　　表2

堆积密度（kg/m^3）	700～900	比表面积（m^2/kg）	20～100
表观密度（g/cm^3）	1.6～1.8	抗压强度（MPa）	7.08
含水率（%）	0.1～1.0	抗剪强度（MPa）	5.96
堆积孔隙率（%）	50～70	灰分（%）	<0.1
内孔隙率（%）	10～25	摩擦损耗率（%）	<1

续上表

挂膜时间(h)	27	盐酸可溶率(%)	<3
松散系数	1:1.25	溶出物	不含对人体有害元素
外观	类似球状	粒径	2 ~4mm、4 ~6mm、3 ~5mm、6 ~8mm 等

紫砂矿填料化学成分 表3

化学成分	SiO_2	CaO	MgO	Fe_2O_3	FeO	Al_2O_3	TiO_2	K_2O	Na_2O
含量(%)	53.82	8.36	2.46	9.08	1.12	16.89	0.06	2.30	2.55

从复合球填料组成材料的理化性质上看：材料稳定，化学惰性高，抗腐蚀性强，无生物毒害性，符合作为生物膜附着材料的要求；聚乙烯材料耐冲击性能强，紫砂矿颗粒抗压抗剪强度高、摩擦损耗率低，适于在曝气环境下的水流冲击摩擦；聚乙烯密度稍低于水，紫砂矿颗粒密度高于水，两种材料组合的综合密度稍大于水，在充液反应器中能形成堆积，并保持松散堆积态、不会板结密实。因此，从理化性状上看，复合球材料可以作为速分生化反应器填料。

4 结语

本文致力于研究一种全新的生物速分球工艺一体化微动力污水处理技术，可适应高速公路服务区出水水质要求有机物和氨氮去除率高、服务区污水量波动大、服务区污水性质较复杂、无专业管养等污水特点，实现污水处理达到相应污水排放标准。本研究成果，将为加强高速公路服务区生活污水的污染治理与再生利用提供系统的理论与方法，为改善高速公路服务区生态环境提供了技术支持，为生态公路的建设赋予了新的内涵。

参 考 文 献

[1] 班福忱，陈光，李慧星，等. 生物接触氧化法处理高速公路服务区污水工程实例[J]. 工业安全与环保，2008，34(5)：33-34.

[2] 陈勇. 高速公路服务区污水处理和中水回用技术研究[D]. 合肥：合肥工业大学，2011.

[3] 唐璐，刘慕凡. 高速公路服务区污水处理回用工程实践[J]. 环境科学与技术，2011(S1)：220-222.

[4] 黄斌，叶颖，李定策，等. 膜生物反应器在高速公路服务区污水处理的应用[J]. 公路工程，2013，38(2)：75-80.

[5] 单永休. 生物接触氧化工艺处理高速公路沿线设施污水试验研究[D]. 西安：长安大学，2006.

[6] 胡晶莉. 高速公路服务区埋地式污水处理及中水回用技术应用简述[J]. 公路交通科技：应用技术版，2010，6(4)：174-175.

绿色建筑技术在乐业服务区中应用的研究

乔　科　刘旭峰

(四川省交通运输厅公路规划勘察设计研究院　成都)

摘　要:为了调节发展与生态环境的矛盾,减小建筑对资源,环境的破坏,绿色建筑的概念被提出与推广。本文以广西乐业服务区为分析对象,针对其气候特征,建筑功能特点,研究绿色建筑技术在其中应用的可行性,探索今后绿色服务区发展方向,以及绿色建筑技术在交通建筑中应用的方式。

关键词:乐业服务区　绿色建筑技术　光伏发电　屋面雨水收集

0　引言

在2015年的十八届五中全会审议通过的《中共中央关于制定国民经济和社会发展第十三个五年规划的建议》中,明确提出"用发展新空间培育发展新动力,用发展新动力开拓发展新空间"。交通部部长杨传堂也于2015年11月24日在《人民日报》发表署名文章强调,推进基础设施建设节能减排。加快发展风能、太阳能、生物质能、水能、地热能、储能和智能电网,加快建设天然气、页岩气、煤层气开发设施。推进交通运输低碳发展,实施新能源汽车推广计划[1]。2016年2月初,国家发展改革委和住房城乡建设部两部委联合印发了《城市适应气候变化行动方案》,《方案》指出,"提高城市建筑适应气候变化能力,积极发展被动式超低能耗绿色建筑"。这意味着绿色建筑等环保产业将进入新一轮政策期与发展期。

1　项目背景

乐业至百色高速公路,与百色至靖西高速公路相接,是重庆、贵州经靖西龙邦口岸(国家一类口岸)往东盟国家最为便捷的通道之一,即是广西2015年重大基础设施建设项目,也是国家"一带一路"战略实施的一个重点工程。2016年交通运输部下发《交通运输部办公厅关于开展绿色公路建设典型示范工程建设的通知》,公布了绿色公路建设第一批典型示范工程项目,一共从全国选出8个具有一定社会影响、路网功能明确、沿线区域自然环境特点突出、工程具有代表性的公路建设项目,乐百路因其自身特点与战略意义而被纳入其中。乐业服务区作为整个乐百高速公路中唯一的单侧服务区,也是绿色建筑技术重点打造项目。

乐业服务区位于乐业县逻西乡(106.56°E24.78°N)属于亚热带湿润气候区,年降水量1 100~1 500mm,夏季炎热,气候潮湿,冬季温暖,年平均气温在16.3℃左右,太阳能资源丰富。

如图1所示,乐百路乐业服务区采用单侧集聚式布局。单侧集聚式布局相对于双侧布局而言,优点:管理维护方便、运营成本较低、便于发挥设施综合功效、土地利用率高;缺点:需要新增互通,土建工程造价较高。对于乐百路乐业服务区而言,根据踏勘现场并对比图纸后认为,由于双侧服务区的布置受地形限制,在主线一侧有较为平坦宽敞用地,而另一侧为高山,为减少对自然生态的破坏,适宜打造单侧服务区。同时,单侧服务区由于面积较大、功能相对集中,也符合国内潮汐式交通状况,使资源能够高效利用。

图1　乐业服务区鸟瞰效果图

乐业服务区采用单侧布置模式,将双向来车通过立交汇入环绕服务区的单向车道,通过单向车道上的不同入口将大小车辆导向各自的停车场。车辆驶离时通过不同的出口汇入环绕服务区的单向车道并通过立交驶离,场区内也设置可拆卸桩,当发生特殊情况时,可以整合停车资源,保证空间资源不被浪费。

在我国提出的绿色建筑评定标准中,绿色建筑等级由五方面来决定:节能与能源利用,节水与水资源利用,节材与材料利用,节地与室外环境,室内环境质量。对于公共建筑而言,节能与能源利用板块占最高比重,建筑设计中的提高与创新,也能获得可观的加分。下面将会对本项目中采用的绿色建筑技术按照五个方面以及提高与创新六项逐一进行分析与社会经济效益评估,为同类设计起到示范与参考的作用。

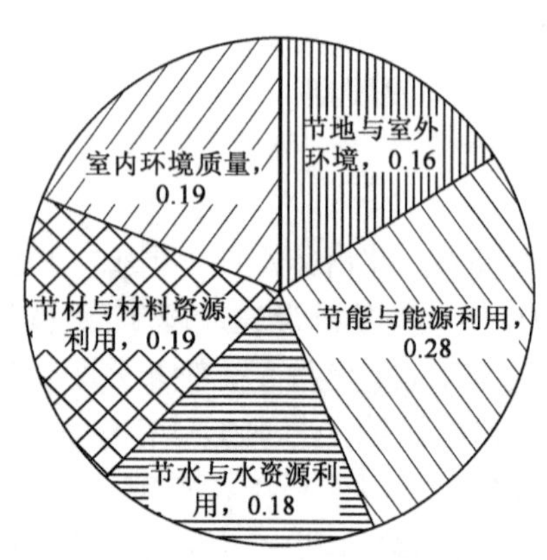

图2　绿色建筑评价标准分项权重

绿色建筑评价标准分项权重如图2所示。

绿色建筑等级计算标准:

提高创新部分加权得分 Q_i,各部分得分为 Q,W 为各部分的权重系数,则:

总得分 $\sum Q = w_1Q_1 + w_2Q_2 + w_3Q_3 + w_4Q_4 + w_5Q_5 + Q_i$ (一星级:50分;二星级:60分;三星级:80分)

2　绿色建筑技术在乐业服务区中应用

为了打造乐业绿色服务区,减少资源与环境破坏,降低全生命周期成本,实现社会经济综合效益,结合当地气候特征和建筑功能特性,在设计方面采用了绿色建筑技术,如图2所示。

在停车棚顶部设置光伏发电板，利用太阳能发电的同时提高空间利用率；对服务区屋面雨水进行系统回收，用于厕所冲洗和植物灌溉，减少生活用水浪费；人行区域采用透水路面，使雨水既不会囤积也不会直接浪费；高热工性能围护结构，断热桥低辐射中空玻璃，高性能中央空调机组，节能灯具和自然通风能够提高资源利用率，达到节能减排的目的；卫生间使用节水卫具，进一步减少水资源的浪费。

图3　乐业服务区使用的绿色建筑技术

2.1　节能与能源利用

能源消耗在建筑的整个生命周期成本中，所占比重最大。在国家新推出的《绿色建筑评价标准》中，对于公共建筑，节能与能源利用占了整个评分标准的28%，因为服务区功能特性要求，需要大面积的停车区域，导致在节地部分得分相对较低，为满足国家绿色建筑评价标准，在本次设计中侧重节能与能源利用板块。再者，服务区一般位置相对偏远，单体面积小，整体供电成本高，应对特殊情况能力较差（如断电）。因此，如何利用可再生能源，对于降低建筑的整个生命周期能耗，完成可持续发展，增强自身对抗特殊情况的能力有着至关重要的意义。针对节能与能源利用，乐业服务区共采用了6项绿色建筑设计与技术。

1）太阳能光伏发电

乐业服务区采用太阳能光伏发电具有天然的优势，其一广西地区光照强度大，日照时间长，拥有良好的太阳能发电条件。其二，乐业服务区用电负荷峰值集中在白天，与光伏发电系统运行时间重合，使其能够最大效率使用，减少储能设备规模。利用太阳能光伏发电能够有效地降低建筑能耗，减少自然资源消耗，降低对于市政供电的依赖性，减少长距离市政电网输电消耗，提高自身工作稳定性。图4为国家测量的太阳能资源分布图。

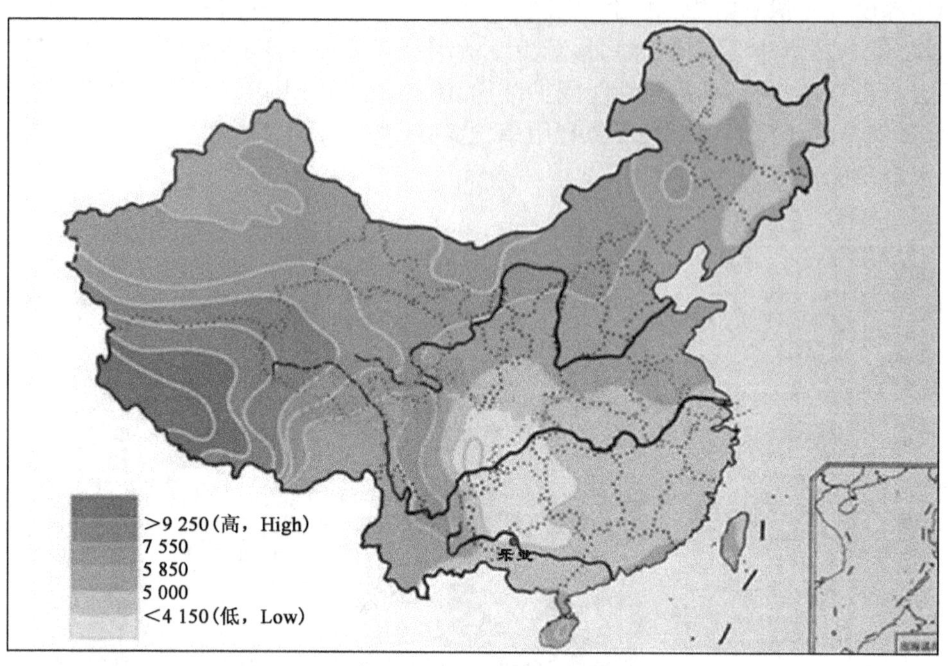

图4　中国太阳能资源分布图(单位:MJ/m²·a)

根据美国NASA(美国国家航空航天局)提供的数据[6],可以看出,广西地区太阳光照强度相对稳定,照射时间也较为平均,全年供电稳定,如表1所示。

广西地区太阳能参数　　表1

广西乐业地区月平均太阳光照强度(kW·h/m²/d),月平均日照时间(h),以及最佳光伏发电板放置角度													
Lat24.78° Lon106.56°	Jan	Feb	Mar	Apr	May	Jun	Jul	Aug	Sep	Oct	Nov	Dec	年平均
水平放置	2.43	2.95	3.75	4.48	4.57	4.5	4.6	4.5	4.1	3.32	3	2.71	3.74
最佳角度放置	2.81	3.25	3.88	4.43	4.55	4.5	4.6	4.4	4.1	3.6	3.5	3.39	3.92
	40	32	21	9	0	0	0	5	17	29	41	46	19.9
平均日照时间	10.7	11.3	12	12.7	13.3	14	14	13	12	11.6	11	10.6	12.1

根据以上的数据可以分析出,当地太阳能主要集中在3~9月,当光伏发电板的放置角度为19.9°时,其发电系统拥有最高效率。在乐业服务区中,为了节约用地,提高空间利用率,太阳能发电板放置于服务区主站房旁车棚顶部,车棚面积为1 199m²。

经过评估测算,其光伏发电系统运行与综合社会经济效益分析如下。

(1)年均发电量计算:

$$年发电量(\mathrm{kW\cdot h}) = Ht(\mathrm{kW\cdot h/m^2}) \times S(\mathrm{m^2}) \times N \times \eta \times \mu$$

其中,根根据电池组件的倾角计算出倾斜面上单位面积所接收的年太阳辐射能量;由电站的装机容量确定光伏电池组件的片数N,单片光伏电池组件受光面积S;电池组件的光电转化

效率 η;(当前主流太阳能发电板的效率约 15% ~20%);年发电量的修正系数 μ(综合考虑多项因素,故取 90%)。

因此　年发电量 $=2.62\times10^5$kW·h

日平均发电量为 719kW·h

(2)综合经济社会效益

每年节省电费:0.528[7] $\times2.62\times10^5$kW·h = 13.8 万元

每年节省标准煤:0.4kg/kW·h $\times2.62\times10^5$kW·h = 105t 标准煤

每年减少的二氧化碳排放量:0.997kg/kW·h[8] $\times2.62\times10^5$kW·h = 261tCO_2

每年减少的碳粉尘排放量:0.272kg/kW·h $\times2.62\times10^5$kW·h = 71.3t 碳粉尘

每年减少的二氧化硫排放量:0.03kg/kW·h[8] $\times2.62\times10^5$kW·h = 7.9tSO_2

在能源危机,环境污染日趋的今天,在乐业服务区使用太阳能光伏发电能够节约能源,减缓自然资源消耗,缓解环境危机。

国家也出台了相关政策,对光伏发电进行鼓励与补贴:在中华人民共和国国家发展和改革委员会网站上,国家发展改革委关于完善陆上风电光伏发电上网标杆电价政策的通知发改价格[2015]3044 号规定,广西作为第Ⅲ类资源区,光伏发电上网价为 0.98 元/kW·h,意味着乐业服务区在自身发电有结余的情况下也能通过并网卖电,避免浪费。

2)太阳光照

应对乐业地区特殊地理特点,乐业服务区综合楼建筑设计在考虑建筑美感和当地文化的同时,考虑绿色建筑理念,巧妙地把当地天坑文化和自然采光巧妙地结合起来。天坑的设计,不但使得建筑更具当地特色,而且有效减少人工照明,实现节能减排,人与自然和谐共处。

3)自然通风

利用自然通风,对建筑区域进行通风换气,在过渡季可以有效减少空调的使用,最终达到节能减排,提高用户舒适度的目的。乐业服务区综合楼拥有良好的自然通风条件(适宜的风速,使得建筑能够形成风压差,能够在其内部形成自然通风;大面积幕墙以及丰富的太阳光照,使得建筑内部很容易形成热压差,在建筑内部能够有效地产生自然风)[12]。

表 1、表 2 和图 5 分别为广西乐业百色地区的逐月太阳光照强度,地面平均风速以及夏季乐业地区主要风向。由此可见,乐业服务区所在地拥有较好的自然通风和散热条件,因此,建筑及其附属建筑(例如厕所)采用自然通风,既可以减少机械排风导致的能耗,减少机械排风的噪声,又可以提高用户舒适度,在过渡季亦可以减少空调的使用,在建筑的全生命周期中节约资源,实现可持续发展。

广西乐业地面月平均地面风速(单位:m/s)　表 2

Lat24.78°Lon106.56°	Jan	Feb	Mar	Apr	May	Jun	Jul	Aug	Sep	Oct	Nov	Dec
10 年内平均值	2.16	2.35	2.59	2.53	2.24	1.97	2.04	1.93	2.09	2.24	2.25	2.15

4)节能技术

在节能技术方面,乐业服务区主要采用了以下三种方式。

(1)高性能中央空调机组

乐业地区每日温度分布图,如图 6 所示,参考其数据,计算空调使用时常。乐业服务区中,采用高性能中央空调系统，相较于传统中央空调，两者每年用电量分别为：

高性能　　$W = P_0 K_c T\alpha_2 = 2.12 \times 10^5 \mathrm{kW \cdot h}$

普通　　$W = P_0 K_c T\alpha_2 = 2.41 \times 10^5 \mathrm{kW \cdot h}$

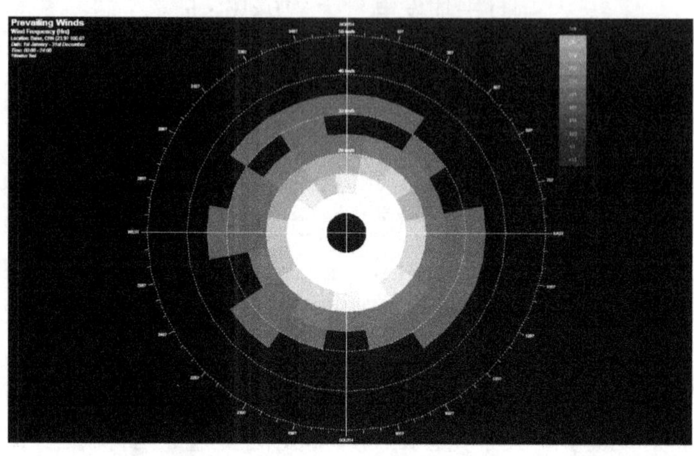

图5　夏季乐业地区主要风向频率及其速率

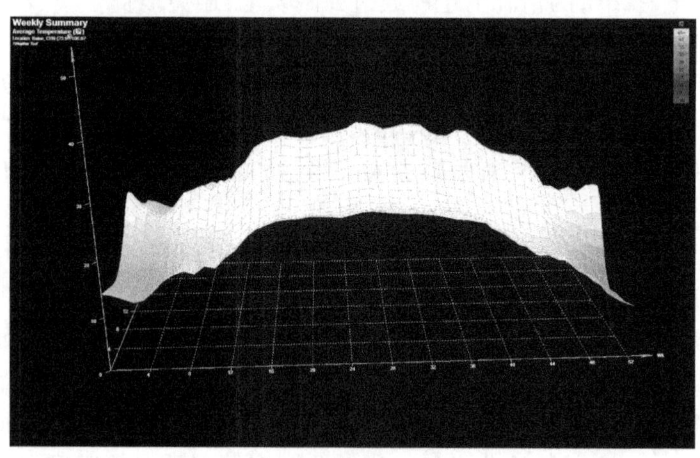

图6　百色地区每周温度分布走势图（Autodest Ecotect 2011 版本）

通过以上对比，可以得出高性能中央空调技术能够对社会经济带来的效益有：每年可节约用电 $2.93 \times 10^4 \mathrm{kW \cdot h}$；每年节省电费 1.54 万元；每年节省标准煤 11.7t 标准煤；每年减少的二氧化碳排放量 29.2tCO_2；每年减少的碳粉尘排放量 7.97t 碳粉尘；每年减少的二氧化硫排放量 0.88tSO_2。

（2）节能 LED 灯

服务区用电量的 10% 为照明用电，在乐业服务区中所有照明灯具均采用 LED 节能灯，相较于传统的灯具，同等照度的节能灯，用电量仅为普通灯具的四分之一，且节能灯具拥有较普通灯具 4 ~ 8 倍的使用周期，使用 LED 节能灯具，无论是在当前的使用中，以及整个建筑全过程生命周期里，对于节能环保都是起到积极的作用。

（3）高热工性能维护结构

广西百色乐业地区日照丰富，且乐业服务区采用了大面积的幕墙与玻璃围护结构，其玻璃幕墙总面积约为 1 220m^2，如图 7 和图 8 所示，采用高热工性能的玻璃将会有效地减少阳光得热，降低空调负荷，提高室内舒适度。乐业服务区拟采用的玻璃材质为断热桥低辐射中空玻璃窗，其传热系数 K 为 2.5W/m^2 · K，而传统的单层浮法玻璃的传热系数约为 5.6W/m^2 · K[11]，因此，采用断热桥低辐射中空玻璃较传统玻璃能够有效地减少空调负荷。

图 7　乐业服务区平视透视效果图

图 8　乐业服务区平视效果图

每年断热桥中空玻璃产生空调制冷用电量：$W_1 = K_1 \Delta T A_0 \eta T = 1.2 \times 10^4 \mathrm{kW \cdot h}$

每年普通浮法玻璃空调制冷用电量：$W_2 = K_2 \Delta T A_0 \eta T = 2.7 \times 10^4 \mathrm{kW \cdot h}$

采用高热工性能玻璃能够带来的社会经济效益有：节省用电量：$1.5 \times 10^4 \mathrm{kW \cdot h}$（仅考虑夏季空调制冷）；每年节省电费 1.54 万元；每年节省标准煤 6t 标准煤；每年减少的二氧化碳排放量 14.96tCO_2；每年减少的碳粉尘排放量 4.08t 碳粉尘；每年减少的二氧化硫排放 0.45tSO_2。

其余围护结构也均参照最新国家规范进行设计和计算（理论节能 65%），在整个建筑生命周期成本里，节约自然资源和保护生态环境。

2.2　节水及水资源利用

乐业服务区位置偏远，无法由市政管网供水。通常服务区供水均采用抽取地下水的方式，其主要用途为餐饮，厕所冲洗，植被灌溉与景观用水。然而每天巨大的用水量，使得其无论在全生命周期成本和地下水生态环境都有较大影响，如何因地制宜，解决用水难，用水成本高，用水浪费的情况，乐业服务区针对自身气候特征，做了以下三个方面的优化。

1）雨水收集系统

服务区用水具有用水量大且非饮用水所占比重大的特点，而广西降雨丰富，雨水收集与利用，能够有效地减少饮用水的浪费，也减少对地下水生态的破坏。乐业服务区雨水收集系统主要针对屋面雨水，应对乐业地区降雨季节集中，单次降雨量大的特点，如图 9 和图 10 所示，作出如下计算：

乐业服务区非生活用水日平均量（厕所冲洗，植被灌溉以及景观用水）：

$$\sum n_1 \times q_1 + n_2 \times q_2 \times \delta + q_3 \approx 80\mathrm{t}$$

乐业服务区屋面面积约为 4 800m^2，而乐业地区年均降雨量为 1 100 ~ 1 500mm，因此，理论一年可收集的雨水总量为：$V = 0.7 \times 10 \psi_C h_a F = 4\ 368\mathrm{m}^3$，每日平均节约生活用水量为 11.96t，等于 60 人一天生活用水之和。

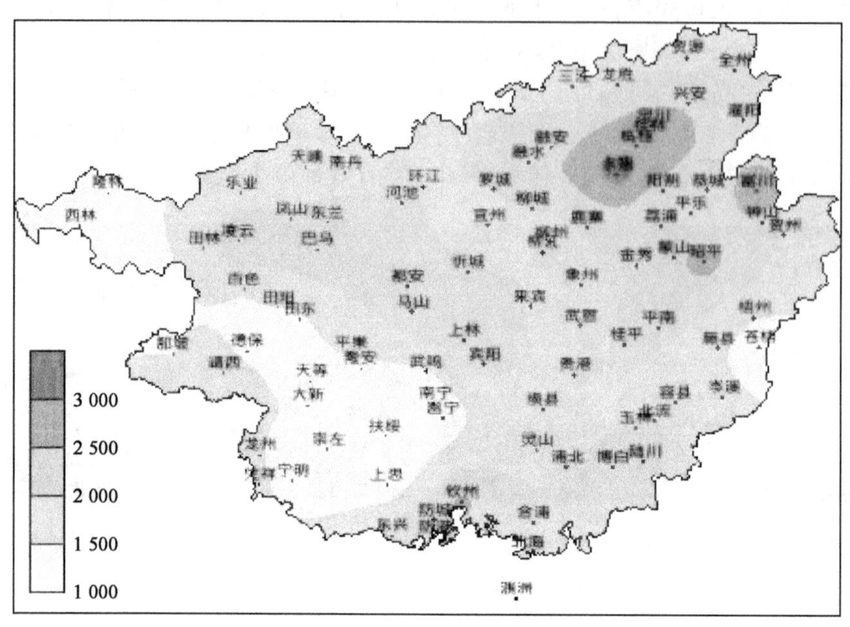

图9　广西2015年降雨量分布图

（源引：http://www.gxqxj.com/qxfw/qhgb/201605/t20160509_40475.html）

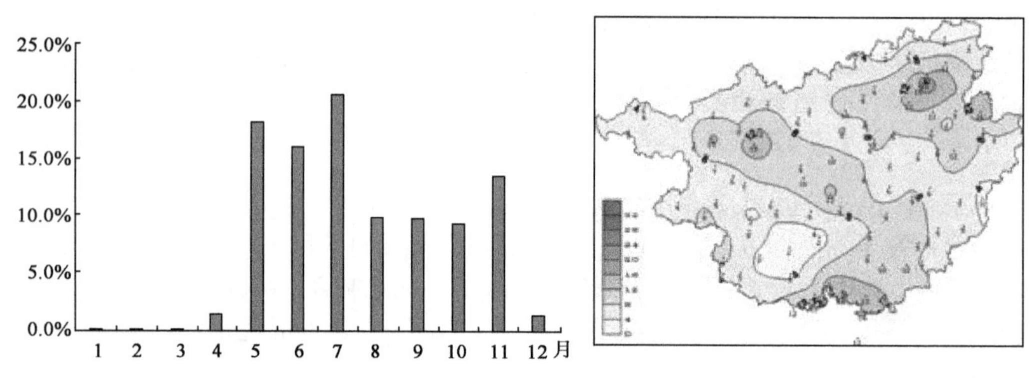

图10　广西暴雨分布图

（源引：http://www.gxqxj.com/qxfw/qhgb/201605/t20160509_40475.html）

2）透水路面

乐业服务区作为单侧服务区，使得其面积远大于一般的双边服务区，加之乐业百色地区的单次降雨量大，因此场地内雨水排放显得尤为重要。在人行步行区域大面积的采用透水路面，既不会形成径流，导致场地区积水，影响行人穿行，也能截留雨水，提高雨水利用效率。

3）节水器具

服务区用水主要用于厕所冲洗，根据之前数据，乐业服务区，平均每日厕所冲洗用水量约为70m^3。而采用国家符合国家规范CJ/T 164—2014《节水型生活用水器具》标准的Ⅱ型节水器具，比普通的节约用水量为10%～15%，而达到Ⅰ型的节水器具，甚至高达20%～25%[10]，因此乐业服务区采用Ⅱ型节水器具，则理论每天节约用水量为7t。

2.3　节材与材料资源的利用

对于建筑行业材料的消耗，其中钢材、木材、水泥分别占全国总消耗量的25%、40%和70%[13]。因此，对于建筑节材与材料资源利用，我们在乐业服务区做了多个方面的优化：第一，由于乐业服务区低于道路高程的特点，乐业服务区综合楼屋面作为第五立面，也是最为重要的外立面，采用可回收金属材料进行屋面造型，既考虑了建筑外观美感又符合绿色建筑可持续发展的理念；第二，优化结构设计，针对建筑结构，在满足安全的情况下，开展研讨，减少材料的使用，从源头减少材料消耗[14]。

2.4　节地与室外环境

因为乐业服务区功能限制，故在容积率、场坪绿化方面无法满足绿色建筑标准，但在室外环境设计方面，亦添加了诸多设计，①例如：人性化的停车位设计（女性夜间停车位）；②场地内人行区域无障碍设计；③公共休闲场所；④富有地方特色的景观；⑤适宜当地气候的绿色植物；⑥建筑功能集中式设计。

2.5　室内环境质量

对于乐业服务区建筑内部设计包含功能房间进行人性化布置，合理使用自然采光，高效利用自然通风等。

2.6　提高与创新

本项目中，以下几个方面的设计满足绿色建筑设计评价标准中提高与创新项：第一，乐业服务区围护结构热工性能高于现行国家建筑节能设计标准（公共建筑节能设计规范）20%；第二，乐业服务区设计方案充分考虑乐业当地气候，环境，结合场地特征，设置单侧服务区，显著提高场区利用率和建筑性能；第三，乐业服务区地形独特，采用单侧服务区来代替传统双侧服务区，有效地保护了生态环境与自然资源。

3　结语

通过以上分析，可以看出绿色建筑技术在乐业服务区的应用，将带来巨大的社会经济效益，其收益主要分为经济效益与社会效益。通过之前的计算与分析，绿色建筑技术应用对于乐业服务区的可计算经济效益具体参数如表3所示。

乐业服务区绿色建筑技术应用综合社会经济效益　　表3

每年节能用电（kW·h）	每年节约电费（万元）	每年节省标准煤（t）	每年减少的二氧化碳排放量（t）	每年减少的碳粉尘排放量（t）	每年减少的二氧化硫排放（t）	每年节约生活用水（t）
3.0×10^5	16.1	122.5	305.4	83.3	9.189	6 923

而在社会效益方面，本次关于绿色建筑技术在乐业服务区的应用既为以后绿色服务区的设计提供思路，又阐述了绿色建筑技术对于公路建筑的重要性与效益，为将来绿色公路建筑的推广起到示范作用。

面对日益严峻的能源与环境危机，绿色建筑为建筑行业提供了一个可持续发展的方向，大力发展绿色建筑已经成为世界各国现面临的重要课题。然而在绿色建筑发展的道路上，中国尚处于起步阶段，需要不停地借鉴和吸取国外先进的经验和技术，任重而道远。虽然交通建筑具有单体面积较小，分布点位广的特点，但是针对国家现有的以及未来规划修建的公路网络，其配套建筑总量是巨大的。如何降低绿色公路建筑的成本，修筑出能够全面推广的绿色公路建筑，乐业服务区做出了尝试和努力。相信在不久的将来，绿色建筑能够在全国的公路树网上开花结果，能够真正融入整个交通建筑，使得建筑与资源、环境和谐统一，造福人类，最终实现可持续发展。

参考文献

[1] http://www.moc.gov.cn/zhuzhan/buzhangwangye/yangchuantang/zhongyaohuodong/201511/t20151126_1938626.html.

[2] Top Energy 绿色建筑论坛组织. 绿色建筑评估[M]. 北京：中国建筑工业出版社，2008.

[3] GB/T 50378—2014 绿色建筑评价标准[S]. 北京：中国建筑工业出版社，2014.

[4] MAGGIE. 世界各国神奇有趣的绿色建筑[J]. 数字社区 & 智能家居，2007(7)：85-87.

[5] 曾捷. 绿色建筑[M]. 北京：中国建筑工业出版社，2010.

[6] https://eosweb.larc.nasa.gov/cgi-bin/sse/grid.cgi?email=zhenhuawan%40gmail.com&step=2&lat=24.78&lon=106.56&num=287115&p=grid_id&p=swvdwncook&p=exp_dif&p=daylight&p=ret_tlt0&p=mnavail1&p=cldamt0&p=T10M&sitelev=&p=wspd10arpt&p=pct10m_wnd&veg=17&hgt=10&p=RH10M&submit=Submit.

[7] 广西壮族自治区物价局关于完善居民生活用电阶梯电价政策有关问题的通知. http://www.gxdrc.gov.cn/.

[8] 仇报兴. 从绿色建筑到低碳生态城[J]. 城市发展研究，2009，16(7).

[9] 广西 2015 年气候公报：http://www.gxqxj.com/qxfw/qhgb/201605/t20160509_40475.html.

[10] 赵文庚. 住宅用节水器具简介[J]. 给水排水，2015，21(2)：93-95.

[11] 四川省住房和城乡建设厅. 建筑外窗、遮阳及天窗节能设计规程[S]，2010.

[12] Baruch Givoni. Passive adn low energy cooling of building [M]. Ner York：Van Nostrand Reinhold Company，1994.

[13] 郑强. 中国资源节约报告[M]. 北京：中国时代经济出版社，2008.

[14] 黄修林. 绿色建筑节材和材料资源利用技术[J]. 绿色建筑，2013(1)：30-34.